中国少数民族地区精准扶贫案例集

张丽君　吴本健　王润球　张春敏　等著

中国经济出版社
CHINA ECONOMIC PUBLISHING HOUSE
·北京·

图书在版编目(CIP)数据

中国少数民族地区精准扶贫案例集 / 张丽君 等著.
北京：中国经济出版社,2018.1
ISBN 978-7-5136-4897-4

Ⅰ.①中… Ⅱ.①张… Ⅲ.①少数民族—民族地区—扶贫—案例—汇编—中国 Ⅳ.①F127.8

中国版本图书馆 CIP 数据核字(2017)第 248718 号

责任编辑　余静宜
责任印制　马小宾

出版发行	中国经济出版社
印　刷　者	北京科信印刷有限公司
经　销　者	各地新华书店
开　　　本	787mm×1092mm　1/16
印　　　张	12.25
字　　　数	235 千字
版　　　次	2018 年 1 月第 1 版
印　　　次	2018 年 1 月第 1 次
定　　　价	68.00 元

广告经营许可证　京西工商广字第 8179 号

中国经济出版社 网址 www.economyph.com 社址 北京市西城区百万庄北街 3 号 邮编 100037
本版图书如存在印装质量问题，请与本社发行中心联系调换（联系电话：010-68330607）

版权所有　盗版必究（举报电话：010-68355416　010-68319282）
国家版权局反盗版举报中心（举报电话：12390　　服务热线：010-88386794）

出版说明

《中国少数民族地区精准扶贫案例集》是中央民族大学少数民族事业发展协同创新中心、教育部人文社会科学重点研究基地重大项目"多维贫困视角下少数民族反贫困与基本公共服务均等化研究"、中央民族大学青年教师科研专项（2016KYQN53）、中央民族大学"少数民族贫困问题调研工作坊"（mdgzf001）的阶段性成果之一，得到了国家自然科学基金青年项目（71603306）、国家社会科学基金一般项目（16BJL105）、国家社会科学基金一般项目（17BJL099）、国家社会科学基金青年项目（17BMZ112）、中央民族大学建设世界一流大学（学科）和特色发展引导专项资金（应用经济学、理论经济学）学科经费的资助。

中央民族大学经济学院的部分学生参与了实地调研和报告撰写，在实地调研和报告撰写过程中，得到了少数民族地区相关的政府部门、贫困户的支持和帮助，在此表示感谢。

写作分工

张丽君　统筹、编撰、统稿
吴本健　拟定提纲、编撰、统稿

第一章　张春敏　姜　伟　许　晨
　　　　　杨辛泰　侯张喆
第二章　姜　伟　郭伟栋
第三章　吴本健　崔　怡
第四章　张丽君　侯霄冰　王时延
第五章　王润球　朱海波
第六章　和　萍　孙靖淇
第七章　许　晨　吴　欢
第八章　耿桂红　田一聪
第九章　马　博　危　洁　虎恩鹏
第十章　田东霞　田秀娜　虎恩鹏

FOREWORD 前言

"十三五"时期是民族地区脱贫攻坚的关键时期，2016年是"十三五"的开局之年，在过去的一年多时间里，我们党和政府密集出台《"十三五"脱贫攻坚规划》《全国"十三五"易地扶贫搬迁规划》等大量脱贫攻坚规划和政策，并针对民族地区专门发布《"十三五"促进民族地区和人口较少民族发展规划》《兴边富民行动"十三五"规划》等规划和政策，民族地区脱贫攻坚进入新的历史时期。

目前，我国已经形成"中央统筹、省负总责、市县抓落实"的扶贫管理体制和"五级书记抓扶贫、全党动员促攻坚"的扶贫氛围，专项扶贫、行业扶贫和社会扶贫"三位一体"的扶贫工作格局得到完善。精准扶贫战略指导下脱贫攻坚成绩显著，每年农村贫困人口减少超过1000万人，贫困发生率从2012年底的10.2%下降到2016年底的4.5%。截至2016年底，按照现行标准我国仍有4335万农村贫困人口，其中民族八省（区）还有农村贫困人口1411万人。这些贫困人口主要集中在少数民族、残疾人、患有慢性病或重大疾病的人群，其教育文化水平低、缺乏技能，大多居住在自然条件差、经济基础弱的地区，处于深度贫困状态。

所谓深度贫困，是指个体长期处于要素资源极度短缺或者环境极度恶劣的状态。当个体在资金、人力资本（含健康程度、文化程度）、土地、技术等某一个或某几个要素上长期短缺时，或者长期与现代文明隔离时，则被认为陷入深度贫困；深度贫困还表现为脆弱性，深度贫困人口长期处于贫困状态或者极易返贫。

2017年6月，习近平总书记在考察吕梁山区集中连片特困区之后，于23日在山西太原市主持召开的深度贫困地区脱贫攻坚座谈会上强调：脱贫攻坚工作进入目前阶段，要重点研究解决深度贫困问题。习近平总书记将我国深度贫困地区分为三类：一是集中连片的深度贫困地区，主要包括西藏、新疆南疆四地州、四省藏区、甘肃的临夏州、四川的凉山州和云南的怒江州；二是深度贫困县，这些县贫困发生率平均为23%，县均贫困人口近3万人，分布在全国14个省区；三是深度贫困村。这些连片的深度贫困地区全部分布在少数民族地区，深度贫困县和深度贫困村也大多分布在少数民族地区。可见，目前民族地区是我国深度贫困的集中地带。

2016年，我国精准扶贫战略的推进步入深水期。目前，政府已针对贫困和深度贫困问题采取一系列措施。例如，（1）针对资本长期极度稀缺问题：加大财政专项扶贫资金和其他涉农资金投入，开展资产收益扶贫；推行"贫困线"和"低保线"两线合一；在具备光热条件的地方实施光伏扶贫，建设村级光伏电站，通过收益形成村集体经济，开展公益岗位扶贫、小型公益事业扶贫、奖励补助扶贫；开展金融扶贫等。（2）针对人力资本（含健康水平和文化程度）长期极度稀缺问题：开展健康扶贫工程（如地方病防治方案、医疗保险扶贫方案等）；开展教育扶贫，阻断贫困的代际传递等。（3）针对制度限制问题：出台专门文件推动扶贫开发，如《"十三五"脱贫攻坚规划》《贫困残疾人脱贫攻坚行动计划（2016—2020）》《关于进一步加强东西部扶贫协作工作的指导意见》等；对西藏和四省藏区、南疆四地州、四川凉山、云南怒江、甘肃临夏等地区，出台专门的支持文件。（4）针对环境极度恶劣问题：对居住在生存条件恶劣、生态环境脆弱、自然灾害频发等"一方水土养活不了一方人"的地区的贫困群众，大力实施易地搬迁工程，推进彝家新寨、藏区新居、乌蒙新村、扶贫新村建设；推动基础设施扶贫工程等。

上述措施在解决我国贫困问题上成效显著。但是也应该看到，在针对贫困原因的大规模、超常规的精准扶贫政策实施4年之后，我国仍有4335万农村贫困人口，且深度贫困问题表现得尤为明显，这就意味着深度贫困有其特殊的成因，应该采取特殊的、有针对性的措施。如何在现有的精准扶贫政策体系下，针对民族地区深度贫困人口的特征，分析深度贫困的深层次原因，找准脱贫攻坚的发力点，破解深度贫困难题，成为当前脱贫攻坚的主攻方向。民族地区作为深度贫困的集中地带，自然成为深度贫困攻坚战的主战场。

在《中国少数民族地区扶贫进展报告（2016）》的基础上，基于新时期、现阶段"破解深度贫困难题、攻下脱贫攻坚战的坚中之坚"对我国实现"两个一百年"目标的重要性，我们撰写了《中国少数民族地区扶贫进展报告（2017）》

（以下简称《报告》）和《中国少数民族地区精准扶贫案例集》（以下简称《案例集》）。《报告》通过对深度贫困集中地带——民族地区的最新情况的梳理与分析，以期厘清现阶段我国少数民族贫困的最新进展、最新政策的实施效果以及深度贫困根源在不同民族地区的差异等，为"研究破解深度贫困之策"提供政策参考及数据支持，同时也为相关领域的研究者提供基础信息。《案例集》通过对深度贫困集中地带——民族地区不同类型扶贫案例的梳理与分析，厘清不同类型扶贫案例的机制和主要做法，分析其面临的问题，给出案例启示，为全国各地尤其是深度贫困地区开展类似的扶贫提供参考依据。

《案例集》共十章，通过实地调查和案例分析，分别对精准扶贫的"湖南十八洞村模式"，党建扶贫的"西藏四季吉祥村模式"，保险扶贫的"宁夏盐池模式"，易地搬迁扶贫的"西藏曲水模式"，电商扶贫的"新疆喀什维吉达尼模式"、"湖北建始模式"，光伏扶贫的"宁夏闽宁模式"，社会扶贫的"贵州丹寨模式"，教育扶贫的"新疆叶城模式"，直过民族扶贫的"怒江模式"，边贸扶贫的"广西东兴模式"等进行了详细介绍，主要分析这些扶贫案例产生的背景、主要做法、存在的问题以及对未来扶贫工作的启示。

考虑到调研的可行性和资料的可得性，2017年的《案例集》仅选取部分典型的精准扶贫案例，全国还有很多典型的精准扶贫案例未被纳入进来。接下来，我们将继续收集全国各地比较典型的精准扶贫案例并将其收录到案例集中，以期为进一步推进精准扶贫和精准脱贫贡献力量。由于著者水平有限，本书在结构和内容上仍然存在许多不当或疏漏之处，还望方家批评指正！

CONTENTS 目录

前言 ·· 1

第一章 精准扶贫首倡地的脱贫道路：湖南十八洞村精准扶贫案例 ········· 1
 一、湖南省花垣县十八洞村简介 ··· 1
 二、十八洞村精准扶贫模式 ·· 2
 三、十八洞村典型模式的启示 ··· 12

第二章 党建扶贫：西藏"四季吉祥村模式" ····························· 17
 一、四季吉祥村基本情况 ·· 18
 二、四季吉祥村党建扶贫模式 ··· 18
 三、党建扶贫效果 ··· 24
 四、党建扶贫中可能存在的问题、风险 ································· 25
 五、案例启示与推广价值 ·· 26

第三章 保险扶贫：宁夏"盐池模式" ···································· 33
 一、风险是农户致贫、返贫的主要原因之一 ·························· 33
 二、保险对农民脱贫增收的作用机理及存在的问题 ················· 34
 三、宁夏盐池县保险扶贫的案例 ·· 38
 四、保险扶贫的发展方向及建议 ·· 49

第四章 易地搬迁扶贫：西藏"曲水模式" ······························ 51
 一、西藏自治区中的曲水县 ·· 52
 二、曲水县开展易地扶贫搬迁的原因 ···································· 55

三、曲水县易地扶贫搬迁的主要做法与效果 …………………… 57
　　四、曲水县易地扶贫搬迁问题的对策建议 …………………… 70
　　五、曲水县脱贫案例总结与启示 …………………… 72

第五章　电商扶贫：新疆"喀什维吉达尼模式"和湖北"建始模式" …… 75
　　一、电商扶贫的缘起和运行机制 …………………… 75
　　二、民族地区电商扶贫面临的挑战 …………………… 79
　　三、新疆"喀什维吉达尼模式" …………………… 82
　　四、湖北"建始模式" …………………… 87
　　五、案例启示及电商扶贫的发展方向 …………………… 91

第六章　光伏扶贫：宁夏"闽宁模式" …………………… 95
　　一、闽宁协作的背景 …………………… 95
　　二、光伏产业扶贫的运行机制 …………………… 100
　　三、光伏产业扶贫的模式 …………………… 101
　　四、光伏产业扶贫的成效 …………………… 107
　　五、光伏产业扶贫可能存在的风险及对策 …………………… 110
　　六、光伏产业扶贫的经验与启示 …………………… 112

第七章　社会扶贫：贵州"丹寨模式" …………………… 115
　　一、社会扶贫的必要性与可行性 …………………… 115
　　二、"企业包县"模式在丹寨县的确立与运行机制 …………………… 117
　　三、丹寨县"企业包县"社会扶贫效果 …………………… 121
　　四、丹寨县社会扶贫模式的潜在问题与对策 …………………… 124
　　五、丹寨案例的社会反响与推广价值 …………………… 127

第八章　教育扶贫：新疆"叶城模式" …………………… 131
　　一、教育贫困是导致贫困的主要原因之一 …………………… 131
　　二、新疆叶城县教育扶贫的案例 …………………… 134

第九章　直过民族脱贫：云南"怒江模式" …………………… 143
　　一、背景与现实 …………………… 143

二、扶贫机制与做法 ……………………………………………… 147
　　三、扶贫效果 ……………………………………………………… 150
　　四、扶贫可能存在的问题、风险及对策 ………………………… 151
　　五、案例启示与推广价值 ………………………………………… 154

第十章　边贸扶贫：广西"东兴模式" ………………………………… 161
　　一、背景与现实问题：边境贸易扶贫 …………………………… 161
　　二、推行"边贸+"扶贫模式的机制和做法 …………………… 164
　　三、东兴市边贸扶贫的效果 ……………………………………… 173
　　四、东兴市边贸扶贫可能存在的问题、风险及对策 …………… 174
　　五、案例启示与推广价值 ………………………………………… 176

参考文献 ……………………………………………………………………… 181

第一章 精准扶贫首倡地的脱贫道路：
湖南十八洞村精准扶贫案例

2013年11月3日，习近平总书记考察湖南省湘西土家族苗族自治州十八洞村时提出"实事求是、因地制宜、分类指导、精准扶贫"，标志着精准扶贫重要思想的提出。作为精准扶贫思想的首倡地，十八洞村具有我国少数民族贫困地区自然环境恶劣、土地贫瘠、交通不便、生产方式落后、人民生活水平低下等典型特征。自2013年习近平总书记考察以来，十八洞村采用多种扶贫模式，人均纯收入由2013年的1668元提升至2016年的8313元，实现全面脱贫。本章重点分析十八洞村采用的多项扶贫模式，得出十八洞村"可复制、脱贫不反弹"的扶贫经验。

一、湖南省花垣县十八洞村简介

十八洞村隶属湖南省湘西土家族苗族自治州，位于湖南省西部，武陵山脉中段，湘黔渝交界处的湘西花垣县。地处素有花垣"南大门"之称的排碧乡西南部。辖区包括4个自然村落，即梨子寨、竹子寨、飞虫寨、当戎寨，由原有飞虫村和竹子村合并而成，因为村里有十八个溶洞，而以十八洞作为新的村名，合并后共计6个村民小组，225户、农户939人。

十八洞村所处的武陵山片区，自然条件比较恶劣，山地面积较大，平均海拔较高，旱涝灾害并存，雨雪冰冻和冰雹等灾害易发，部分地区水土流失、滑坡泥石流、石漠化现象严重。此外，十八洞村土壤较为贫瘠，可耕地面积较少，全村总面积14162亩，耕地面积仅有817亩，人均耕地面积仅为0.83亩，为全国平均水平的60%，林地面积11093亩，森林覆盖率78%。自改革开放以来，十八洞村的面貌虽然发生了翻天覆地的变化，但由于地处偏僻，基础设施较差，长期以来处于深度贫困状态。2013年之前，整个苗寨有136户贫困户和500多名贫困人口，占全村总人口的近60%，全村人均收入仅1668元，为当年全国农民人均纯收入的18.7%。

由于长期处于深度贫困状态，十八洞村原有900多人，青年劳动力主要选择外出打工，并且很少回到村庄，扎根于十八洞村的主要都是留守老人，村中原有37名40岁以上的大龄单身青年，约占适龄婚配青年的10%。同时，十八洞村村民中"等、靠、要"的思想浓厚，对扶贫规划、产业发展等工作热情不高。

早在1984年，中共中央、国务院下发《关于帮助贫困地区尽快改变面貌的通知》，将武陵山区定为全国贫困片之一，予以重点扶持；1986年，国家农业部定点扶贫湘西；1994年，国家出台《国家"八七"扶贫攻坚计划》，全面实施扶贫攻坚战略；2011年，国家划定包括湘西在内的14个集中连片特困地区进行重点扶贫。湖南省委、省政府也一直将湘西作为全省扶贫攻坚主战场。但是，原有扶贫模式对于以十八洞村为代表的地区并不奏效。例如，十八洞村在2013年以前先后尝试过直接现金帮扶、养猪、养鸽子等多种扶贫方式，但有的村民拿到猪崽后就变卖出去，没有看到其长远收益。原有扶贫方式的根本问题在于没有对症下药和具体问题具体分析。

2013年11月3日，习近平总书记考察十八洞村，首次提出"精准扶贫"，做出了"实事求是、因地制宜、分类指导、精准扶贫"的重要指示。之后不久，十八洞村铺上了沥青路，修起了游道和护栏，村里的房屋修缮一新，已有不少群众脱贫摘帽，呈现出新面貌。2016年，全村人均纯收入由2013年的1668元增加到8313元，136户贫困户全部实现脱贫。该村先后荣获"全国少数民族特色村寨"、"全国乡村旅游示范村"、"全省脱贫攻坚示范村"等荣誉。

二、十八洞村精准扶贫模式

2013年11月3日下午，习近平总书记在十八洞村苗寨做出"实事求是、因地制宜、分类指导、精准扶贫"的重要指示，并明确提出了"可复制"、"可推广"的原则。从此，十八洞村成了全国新一轮扶贫工作的摇篮，全国的精准扶贫从这里出发。十八洞村精准扶贫模式包含党建扶贫、驻村干部扶贫、基础设施扶贫、产业扶贫、教育扶贫等多种模式，多种扶贫模式的有效配合，使十八洞村精准扶贫工作取得重大进展，2016年实现全村脱贫。

（一）党建扶贫模式

为认真贯彻落实总书记的重要指示，花垣县第一时间成立了精准扶贫工作领导小组，由县委书记任组长，县长任第一副组长，其他6名副县级领导任副组长、县直相关职能部门和排碧乡党委政府负责人为成员，党建扶贫列在所有扶贫模式中的首要地位。具体来说，县委派出了一支精准扶贫工作队和一位驻村的第一支书，与群众"同吃、同住、同劳动"，深入开展精准扶贫，认真探索十八洞"可复制、可推广"模式。同时，为响应习近平总书记提出的"切实落实领导责任"、"切实加强基础组织"、"增强内生动力"。逐步以驻村帮扶工作队、村支两委（村支部和村委会）和青年民兵突击队建设为载体，以转变观念、提升群众思想道德水平为方向，以精准识别为基础，以引导协助多项扶贫模式为重点，形成了"党建先行，增强内生动力"的经验。十八洞村党建扶贫模式主要包含以下三个方面。

第一，以党建工作为核心，打造扶贫队伍。一是精选驻村帮扶工作队。2014年1月，花垣县委组建成立十八洞精准扶贫工作队，长年驻村开展工作。工作队进村挨家串户访贫问苦，与村民"同吃、同住、同劳动"，真正发挥了扶贫"火车头"的作用。二是加强村支部和村委会建设。十八洞村精准扶贫工作队召开选举大会，推选年轻有为的大学生村官担任村支书，推选致富能手担任村主任、村支两委成员，同时配备建制专干为村主干，增配9名村主干助理，并发动党员干部带头，筑牢了基层党组织的坚强战斗堡垒。三是组建青年民兵突击队。十八洞村精准扶贫工作队和村支两委把村里20多名在家的年轻人组织起来，组建"十八洞村青年民兵突击队"，帮助村里欠缺劳力的农户编竹篾条、糊泥巴墙、铺青石板，使全村"五改"工程稳步推进。

第二，党建扶贫保障多项扶贫模式。如在产业扶贫方面，十八洞村村支两委鼓励村民成立生产合作社，提高生产效率和村民收入。如花垣县苗汉子合作社采用"公司+农户+基地"的运营方式，已发展野生蔬菜种植基地110亩。以股份合作方式成立的猕猴桃辐射基地，显著促进了当地猕猴桃产业的发展，猕猴桃种植规模已达到1000亩，其中在十八洞村境内流转100亩土地建设精品猕猴桃示范基地，农户按入股比例获取股份收益。在基础设施与旅游扶贫方面，十八洞村将村落改造与民俗文化相融合，推进改造、改厨、改厕、改浴、改圈"五改"工程，对传统苗族村落进行改建，并将民族文化元素融入其中，既改善了村民生活条件，也为旅游产业的发展提供条件。

第三，党建扶贫保障民生。十八洞村由4个自然寨组成，最初存在凝聚力不强的问题。为此，扶贫工作队和村支两委从组织文化活动入手，仅2014年便组织大小活动10多次，以此打破村寨界限，提高全村凝聚力与亲和力。在保障民生方面，由于利润低、成本高，造成参与企业较少，党建扶贫模式在十八洞村的通信、教育、医疗等方面建设发挥重要的引领作用。2014年十八洞村实现广播电视户户通，进一步促进了苗族文化的挖掘和发扬。在教育方面，以村委会和村支部为领导，维修和改造竹子小学、排谷美小学，实行村小分级分班教学，建立健全学区教师交流机制，有效改善学生的学习条件。此外，十八洞村建成两个村卫生室，使村民得到了基本的医疗保障。

（二）驻村干部扶贫

干部驻村帮扶工程是精准扶贫战略的重要组成部分。驻村帮扶制度也叫"驻村制"或"包村制"，是指上级政府对行政村配备专职干部，负责推动中央相关政策在基层的执行与落实的一种工作机制。[1] 自从2013年习近平总书记亲自探访十八洞村后，花垣县政府派遣了一个驻村帮扶小组对十八洞村进行扶贫帮扶工作，在精准识别贫困户的基础上，成功使十八洞村的贫困村民摆脱"等、要、靠"的落后思想，创造一条可复制的自我脱贫之路。十八洞村驻村干部扶贫模式主要包括以下三个方面。

第一，推动贫困户精准识别工作的开展。所谓精准识别，就是按照统一标准，通过规范的方法和流程，识别出真正的贫困村和贫困户，了解贫困状况，分析致贫原因，摸清帮扶需求，为扶贫开发瞄准对象提供科学依据。[2] 作为精准扶贫的发源地，花垣县以十八洞村为试点，提出了从精准识别扶贫对象，到精准发展支柱产业、精准改善安居环境、精准提供民生服务和精准创新扶贫模式的"五个精准"理念，其中精准识别为精准扶贫的第一步。在"五个精准"理念的指导下，十八洞村驻村帮扶工作队帮助制定《十八洞村精准识别贫困户工作办法》，提出"七步法"和"九不评"的精准识别贫困人口标准。"七步法"是指第一步，户主申请或群众推荐；第二步，群众投票识别，即以村民小组为单位召开群众大会投票识别并当场公布结果；第三步，三级会审，即由村民代表、村支两委成员、乡党委政府代表及县扶贫工作队三级会审；第四步，公告公示，将会审结果在村里张榜公示不少于7天；第五步，乡镇审核；第六步，县级审批；第七步，入户登记，即对识别出的贫困对象进行建档立卡。"九不评"是指在城镇购有商品房的不评，违反计生政策的不评，打牌赌博成性的不评，不务正业的不评，不赡养老人的不评，阻挠公益事业建设的不评，全家外出打工的不评，家里有拿工资的不评，拥有经营性加工厂的不评。在"七步法"和"九不评"精准识别标准的指导下，2014年3月十八洞村识别贫困对象136户、542人，占全村总人口的55%。

---

[1] 许汉泽，李小云．精准扶贫背景下驻村机制的实践困境机器后果[J]．江西财经大学学报，2017(3)．
[2] 郑流云，余路．武陵山片区农村精准扶贫的问题与对策探析——以花垣县十八洞村为例[J]．山西高等学校社会科学学报，2016(8)．

第二,充分调动村民扶贫脱贫积极性,逐步改变原有"等、靠、要"的观念。最初花垣县组建6人扶贫工作队进驻十八洞村,准备探索"可复制、可推广"的"精准扶贫"新模式时,便有村民甚至村干部准备回村"分钱",但发现并没有直接发放扶贫资金,村民便没有了积极性。随后对工作队的各项扶贫工作都没有响应,更有村民阻拦工程实施,体现村民的小农意识和"等、靠、要"思想。因此,扶贫项目首先要改变村民的思想观念,探索出"思想道德星级化"管理模式,采用村民民主评议制度,从发展致富产业、支持公益事业等6个方面对每位村民进行打分,并当场公布打分结果,再根据结果给每家每户贴"星级牌",最高五颗星,而之前阻挠施工的村民只有两颗星①。此后,原有阻碍施工的村民一改之前不积极、不配合的态度,主动积极参加村里各项公益事业,协助村支两委展开扶贫工作。扶贫先扶志,通过广泛激励村民参与扶贫工作的积极性,打造出"团结一心、克服困难、自力更生、建设家园"的"十八洞精神"。

第三,着力解决村民关注的切身问题。由于十八洞村山高路远、穷乡僻壤,人力资本水平较低,2013年十八洞村40岁以上的单身男青年有近40人,大龄男性村民的婚姻问题成为村民关注的切身问题。② 2016年3月8日,习近平总书记来到湖南代表团,仍不忘关心男青年"脱单"问题。精准扶贫实施后,工作队想方设法帮忙解决大龄青年结婚难题,2015年12月底,工作队组织举行首场相亲大会,最终5对青年牵手成功。经过驻村工作队的努力,十八洞村人均纯收入由2013年的1668元提高至2015年的3580元,同时大龄青年的婚姻问题也得到有效解决,到2015年人均纯收入达到8313元时,十八洞村136户、533名贫困人口全部实现脱贫,也有20多位单身青年成功解决婚姻问题。③

(三) 基础设施扶贫

"要想富、先修路",这句广为传颂的谚语恰当地说明了基础设施建设在扶贫工作中的重要性。2011年至2012年,在各项扶贫措施的支持下,十八洞村发生了巨大变化,进村公路、水渠、村部大楼等基础设施的建成,着实改变了十八洞村的面貌。然而,随着扶贫工作队的到期撤离,全村仍然普遍贫困。

虽然基础设施建设工作已经展开,却由于缺乏合理规划产生种种问题——许多单位都表示要积极参与十八洞村的建设,钢筋混凝土堆得到处都是,各个部门为了

---

① 唐晓莽. 真实最能打动人——《治国理政新实践"十八洞村"扶贫故事》创作特色[J]. 新闻广角,2016(9).
② 十八洞村扶贫记[EB/OL]. http://news.xinhuanet.com/politics/2015-11/28/c_128477759.htm.
③ 湖南举行湘西土家族苗族自治州成立60周年新闻发布会[EB/OL]. http://www.scio.gov.cn/xwfbh/gssxwfbh/xwfbh/hunan/Document/1563110/1563110.htm.

争夺地盘而吵闹不休。陪同习近平总书记视察的十八洞村时任村主任施金通发觉局面混乱,于是向花垣县县委建议派一支工作队来抓扶贫。

工作队进驻后制定《十八洞村2014—2016年精准扶贫规划》(以下简称《规划》),《规划》决定十八洞村进行基础设施建设不搞大拆大建,而是要结合十八洞村实际,确立人与自然和谐相处、建设与原生态协调统一、建筑与民族特色完美结合的建设总原则,愿景是建设成为中国最美农村。随后,村干部与当地百姓一起,脚踏实地,着力于基础设施建设,改善村民生活环境。其中,拓宽村道4.8公里,全村225户房前屋后铺上了青石板,家家通上自来水、户户用上放心电。破木屋变成青瓦房,还砌上了颇具苗乡特色的泥巴墙,冬暖夏凉。同时,新建村级游客服务中心、观景台、千米游步道。升级改造村小学和卫生室,建立村级电商服务站、村级金融服务站,无线网络覆盖全村,村居面貌焕然一新。

在这一系列的基础设施改善中,按照精准扶贫的要求,力求做到全方位的精准。十八洞村是一个纯苗族村落,民族文化元素在房屋改造、改厨、改厕、改浴、改圈等"五改"中得到充分体现:在建筑特色上,力求展现民族文化,做到修旧如旧;房屋以木板房,甚至是原来的竹篱笆房为主,但房屋里面,现代化设施一应俱全;清一色的青石板路,既方便雨雪天行走,又让游人于细微处领略原味苗寨。

在改善基本的居住环境和村容村貌后,十八洞村便开始以旅游为中心的乡村旅游基础设施建设项目,该项目由2015年成立的花垣县苗疆旅游开发有限公司承担,负责古苗河大峡谷景区、紫霞湖旅游度假区和全县乡村旅游、文化旅游的规划、管理、开发建设等。旅游项目资金来源于中央、省、专项资金和县财政及招商引资、银行贷款。十八洞村旅游基础设施建设严格按照经济价值高,社会效益好,符合国家和地区发展规划及产业、土地、环保、节能等相关要求规定。

以"五改"工程为主要代表的基础设施建设和村容村貌治理,为十八洞村发展多种产业打下坚实的基础,也为旅游业的发展铺平道路。

(四)产业扶贫

习近平总书记曾说:"只有扶出产业,才算扶贫扶到家"。十八洞村因地制宜地进行产业开发,逐渐建立以猕猴桃、烤烟、蔬菜等为主的种植业,扶持以湘西黄牛、生猪、山羊、稻田养鱼为主的养殖业,推广以苗绣为主的手工艺加工业,发展以农家乐、红色旅游为主的乡村旅游胜地,启动以"旱涝保收"为主的劳务经济。

1. 以猕猴桃为代表的特色种植业

作为原产中国的落叶藤本植物,猕猴桃不仅是富含营养的鲜美果品,同时也是利润可观的经济作物。然而猕猴桃并不是十八洞村当地的特产,将猕猴桃引入十八洞村也是一个复杂的过程。由于当地的耕种条件十分有限。人均耕地不足1亩,且耕地分布特别分散,难以实施产业化和规模化种植。但如果不进行大规模种植,就无法跳出原有的低效率农业模式。于是,通过四处调查和广泛征求意见等,特别是赴蒲江猕猴桃基地实地调研之后,十八洞村当地干部决定"跳出十八洞建设十八洞产业",决心要将猕猴桃种植作为精准扶贫的产业引入十八洞村。

十八洞村把目光瞄准猕猴桃项目,但却面临土地的制约。十八洞村敢想敢干,在位于邻近的道二乡花垣县农业科技示范园流转了1000亩土地,用于发展猕猴桃产业。花垣县有关部门还找到武汉植物园,希望得到中科院猕猴桃研究团队的科技支撑。就这样,武汉植物园不仅将黄肉猕猴桃新品种"金梅"的繁殖开发权授予十八洞村,其核心团队成员也承担起面向当地种植户的技术指导和培训的重任。团队成员每个月都要赴现场手把手向果农传授,再加上运用即时通信手段进行实时在线指导,为种植户提供全方位技术支持。

为探索精准扶贫新模式,花垣县十八洞村采取"合作社+村委会+农户"的股份制形式和"财政扶贫资金+企业出资"的投入方式来支持猕猴桃项目推广。即由花垣县苗汉子合作社出资306万元,排碧乡十八洞村村民以国扶资金帮扶形式出资234万元,十八洞村村委会以国扶资金支持村集体形式出资60万元,共同组建成立十八洞村苗汉子果业有限责任公司。其中十八洞村的股份由十八洞合作社和村集体经济两部分组成,合作社由村民出资组建,入社资金贫困人口按可享受的政策扶持资金入股,542人共162.6万元,占总股本的27.1%;非贫困人口按政策扶持资金共59.55万元入股,占总股本的9.9%;村集体经济占总股本的12%。

十八洞村在花垣县道二乡建设1000亩精品猕猴桃示范基地,带领土地资源稀少的村民,走出十八洞村,开启异地治穷脱贫,创新股份制扶贫新模式。该猕猴桃基地自2014年9月2日开建后,苗汉子合作社、十八洞村苗汉子果业公司先后投资1600多万元,投入劳动力上万人,于2014年12月底完成规划设计、土地流转等一系列工程。此外,烟草、蔬菜、水果、油茶的种植也基本采取合作社的模式,为十八洞村村民带来巨大的经济效益。

2. 以肉兔、湘西黄牛为主的养殖业

针对劳动力不足、文化水平低、管理能力差的贫困户,十八洞村重点发展以肉兔、湘西黄牛为主的养殖业,以股份合作模式在全村发展这些产业,并将此作为全村农户短期产业进行发展。十八洞村通过选取养殖基地,建立湘西黄牛合作社和肉兔养殖专业合作社,致力于将养殖业发展成为全村继猕猴桃产业之后的第二大产业。

例如，湘西黄牛养殖业，采取散户和大户相结合模式，支持重点养牛户，与当地大型养殖企业德农牧业形成"公司+合作社+农户"的利益联结机制。一个合作社为10户，村民以承包的山地入股，由两户能人带动经营，经测算每个农户一年毛收入可达3万元。

同时，先进便捷的互联网技术也在十八洞村的养殖业发展中起到重要作用。湖南盘古电子商务有限公司借力"互联网+"，推进十八洞村传统农业产品与电子商务叠加发展，形成具有较大影响力的"苗家十八洞"品牌；整合资源要素，推进十八洞村生态农业和特色小村建设；完善培训平台，发挥先进典型的带头引领作用。此外，十八洞村制定《十八洞电商精准扶贫示范项目规划（2016—2020）》，推广可复制的精准扶贫"湘西模式"，用互联网思维，公司经营，农户养殖和种植，以平台运作的优势推进品牌推广和新农村创新型建设。截至2016年10月，盘古电商为十八洞村培训电商操作人才17人，种植传统稻"富赛"200亩，稻化鱼养殖120亩，养殖湘西黄牛278头，家庭放养土鸡1034羽，土著黑猪存栏320余头，全村50多户贫困户养起生猪、黄牛、山羊，2016年全年，全村仅腊肉外销一项就创收10万元以上。

电商背景下的"公司+合作社+农户"的利益联结机制不但更加牢固，而且可以进一步延伸，不但可以拓展市场，更能延展产业链，使十八洞村的贫困现状得到有效而持续的改变。

3. 以苗绣为主的手工艺加工业

苗绣名列"第一批国家级非物质文化遗产名录"，是一项手工细活，花团锦簇，精美绝伦。苗绣服装、围巾、屏风等绣品工艺精细、色彩清新，让人过目不忘。2014年初，州政府召开十八洞村苗绣发展专题协调会议，确定由州妇联牵头，民族、扶贫开发等相关部门给予资金和项目支持的工作协调机制，为抓好苗绣产业的实施，省、州、县妇联三级联动，在十八洞村成功探索出一条农村妇女在家门口灵活实现就业的精准扶贫之路。

为此，专门建立十八洞村苗绣特产农民专业合作社。合作社成立之初，就明确规模化、标准化、品牌化的发展道路，合作社一经成立后就有90多名妇女一起参加了该社。与种植业和养殖业类似，合作社采取"公司+合作社+农户"的经营模式，由合作社积极对接公司推介苗绣品，先后与花垣五新苗绣、金田苗绣、湘西指尖生花等公司达成合作意向。由公司提供原材料和绣样、合作社农户负责织绣加工，最后，再由公司根据每件绣品的质量负责收购，付给社员织绣加工费。根据质量，每个绣品的加工费为20~30元。合作社与花垣五新苗绣等几家公司签订近百万元的订单合同，累计回收苗绣半成品9000余件，付给合作社农户加工费30多万元。同时，合作社还不定期举办苗绣培训班，分别邀请苗绣传承人进村授艺，参训村民有上千人次以上。部分村民还远赴贵州松桃，向当地的苗绣大师取经学习。合作社中的熟练绣工每人每月平均能领到工资1500多元。

4. 以农家乐等为主的旅游产业

十八洞村属纯苗聚居区，苗族风情浓厚，苗族原生态文化保存完好，旅游资源丰富。在自然景观方面，十八洞村具有莲台山林场、黄马岩、乌龙一线天、背儿山、擎天柱等风景点，特别是十八溶洞，洞洞相连，洞内景观奇特，神态各异，巧夺天工，被誉为"亚洲第一奇洞"，十八洞村也因此而得名。十八洞村森林覆盖率达到78%，林区自然景观得到充分保留，外加辖区内瀑布纵横，使十八洞村在发展旅游业方面获得得天独厚的自然优势。此外，十八洞村还拥有深厚的苗族文化底蕴，独特的苗家饮食，苗族风情浓郁，苗族原生态文化保存完好。十八洞村拥有苗绣、蜡染、花带、古花蚕丝织布等文化旅游产品；有十八洞腊肉、酸鱼、酸肉、野菜等多种绿色食品；有上刀梯、踩哗口、巴代、定鸡等苗族绝技，有"过苗年"、"赶秋节"、"山歌传情"等民族文化活动。每到春节，十八洞村便有抢狮、接龙、打苗鼓等传统习俗；每逢赶秋节，则会组织西瓜节、舞龙、上刀梯、椎牛、唱苗歌等活动。

十八洞村得天独厚的自然生态环境和极具特色的苗族文化底蕴使本地旅游资源非常丰富，尚未开发前，就有不少旅游爱好者前往探险，早就是一处极具潜力的旅游地点。但是十八洞村并未将丰富的旅游资源转化为收入，主要原因在于交通条件差、文化闭塞以及观念落后。为充分运用十八洞村的旅游资源，打造具有苗家特色的休闲旅游产业，发挥旅游经济发展对全村脱贫致富的积极作用，十八洞村党支部和村委会致力于利用得天独厚的自然景观优势、特色民俗民风、特色建筑和习近平总书记走访调研的影响力，将十八洞村打造成为群众路线教育实践活动基地和农家乐、乡村旅游胜地。通过致力于改善本村基础设施建设，在实现本村通水、通电、通路的基础上，专为游客修建游客步道，完成梨子寨仿古式停车场、800多米游道、观景台、村大门升级改造等工程建设。基础设施的改善，本地特色民族文化产业的发展，使十八洞村旅游业进入发展的快车道。十八洞村旅游扶贫模式主要包含四个方面：

第一，对本村旅游产业发展进行详细规划。十八洞村邀请四川省来也旅游发展有限公司帮助本村进行乡村旅游发展规划，制定《花垣县十八洞村旅游扶贫规划》（以下简称《旅游扶贫规划》）帮助解决十八洞村乡村旅游的规划创新问题，并荣获"全国旅游扶贫规划示范成果"。《旅游扶贫规划》指出，十八洞村旅游规划要遵循

"绿色生态、乐享自然"的理念。在旅游产品开发中,以乐享自然为核心,让游客充分享受村寨的自然山水格局和建筑形态,体验苗家原真的生活方式与生产方式,传扬苗乡的农耕原乡文化遗产;在乡村风貌整治与景观节点提升中,用自然的手法来保持村寨原有的乡村性,避免城市化的规划设计打破乡村的原乡氛围,同时在发展农、林业时注重农林产业的景观化;在农村污水处理上,突破以往传统的处理方式,巧妙利用地形打造生态微循环系统,将污水处理技术与湿地循环系统结合起来,将排污点与景观节点结合起来,形成多个生态景观节点,提升村寨环境景观。此外,按照"一寨一品,差异发展"的原则,构建"云雾梨花"、"山乡翠竹"、"田园唱响"、"桃园山谷"等品牌形象,打造包含4个主题村寨(梨子寨——全国精准扶贫学习地、竹子寨——苗乡文化体验地、飞虫寨——中华苗医养生地、当戎寨——中国首个少数民族传统体育运动村落)、2个生态公园(十八洞峡谷公园和云杉漫步森林公园)、1条景观廊道(十八洞山水立体景观廊道)、8个营地(星空营地、自驾车营地、森林营地、帐篷营地等)、10多个节庆活动、30多项户外活动和10多项室内活动的旅游产品[①]。2016年底十八洞村引入首旅集团北京华龙旅游实业发展总公司、北京消费宝公司等知名旅游企业进村投资,以十八洞村为龙头连接周边10个村打造"萤尤部落"大景区,力争三年内完成国家4A景区的创建工作。

经过3年多的持续努力,十八洞村旅游产业获得重大发展,2016年以苗家特色为主要资源的休闲旅游吸引了20多万游客,多年沉寂的小山村焕发勃勃生机。在此基础上,十八洞村对未来乡村旅游进行了建设规划,比如要沿着十八洞村建设一条全长为12公里的自行车、越野车、徒步赛道;规划开发夯街峡谷、森林公园、树上宾馆等,形成完备的旅游体系。

第二,鼓励村民开农家乐脱贫致富。在精准扶贫工作开始之前,前来参观十八洞村的游客或考察团连基本的吃饭、住宿都存在问题,严重制约了十八洞村旅游业的发展。针对这一问题,扶贫干部动员本地村民依托当地建筑与饮食文化特色,利用自住地开农家乐。如十八洞村第一家农家乐"巧媳妇",是在外地打工的孔铭英返乡创业的结果,"巧媳妇"农家乐现在每天可接待200多人。收入的提高极大地改善了孔铭英一家的生活条件,也带动村民开农家乐致富的热情,2016年十八洞村陆续开了7家农家乐,每天最多可接待400~500人就餐,年收入均在四五万元,为发展乡村旅游迈出重要一步。此外,借助"五改"工程,十八洞村致力于打造宜游村寨环境,并荣获"第三批全国宜居镇村"称号。

---

① 来也股份编制十八洞村旅游扶贫规划[EB/OL]. http://www.venitour.com/caseinfo.aspx? contentid =206&t =4.

第三，将乡村旅游与民俗文化产业相结合。十八洞村拥有极具特色的民俗文化产业，旅游产业的发展也带动了民俗文化产业的迅速发展。通过引导十八洞村利用居民大院开发旅游购物，将苗绣、蜡染、花带、古花蚕丝织布等传统手工艺制作与旅游购物相结合，可以开发成具有高附加值的文化旅游产品，促进本地旅游产业的发展。以苗绣为例，苗绣作为我国苗族民间传承的刺绣技艺，是苗族历史文化中特有的表现形式之一。2014年，扶贫工作队组织本村妇女注册成立"十八洞村苗绣特产农民专业合作社"，并与多个公司展开合作。经过三年多的发展，苗绣产品已成为十八洞村旅游发展中一道亮丽的风景线，十八洞村精美的苗绣服饰、屏风等产品，先后参加文博会、赶秋节等活动20多次。2015年5月，十八洞村的苗绣成了深圳第十一届国际文博会上一道亮丽的风景，供不应求，"富贵花开"、"凤求凰"、"喜鹊闹梅"3幅壁挂被顾客以7000元的价格买下。同时，十八洞村的种植和养殖业产品，如十八洞腊肉、酸鱼、酸肉、野菜、苞谷烧等，也多样化地加入到旅游产品当中。

第四，创新旅游扶贫新模式。在传统旅游扶贫模式的基础上，十八洞村开创造性地开发出多种旅游扶贫新模式。十八洞村推行"113"工程，即向全村每户人家发放10棵冬桃树苗、10棵黄桃树苗、300条稻花鱼苗。树苗和鱼苗以及相关培训均由扶贫工作队提供，老百姓负责在自留地种植和养殖。初步看来，"113"工程是促进农民增收的一项扶贫模式，但十八洞村的创新之处在于将"113"工程与旅游产业相结合。参与"113"工程的村民所收获的桃子并非用于售卖，所售卖的是桃树的采摘权，外来游客以418元/棵的价格认领桃树（300元给种植桃树的农户，118元作为村里管理平台费用），桃树果实在认购年限中可以随便摘取，认购桃树的游客还会收到十八洞村"荣誉村民"证书，能够享受免费停车、免费观光和很多旅游景区的半价优惠。2016年十八洞村销售4060棵桃树采摘权，贫困群众获益169.7万元。十八洞村以"113"工程为措施，将扶贫措施与旅游产业发展相结合，既为农户带来可观的收入，也直接带动旅游产业的可持续发展。

（五）教育扶贫

2013年11月3日，习近平总书记考察十八洞村时，提出精准扶贫要做实三件事：一是发展生产要实事求是，二是要有基本公共服务保障，三是下一代要接受良好的教育。他强调："扶贫必扶智。让贫困地区的孩子们接受良好教育，是扶贫开发的重要任务，也是阻断贫困代际传递的重要途径。"扶贫先扶志、扶贫必扶智。十八洞村通过引入多项教育扶贫措施，与多方教育机构进行合作，提高村民思想觉悟、技术水平与学生受教育水平。

第一，改善学生受教育环境，增加学生受教育机会。十八洞村依托边城爱心协会、县关工委等社会组织，解决了2000多名贫困留守儿童的就学、救助问题。如与湖南省君子文化研究会合作的湖南省少年君子文化教育精准扶贫工程在2016年开始实施，少年君子文化教育精准扶贫工程精心实施"五个一"子项目：由湘西籍著名运动员、奥运冠军龙清泉率100名少年儿童倡议宣誓，省会长沙100名爱心人士与100名贫困儿童结对帮扶、由著名教育家刘孝听举办首期100名干部教师志愿者"文化教育脱贫"培训、湖南省新成立的少年君子基金募集100万元励志扶智奖励基金并精准实施。该项目初步计划用3~10年为贫困地区培养一大批有抱负、有责任、有道德、有爱心、有文化、有素养、有能力、有作为的新一代农村建设中坚力量，从根本上阻断贫困代际传递，将贫困地区建设成美丽富饶的新家园。① 此外，为保障学生上学安全，不走山路，十八洞村扶贫工作组曾先后26次协调相关部门开展进村主道建设项目、落实资金，最终修建成一条长1公里、宽达6米的进村主路，被当地老百姓称为"花垣通村第一路"。

第二，对村民进行技能培训。在保障当地学生接受良好教育的基础上，十八洞村还针对农户精准开展多项培训，解决"技力"问题。如瞄准农业技术短板，开展党员干部"学一技，联一户，解一难"、"田间课堂"、"远教课堂"等技术培训活动，按照"1+1"或"1+N"模式，全县138个机关事业单位、18个乡镇的干部与3300余户贫困户结成技术帮联，使每一户贫困户都有一个联系人帮扶，做到"农户不脱贫、帮扶不脱钩"。②

三、十八洞村典型模式的启示

十八洞村的扶贫模式是全国民族地区典型的多项扶贫模式，也是一个相对成功的民族地区脱贫方案，不但做到了全村精准识别贫困人口，同时也做到了全村贫困人口一同脱贫，非贫困人口的人均收入也大幅增长。2016年十八洞村人均纯收入达到8313元，实现全面脱贫。此外，十八洞村基本解决村内贫困居民的安居富民标准住房问题，在2014年、2015年内实施住房改造，完成各项功能配套建设，实现了当年建设、当年入住，十八洞村整村都住上符合标准的安居房，彻底改善贫困农民

---

① "少年君子"文化教育精准扶贫工程在十八洞村启动[EB/OL]. http://hunan.ifeng.com/a/20161104/5117357_0.shtml.
② 罗明. 以十八洞村为试点探索精准扶贫[J]. 新湘评论, 2014(23).

居住条件。①

除收入、住房条件的大幅提升以外,十八洞村村民的精神面貌也发生大幅改善,村民接受很好的教育,广大十八洞村贫困村民精神面貌、思想观念发生很大的变化,从一开始的"等、要、靠"思想渐渐过渡到村民主动进步、自己找致富路子的新态度,人心思变、人心思发展的氛围日益浓厚,村民能积极主动地参与到扶贫开发的工作中去,自我管理水平明显增强,自我发展能力得到提高。

在驻村帮扶队离开后,十八洞村全村的贫困人口不反弹,致富产业不后退,真正地做到不会走"回头路"的脱贫方案,让十八洞村的致富产业做到可持续发展,是一条真正的不靠政府大量注资补贴,其他贫困地区可复制、脱贫之后不反弹的脱贫之路,从十八洞村的经验中我们可以得到一些有益的启示。

（一）发展合作社是贫困地区精准扶贫的有效途径

农民合作社是新型农业经营体系的重要组成部分,可以有效地为农民提供产前、产中、产后各个环节的服务,解决贫困户一家一户办不了、办不好、办了不合算的问题,可以提高贫困户的市场谈判能力和竞争能力,是贫困户产业发展与市场连接的一个非常重要的载体。农民合作社不同于公司,不以资本多少决定话语权,实行一人一票制,有利于维护贫困户合法权益。而且,农民合作社有效地帮助贫困人口解决他们自身不能解决的土地、资金、技术等问题。

（二）土地有序流转是推进精准扶贫的重要条件

贫困地区大都处于山区,人均耕地普遍偏少,要使土地发挥最大的效益,只有通过经营权流转,发展适度规模经营,产生规模效益。土地是贫困户拥有的最大资源,贫困户怕失去土地不愿流转,新型经营主体也难以获得长期稳定的土地经营权,对新型经营主体发展和贫困户增收都极为不利。因此,做好农村土地承包经营权确权登记颁证工作,着力解决承包地耕地面积不准、四至不清等问题,给农民吃上一颗"定心丸",是引导土地有序流转的重要基础,有序的土地流转又为各个产业发展创造有利条件。

（三）财政扶贫资金所有权与经营权分离有利于提高精准扶贫的效率

十八洞村大胆探索,勇于创新,改变以往"撒胡椒面"式的做法,把政府扶持资金的所有权和经营权分离,选择一个优势产业创办农民合作社,贫困农户以政府

---

① 花垣县 2015 年国民经济和社会发展统计公报［EB/OL］. 花垣县人民政府网站, http://www.biancheng.gov.cn/sitepublish/site326/14941/14995/15033/content_41016.html.

扶持资金入股，合作社在本村或临近土地资源丰富的村流转土地，统一经营、按股分红。比如，猕猴桃合作社2017年挂果，2019年进入盛果期后，入股贫困户人均纯收入可达5000元以上，财政资金的使用效率极大提高。这也是对中央一号文件提出"引导国家补助项目形成的资产移交合作社管护"要求的实践。

（四）合作发展有利于促进贫困地区村集体经济组织资产的保值增值

十八洞村村集体经济组织入股农民合作社猕猴桃产业基地，预计丰产期内村集体经济组织年收益在100万元左右，将进一步壮大村集体经济实力。同时，还有利于推动村集体各项公益事业发展，为贫困户带来"看得见、摸得着"的好处。此外，通过建立湘西黄牛合作社、肉兔养殖专业合作社、十八洞村苗绣特产农民专业合作社等多项生产合作社，采用"公司+合作社+农户"的产业发展方式，有效地促进贫困地区集体经济组织资产的保值增值，打造具有当地特色的产业品牌，提高村民收入水平。

（五）充分发挥本地优势资源可有效打造新的经济增长点

民族贫困地区原始生态环境保护较好，而且具有一定的民族特色文化，两者相结合形成民族地区独有的旅游资源优势，充分发挥这点优势可以为民族地区经济发展带来新的增长点。十八洞村借助本地丰富的自然生态环境和苗族文化环境，首先对本村旅游产业进行合理规划，明确旅游产业打造品牌与发展目标，将乡村旅游与民俗文化产业相融合，探索出"113"工程等新型旅游发展模式，农家乐、苗绣等多种形式的产业应运而生，成为十八洞村经济发展和农民增收的重要手段。

（六）针对贫困地区的弱点项目突击有利于根治贫困之本

劳动力素质偏低、产业支撑乏力、基础设施滞后、生存空间狭窄，是贫困地区难以脱贫致富的功能性障碍。要坚持标本兼治，突出治本，有效增强贫困村民群众的自我发展能力。十八洞村积极实施劳动力素质提升工程，中青年农业劳动力和自由创业者技能培训全覆盖，促进培训与就业创业无缝对接。因地制宜，着力培育区域特色强、竞争能力强、科技含量高、附加值高、成长空间大、带动作用大的农业产业集群，形成稳定增加群众收入的长效产业。同时综合配套贫困乡村水、电、路、房、通信等基础设施，有效改善贫困群众生产生活条件。针对特困片区部分村组自然条件差、资源匮乏、灾害频发的实际情况，积极实施易地扶贫搬迁工程，统筹推进安置区基础设施、产业开发和公共服务配套设施建设，拓宽贫困地区群众的发展空间。

（七）党建和驻村干部工作是贫困地区扶贫脱贫的重要保障

扶贫工作离不开党的领导。十八洞村改善基础设施、发展产业合作社、有序流转土地、创新扶贫资金使用模式、布局旅游产业发展、改造教育条件等多项扶贫措施均由十八洞村村支两委和扶贫工作队推进实施。在党建工作和驻村干部的领导下，以驻村帮扶工作队、村支两委和青年民兵突击队为主力，十八洞村基础设施日益完善，产业扶贫与旅游扶贫效果显著，学生受教育条件大幅改善，村民技术水平有效提高。党建工作与驻村干部工作始终走在扶贫工作前列，有效发挥自身组织、协调、领导优势，为十八洞村成功脱贫提供重要保障。

第二章　党建扶贫：西藏"四季吉祥村模式"

　　我国扶贫开发始于20世纪80年代中期，随着《国家"八七"扶贫攻坚计划》和《中国农村扶贫开发纲要（2001—2010）》的出台，以及"五个一批"、"十大工程"等扶贫措施的实施，我国贫困人口数量已经大大减少，扶贫工作取得了辉煌成果。但是，最新统计数据显示2016年我国农村贫困人口仍有4335万人，扶贫攻坚工作仍然艰巨。现有贫困人口大多集中在深度贫困地区，这些地区多是革命老区、民族地区、边疆地区，基础设施和社会事业发展滞后，社会文明程度较低，生态环境脆弱，自然灾害频发，贫困人口占比和贫困发生率高，人均可支配收入低，集体经济薄弱，脱贫任务重，越往后脱贫成本越高、难度越大。因此，总结现有精准扶贫模式，分析不同扶贫模式效果，可以为今后解决深度贫困问题，实现2020年脱贫总目标提供有力参考。

　　自2013年提出精准扶贫以来，"精准扶贫"、"产业扶贫"和"金融扶贫"三大主要扶贫措施相结合，形成扶贫脱贫的主要机制。而在具体扶贫实践中，也不能忽略党建工作在扶贫过程中发挥的重要引导协调作用。基层党组织与党员干部在扶贫工作中发挥重要的先锋模范作用，基层党建工作与精准扶贫结合，由此即构成党建扶贫模式。

　　党建工作在精准扶贫的过程中往往发挥全局性、领导性与服务性的关键作用。为了总结党建扶贫的成功经验及存在的问题，探索适用于贫困地区、贫困农户的党建扶贫模式，本章选取西藏自治区拉萨市曲水县才纳乡四季吉祥村进行党建扶贫模式的调研。2015年下半年，拉萨市曲水县在完成贫困户建档立卡工作基础上，根据"易地搬迁脱贫一批"原则，率先规划建设西藏首批易地扶贫搬迁点——拉萨河畔的三有村和才纳乡四季吉祥村。2016年8月，曲水县正式破土动工修建以"四季吉祥"为主题，拥有12条主干道，365套（108～140平方米不等）安居房的易地扶贫安置点。此外，产业扶贫也是四季吉祥村扶贫脱贫的一大手段。四季吉祥村所在的曲水县一直将产业扶贫摆在突出位置，将发展现代有机农业和净土健康产业为重点，建设万亩乡土苗木良种繁育基地、奶牛养殖基地、中藏药材种植基地、百亩连栋温室、有机肥厂等重点项目，其中，万亩乡土苗木良种繁育基地、中藏药种植基地、现代化奶牛养殖场以及有机肥加工厂均坐落在四季吉祥村周边，尤其是才纳乡净土健康产业园区的投入使用，有效带动了包括四季吉祥村的贫困户在内的农牧民群众就业。以易地搬迁和产业扶贫为两大举措，四季吉祥村已基本实现全体村民脱贫，扶贫效果显著。

四季吉祥村作为才纳乡易地扶贫搬迁安置点，从 2016 年 6 月开工建设，如今已发展成色彩亮丽、排列有序的新村庄。尽管四季吉祥村以易地搬迁和产业扶贫为重要手段，在搬迁过程中，党建工作作为整个曲水县精准扶贫的统领，贯彻四季吉祥村建设、搬迁、扶贫、脱贫的始终。本章以四季吉祥村党建扶贫模式为案例，总结分析四季吉祥村党建扶贫模式机制，为今后党建扶贫工作的深入展开提供启示。

一、四季吉祥村基本情况

四季吉祥村，即四季吉祥村扶贫搬迁安置点，位于西藏自治区拉萨市曲水县才纳乡境内，北距自治区首府拉萨市区 24 公里，南距拉萨贡嘎机场仅 20 公里，西濒拉萨河，东依"五峰神山"，机场高速、拉日铁路、318 国道等重要道路贯穿村旁。四季吉祥村所在地区属于拉萨河谷农业区，气候宜人、土地肥沃、雨水充足、民风朴实，西藏自治区党委副书记、自治区人民政府主席齐扎拉同志多次到才纳乡调研后，把该安置点定名为"扎西堆喜"，意为"四季吉祥"。

四季吉祥村于 2016 年 7 月开工建设，并于当年 12 月初竣工。建设总面积约 30.31 万平方米，现建有贫困户和产业工人住房 500 套，其中贫困户住房 365 套，产业工人住房 135 套。贫困户住房中，轻钢结构的 64 套，砖混结构的 301 套。户型 100 平方米的 64 套，户型 120 平方米的 214 套，户型 140 平方米的 87 套。全村分为春、夏、秋、冬 4 个片区，分别呈现绿、红、白、蓝 4 种颜色，体现一年四季；村内有 12 条主干道路，象征一年的 12 个月；365 套贫困户住房象征一年的 365 天。

村民于 2016 年 12 月 15 日开始入住，截至 2017 年 6 月，四季吉祥村共入住 294 户、1233 人。其中：男性 587 人、女性 646 人、劳动力 465 人（含半劳动力 52 人：残疾人、身体原因无法干重活的人）、党员 60 人、大学生 32 人、中小学生 103 人。

二、四季吉祥村党建扶贫模式

在确定易地搬迁安置点后，四季吉祥村村委会全体党员，广泛收集民意，多方征求意见,及时向县乡作汇报沟通,多项具有地方特色、能满足群众致富需求的项目落地生根,各项基础设施相对完备,产业设施不断完善,真正做到以党建工作为统领,以易地搬迁为重点,以产业扶贫为基石,以保障民生为目标,使易地搬迁群众就业和收入水平不断提升。

(一) 四季吉祥村党建成果

为促进四季吉祥村基层组织建设达标和村务有序管理,曲水县委、县政府在第一时间成立四季吉祥村临时党支部,同时严格按照拉萨市委提出的"强党、固基、扶村"的要求下派年轻干部组成临时党支部班子,并按照自治区"强基惠民"的驻村工作要求,因地制宜地从县医院、公安局、才纳乡向四季吉祥村下派工作队员。2017年4月,经中共才纳乡委员会批准,正式成立村党支部,由乡党委副书记兼任村党支部书记,3名下沉的青年干部任党支部成员,支部成员分工明确,制度完备。村民开始入住之后,村临时党支部和驻村工作队在上级党组织的支持下迅速完成村委会班子、各组组长、副组长、双联户长等的后备选任工作,先后选定了村委会班子后备人选7人、组长4人、副组长4人、妇代委员4人、双联户长47人、村务监督委员会后备成员3人。目前,四季吉祥村党支部和村委会已由上级部门批准正式成立。

为进一步提炼总结党建促脱贫、党建促发展等经验做法,四季吉祥村村党支部致力于打造极具四季吉祥村特色的党建品牌"七彩四季"。"七彩四季"党建品牌主要涉及七项工作内容,分别是:阵地、队伍、人心、产业、稳定、文明、跨越,七项工作内容也是"七彩四季"党建品牌名称的由来之一。"阵地"工作包括一套硬件系统设施、一套电化教育设备、一套上墙入心制度、一套活动台账、一套报纸书籍,旨在将现有的党建电教室和党员活动室进行整体提升,完善各项机制、台账,做到台账规范、数据清晰、程序正规;"队伍"工作包括"创五好班子"(领导班子好、党员队伍好、工作机制好、集体建设好、群众反映好)、六个意识(政治意识、大局意识、创新意识、责任意识、表率意识、奉献意识)、六个沟通(正常工作定期沟通、重大问题及时沟通、决策之前预先沟通、决定改变重新沟通、情况紧急事后沟通、认识不一再三沟通)、三个支持(中心工作全面支持、日常工作主动支持、棘手工作热心支持)、八个共同(目标共识、大事共商、担子共挑、制度共守、干扰共排、矛盾共解、难关共度、相处共勉),旨在提高班子成员自身素质和作风建设;"人心"工作通过发扬"群众无小事,有事找支部"的口号,将党的力量延伸到各个角落,增强村临时党支部的作用和影响力,并通过着力提高党员素质,增强党性观念和党性意识,最终充分发挥基层党组织推动发展、服务群众、凝聚人心、促进和谐的作用；"产业"工作要求以市场为导向，积极推进各类专业合作社建设，同时借助曲水县净土健康产业品牌和创新创业基地落户四季吉祥村为契机，打造融创新创业、历史、民俗、文化传播为一体的"美丽四季吉祥村"；"稳定"工作通过结合"两学一做"、"四讲四爱"开展主题教育实践活动，宣传党的方针政策，并通过召开座谈会等形式在村内广泛开展感恩教育；"文明"工作通过带领团支部建设、制定实施《村规民约》、成立志愿者队伍，帮助解决青年就业，促进移风易俗，引导村民养成科学合理的生活习惯，提升村民言行文明程度，传播互助互爱精神；"跨越"工作则是在保证现有全村脱贫的基础上，以将四季吉祥村打造成"拉萨民宿样板村"为目标，借助净土健康产业园区、万亩苗木繁育基地、创新创业基地等优势，促进村民由农牧民转变成为产业工人，提高全村发展效率，使村民早日享受发展成果。

伴随着"七彩四季"党建品牌的建立与不断完善，四季吉祥村易地搬迁扶贫工作和产业扶贫工作也顺利展开，原有的贫困农牧民落户四季吉祥村并全部实现脱贫。下一步，四季吉祥村在保障当地扶贫可持续的基础上，以党建工作为领导，以产业发展带动群众致富奔小康。

（二）四季吉祥村党建扶贫机制

在扶贫工作伊始，才纳乡党支部便迅速开展贫困户建档立卡工作。在四季吉祥村党支部成立后，通过引入硬件系统设施动态跟踪本村贫困户信息，并提出多种协助扶贫措施，提高本村人力资本水平与生活水平，保障易地搬迁贫困户生产与生活环境，协助产业发展扶贫模式，打造党建扶贫的典型案例。

1. 党建工作协助精准定位贫困

贫困户建档立卡是精准扶贫的基础，而建档立卡工作的开展和执行也离不开党支部和党员的带头作用，之后动态跟踪贫困户各项信息，更是以当地党支部为主要阵地。

（1）党支部牵头进行贫困户摸底调查。早在贫困户建档立卡工作开始，曲水县才纳乡党支部便按照"公开、公正、公平"的原则，进村入户，对全乡建档立卡贫困户开展走村入户调查，认真核对已登记在册的贫困户基本信息，对扶贫对象逐一建档立卡，认真填写《贫困户登记表》，全面整理全乡贫困户资料，为精准定位贫困和精准扶贫打下坚实的基础。

（2）硬件系统设施动态跟踪扶贫信息。"七彩四季"党建品牌中"阵地"工作内容通过将现有的党建电教室和党员活动室进行整体提升，完善各项机制、台账，做到台账规范、数据清晰、程序正规,打造本村党建阵地。通过设立"四季吉祥村基本信息采集系统",以村党支部为第一组织架构,下设4个村党小组,党小组下设40个双联户代表,每个联户代表下设6~10个联户单位,每个联户单位的基本信息都整理完善,包含每个劳动力的就业情况、每户的物业信息等,以此明确跟踪村内贫困户就业与收入等动态信息,做到每个贫困户的多维标准动态精准。

2. 四季吉祥村党建扶贫思想

(1) 党建扶贫模式。四季吉祥村党建扶贫模式包括以下几个方面:

第一,统一扶贫思想。四季吉祥村在发挥党建工作在扶贫过程中的作用时,坚持以"三个代表"重要思想为指导,全面贯彻落实科学发展观,着眼于既要解决贫困户现实问题,又要建立保障脱贫可持续和促进农民增收的长效机制,全力解决涉及贫困户切身利益的突出问题,不断提高贫困户生活质量和水平,积极推进四季吉祥村扶贫工作的新发展。

第二,突出党员主体地位,发挥党员积极作用。四季吉祥村原有村民搬入新村后村党支部迅速对全村党员进行摸底调查,为发挥党员在本村建设和发展中的积极作用奠定基础,党员在提高全村各项工作的成效当中作用明显。村党支部在搞好党员管理的同时,还积极组织党员参与各类志愿服务活动,使党员得到群众的普遍称赞。另外,发展党员工作也已展开,目前村内已有26人递交入党申请书。村党支部通过培训、笔试、面试等环节,严把新发展党员质量关。同时,村团支部也已成立。目前,村党支部正致力于打造"七彩四季"党建品牌,促进全村各项工作提质增效。

第三,组织本村劳动力订单式培训。通过结合村内外的产业项目需要和市场需求,根据用工方的需求和村民自身意愿,村政府组织对本村劳动力进行订单式培训,先后组织种植技术培训、创新创业培训、手工编织培训、铜器加工培训、皮具加工培训、编织及植物染色培训等,累计受训289人次,有效提高劳动力工作技能,通过提高人力资本水平,提高农户生产性收入,促进农户脱贫。

第四,牵头组织生产合作社,销售所得分红。村内已成立种植合作社和手工编织合作社2个专业合作社,另有旅游服务合作社正在筹建当中。种植合作社成立后已有150人加入,入社费共1.5万元;手工编织合作社已有30人加入,入社费共1.5万元,主要产品为装饰用花、刺绣、氆氇等,产品销售额近4万元。

第五,制定村规民约,全村民主管理。为完善村务管理,四季吉祥村于2017年1月公布实施《四季吉祥村村规民约》,《四季吉祥村村规民约》在提升全村文明程度、规范村民言行、化解矛盾等方面发挥了重大作用。已召开的三次四季吉祥村党员大会，奠定了党员在提高全村各项工作的成效。截至2017年6月底，四季吉祥村已先后召开村民大会和村民代表大会4次，村内大小决策都经过会议协商，实现对全村民主管理。

第六，以人为本，党建工作立足于基层。四季吉祥村的党建工作扎根于群众基层，强调以群众问题为重点，以群众满意为目标，"七彩四季"党建品牌中在"队伍"工作内容中强调开展"创五好班子"活动，即领导班子好、党员队伍好、工作机制好、集体建设好、群众反映好；在"人心"工作内容中强调要充分发挥基层党组织推动发展、服务群众、凝聚人心、促进和谐的作用，并以"群众无小事，有事找支部"为口号，发挥党组织解决群众易地搬迁、参与就业等面临各种问题的带头作用，将党的力量延伸到各个角落，增强村临时党支部的作用和影响力。通过坚持以人为本，立足基层进行党建工作，可以有效地解决搬迁群众的问题，增强村临时党支部的作用和影响力，充分发挥基层党组织推动发展、服务群众、凝聚人心、促进和谐的作用。

（2）"党建先行"协助易地扶贫搬迁。易地扶贫搬迁是开发式扶贫的重要内容，是在贫困地区组织实施的一项重要专项扶贫工程，通过对生存环境恶劣地区的农村贫困人口实施易地搬迁，根本改善其生存和发展环境。易地扶贫搬迁工程具有政策性较强、工作量大、涉及面广的特点，更需要做好党建工作。四季吉祥村易地搬迁伊始便受到各方领导的高度重视，乡党委、政府和精准扶贫、精准脱贫指挥部高度重视，依据不同时期的不同情况，积极完善地调整充实了领导机构，建立健全工作机制，通过切实加强组织领导，不断细化工作方案，强化工作责任。"党建先行"协助易地扶贫搬迁的机制主要包含两个方面的内容。

第一，严格落实搬迁责任制。易地扶贫搬迁工程执行"副科级干部包村、驻村干部和村组干部包户"的搬迁责任机制，工程开始便已经形成主要领导亲自抓、分管领导牵头抓、包村领导具体抓、村组干部配合抓的工作格局，通过各级党委与政府领头，制定易地扶贫搬迁工作流程，并针对流程建立完善的制度体系，用制度来规范管理易地扶贫搬迁工作。

第二，强化政策宣传。立足于"科学定位，统一规划，合理布局，优化组合"的出发点，乡党委政府积极组织、多方协调主管部门和职能机构，及时分村召开精准扶贫建档立卡贫困户会议，广泛宣传易地扶贫搬迁的优惠政策，让贫困户及时、准确地了解易地扶贫搬迁相关精神，提高贫困群众搬迁的积极性和主动性。此外，以动员大会、宣传单、村村响为宣传平台，积极宣传易地扶贫搬迁对于经济社会发展、人民生活品质提升方面的重大意义，增强群众对易地扶贫搬迁的认同感、参与感,不断扩大易地扶贫搬迁的影响力,努力形成人人参与易地扶贫搬迁的浓厚气氛。

（3）党建协助产业扶贫。才纳乡万亩良土苗木良种繁育基地建设项目已开始实施,投资达到10亿元的曲水县才纳乡万亩中藏药种植基地项目也已完成平整、客土工作,近期将开始实施种植；投资达2.8亿元且规模达到5000头奶牛的现代化奶牛养殖场也完成了规划和选址工作；总投资达6500万元的"有机肥加工厂"即将建设完成,这些项目的实施与投入生产需要大批量的产业工人,四季吉祥村可借助才纳乡净土健康产业大力发展的东风,以产业发展带动群众脱贫。

"七彩四季"党建品牌中着重强调"产业",产业先行、产业脱贫的路子为四季吉祥村的群众脱贫打下基础,在此基础上四季吉祥村提出以产业带动群众致富奔小康的经济发展目标,以"休闲农业、提升村味、展现民俗、回归生态"为发展理念,借助净土健康产业品牌力量的"四季吉祥民俗文化体验村"以及以曲水县创新创业基地为契机,集创新创业、历史、民俗、文化传播等于一体的"美丽四季吉祥村"。总之,通过借助净土健康产业园区、万亩苗木繁育基地、创新创业基地等优势,促进村民由农牧民转变成产业工人,提高全村发展效率,使村民早日享受发展成果。

此外,通过以市场为导向,由村政府牵头积极推进各类专业合作社建设,提高农户收入水平。村内已成立种植合作社和手工编织合作社,另有旅游服务合作社正在筹建当中。两个专业合作社成立后,种植合作社有150人加入,入社费共1.5万元；手工编织合作社有30人加入,入社费共1.5万元,主要产品为装饰用花、刺绣、氆氇等,产品销售额近4万元。

（4）党建扶贫工作保障民生。易地搬迁和产业扶贫的目标是通过改善当地经济发展环境,促进产业发展以提高村民收入,实现村民脱贫。但是,扶贫工作的目标不仅是单纯提高贫困户收入,还是对贫困户生产生活环境的根本性改造。相比于现有的多种扶贫模式,党建扶贫在保障民生、坚持以人为本的科学发展观方面具有不可替代的作用。四季吉祥村党建扶贫模式也包含民主决议、教育、医疗、文化和环境保护方面的民生保障措施。

第一,党建工作协助易地搬迁过程中的民生保障。四季吉祥村易地扶贫搬迁过程中高度重视民生,把握贫困户利益诉求,坚持立足当前,着眼长远,有重点、有步骤地持续推进,建立和完善长效机制。建立易地扶贫搬迁工作领导小组时,由才纳乡党委书记任组长,乡长及副乡长为副组长,相关部门负责人为成员,形成县政府统一调度、各职能部门齐抓共管的工作格局和项目建设一个项目、一名领导、一套班子、一套政策、一抓到底的"五个一"机制。

第二，村委会负责接送，保障学生走读安全。搬迁至四季吉祥村的小学生共72名，由原就读学校转入才纳乡中心小学就读。学生在学校里的饮食不存在任何问题，但由于才纳乡中心小学校舍有限，难以增加足够数量的床铺解决学生的住宿问题。针对这一问题，村党支部和乡小学积极进行协商，综合考虑乡小学的宿舍等条件的限制和乡小学离四季吉祥村较近这一现实情况，最终决定，无论是才纳乡其他村，还是本县其他乡镇搬来四季吉祥村的小学生，均进行走读。由学生家长轮流和村委会副主任一起接送学生上学、放学，由村务监督委员会进行监督。

第三，帮助有健康问题的困难群众，提供临时救助款。对于一些遭受较大临时性困难的村民，四季吉祥村还会给予或积极向上级有关单位为其申请临时救助。比如，帮助一名小腿骨折的困难群众，向乡人民政府申请解决临时救助款2000元，再由村委会和工作队帮助解决资金2000元，为这名群众解决困难。另外，村里有位孩子患有严重的癫痫病，在其家长要带其赴内地治疗之际，也为其向乡政府申请了2000元的临时救助款，尽力为其提供帮助。

第四，组织举办物资展销会。才纳乡第一届仲孜文化艺术节暨物资展销会从展会筹备、举办到结束都离不开组织领导的作用。由才纳乡党委牵头成立的筹备工作领导小组，乡党委书记任组长，全乡副科以上领导干部以及部分四季吉祥村干部为成员，下设宣传报道组、接待组、摊位分配管理组、后勤服务组、治保组5个职能小组，分工合理明确，通过将才纳乡所有干部编入各职能小组，全程参与展会筹备和举办过程，有效保障物资展销会的顺利举办。

第五，加强四季吉祥村绿化建设。在保障民生的基础上，党员在四季吉祥村绿化清洁工作方面也走在前列。才纳乡党委、政府、精准扶贫精准脱贫指挥部、四季吉祥村临时党支部和驻村工作队的党员在2016年12月17日上午组织145名党员开展"美丽新村、清洁先行"卫生清洁活动，2016年12月19日下午，才纳乡小学组织少先队员也开展"捡垃圾、净家园"活动，通过党员活动和少先队员活动使四季吉祥村的村容村貌焕然一新。

三、党建扶贫效果

（一）易地搬迁工作顺利完成

四季吉祥村易地搬迁工程于2016年12月15日完成五乡一镇的贫困户搬迁工作，搬迁户入住以来，驻四季吉祥村工作队联合村临时党支部积极与县扶贫搬迁办等相关部门、才纳乡党政机关沟通，解决各种问题。312户移民户来自生态条件恶劣的6个乡镇，原住地在迁出部分人口后，自身的生态环境压力也得到缓解。而四季吉祥村通过实现水、电、路三通，极大地改善移民生产生活条件，降低生产成本，并有效提高生产效率，为稳定脱贫并进一步实现稳步增收奔小康提供有利基础。

（二）产业发展成效显著

在上级支持下，四季吉祥村周边及村内布局多个产业项目，包括总投资13亿元的万亩乡土苗木良种繁育基地项目、总投资10亿元的中藏药材种植基地项目以及总投资1000万元的村内经济林项目等。依托这些产业项目，四季吉祥村通过成立创业合作社、组织技能培训、引导和支持村民进行创新创业等途径，目前已基本实现每个有劳动力的家庭至少1人就业，村民逐渐由农牧民向产业工人转变，如在万亩乡土苗木良种繁育基地的建设过程中，四季吉祥村每天安排200名以上群众参与产业建设，极大地提高群众的收入水平。

（三）物资展销会获得良好效果

2017年春节于四季吉祥村举办的才纳乡第一届仲孜文化艺术节暨物资展销会为期5天，参会群众、商家累计超过6万人次，平均每天有1.2万人次参会。展会吸引县内外商家的积极参与，参展商家远超预期的60个，达到120余个，累计销售额达100余万元。商品涵盖民族手工艺品、床上用品、装饰用品、电子产品、酒水、肉类、小吃等多个种类，满足了群众的多种需求，达到展示形象、聚集人气、促进交流、提升才纳乡知名度和影响力，促进经济社会又好又快发展等目的。

（四）农户就业水平显著提高

通过针对市场和村民自身意愿进行的订单式培训，累计受训达289人次，显著促进本村村民的劳动就业。统计数据显示，四季吉祥村现有劳动力465人，目前已解决370人的就业，就业率达80%。

四、党建扶贫中可能存在的问题、风险

四季吉祥村党建扶贫在取得重大成果的同时，也在实际工作中显现出一些可能存在的问题，由此可能构成我国在深度扶贫阶段中的风险点，需要在下一步的工作中加以重视。

（一）忽略"造血式"扶贫模式，结对帮扶积极性较差

一些部门和干部在潜意识中认为扶贫结对帮扶工作很难出成绩，导致有的帮扶单位和帮扶干部没有把心思用在帮助谋出路上，结对帮扶工作只停留在给钱给物式

的"输血式"扶贫上，没有重点解决贫困户发展生产中遇到的困难，未注重将"输血式"扶贫转为"造血式"扶贫。

（二）村民自主脱贫意识不强，对惠农政策产生依赖思想

由于西藏自治区内多数贫困人口文化素质低、思想较为保守，思维观念还没有融入社会主义市场经济，发展动力有所欠缺，存在安于现状的思想。国家诸多惠农政策的实施和兑现，使部分贫困户产生严重的依赖思想。党建工作为四季吉祥村扶贫工作打下坚实的基础，"党建先行"与惠农政策使四季吉祥村成功脱贫，但是在培养原有贫困户自主脱贫、自主工作、自主创业的意识方面仍存在不足，下一步在党建扶贫工作过程中需要加强培养村民自主脱贫乃至自主致富意识。

（三）社会参与度不高，氛围不浓

现阶段四季吉祥村各项扶贫政策多依赖于党支部领导与多项国家惠农政策，即使是易地扶贫搬迁或产业扶贫也多由党组织和政府牵头，社会资金与企业组织的参与程度不高。一些经济组织和社会组织的社会责任感不强，没有主动参与全社会扶贫的意识，特别是对扶持贫困户发展经济、新建产业兴趣不浓、帮助不大，认为扶贫工作时间跨度长、见效慢，成效难以短时间内显现，参与度低。

（四）自身创业能力受限

由于四季吉祥村民在搬迁之前均为贫困户，所得收入在满足自身基本生活需求后剩余较少，因此，缺少额外资金用于创新创业。此外，村民在易地搬迁之前基本为农户，虽然经过订单式培训其生产技术得到部分提升，但水平仍然较低，也缺乏相应的管理经验。资金缺乏、技术水平与管理经验缺失导致村民难以承受创业失败带来的后果，风险抵御能力较差。

（五）劳动力比重较低，且劳动技能与就业观念落后

四季吉祥村大部分农户受教育程度较低。数据显示，从 2016 年 12 月 15 日起村民开始入住，已经入住了 294 户、1233 人，其中劳动力 465 人，占村民总人口比重为 37.8%，除去半劳动力 52 人，比重下降至 33.5%，劳动力比重较低，且大多数劳动力在成为产业工人之前需要进行专门培训。此外，相当部分的贫困户处在小钱不愿赚、大钱赚不来的状态，其择业标准与自身素质能力极不相符。

五、案例启示与推广价值

四季吉祥村党建工作贯彻于多项扶贫工程与村民生活细节，形成一套完整、系

统的党建扶贫工程体系，以四季吉祥村党建扶贫为案例，可以得出以下启示：

（一）以党建先行为统领，发挥党建扶贫的组织优势

四季吉祥村党建扶贫既是中国共产党对社会主义制度本质要求的坚守，又是"三个代表"重要思想的具体体现，更是社会正义与社会平等的彰显。社会主义制度的本质是解放生产力，发展生产力，消灭剥削，消除两极分化，最终实现共同富裕。贫困地区由于环境与资源方面的约束，生产力水平低，经济发展落后，通过以党建工作为统领，统一思想，实事求是，因地制宜地实施易地搬迁与产业扶贫工程，使原有贫困地区、贫困户的生产力得到解放和发展，党建扶贫模式是对社会主义本质要求的坚守。"三个代表"重要思想要求中国共产党始终代表最广大人民的根本利益，贫困地区贫困户的根本利益便是基本的生活保障，根本手段是精准扶贫，根本目标是保障民生。因此，"三个代表"重要思想也要求在扶贫工作过程中，充分发挥党员的模范带头与协调领导作用，这也是党建扶贫模式的基本原则。四季吉祥村扶贫过程中的党建工作便严格遵守这一原则，从选择易地搬迁安置点，到开工建设、村民动员，到最后村民搬迁入住、引入产业扶贫工程，处处都有党员的身影在里面，四季吉祥村党支部也走在扶贫工作的第一线，始终以贫困户的根本利益作为出发点。贫困户作为收入最底层，如果自身生存条件得不到保障，即使经济发展再快、经济总量再高，也违背消除两极分化、实现共同富裕的社会主义本质要求，以及社会公平公正的道德准则。因此，四季吉祥村党建扶贫也与社会公平公正的道德准则相契合。

扶贫脱贫，党建先行。农村基层党组织是党在农村全部工作和战斗力的基础，是贯彻落实党的扶贫开发工作部署的堡垒。一个团结有力的基层党组织，就是一面引领发展的旗帜、一支常驻不走的工作队、一个决战贫困的指挥部。如果农村基层党组织长期软弱涣散、领导乏力、职能缺位、效率低下，势必影响农村的生产发展与和谐稳定，最终导致贫困。四季吉祥村扶贫搬迁安置点能够在短短的几个月中完成项目的实施、建设、村民入住等工作，与其以党建工作为统领，及时有效发挥党建扶贫的组织优势是分不开的。初期，县委按照拉萨市委提出的"强党、固基、扶村"的要求，成立村临时党支部，在开始之初便统一思想，通过落实搬迁责任制，明确任务目标，之后详细制订易地搬迁与产业扶贫规划，并同时广泛宣传优惠政策，提高村民搬迁意愿，在搬迁工作完成之后更是及时考虑村民的生活保障性需求，在超市、医院、学生上学、村民交流、思想教育、村规民约等方面都展开大量工作，而每一项工作从开始到完成均有党员的身影。因此，四季吉祥村党建扶贫工作贯彻始终是村民成功脱贫的重要原因。

（二）党建工作多层次协助两大扶贫工程

以党建先行为统领，奠定四季吉祥村扶贫工程的大框架，但是村民脱贫还需要彻底改善自身的生活与收入状况，党建扶贫只能起到基础性、引导性的作用，无法成为扶贫工作的主要动力。四季吉祥村的主要扶贫工程为两项：易地搬迁与产业扶贫，党建工作在易地扶贫搬迁与产业扶贫两大工程中发挥着重要的引导作用。易地扶贫搬迁从规划、动员到搬迁、安置，产业扶贫从引入产业、村民培训到引导就业、提高收入均由党支部参与协助沟通。四季吉祥村以党建工作为统领，多层次协助易地扶贫搬迁与产业扶贫两大工程，实现村民全部脱贫，扶贫工作取得重大进展。下一步，四季吉祥村将继续以党建工作为统领，带动全体村民在保障脱贫可持续的基础上继续提高收入，实现致富奔小康。

易地扶贫搬迁一般会出现几个突出的问题：一是保障搬迁对象的精准性，提高政策设计的瞄准性；二是增强扶贫主体的互动合作，加强易地扶贫资源的对接效率；三是促进移民的社会融入感，提升贫困群体的内生动力。① 易地扶贫搬迁的农户会面临搬迁带来的机会成本，并可能面临资源统筹调配方面的"碎片化"现象。此外，贫困群体在搬迁之后，因原有生计资本遭到破坏而新的生计方式尚未建立，其贫困脆弱性比较高，社会融入感不强，面临多种生计风险。四季吉祥村易地扶贫搬迁同样面临这些问题，但是其党建扶贫模式有效地解决这一问题。针对提高搬迁对象精准性的问题，才纳乡与之后建立的四季吉祥村党支部牵头进入贫困户家庭进行摸底调查，并通过引入硬件系统，动态统计贫困户就业与收入情况，实时统计，动态跟踪，做到扶贫对象精确精准；针对增强扶贫主体互动合作，加强资源对接效率的问题，四季吉祥村一是通过动员村民成立多种生产合作社，引导扶贫工作与当地产业发展相融合，有效集中多项扶贫与产业发展资源；二是引入保险资金对农户原居住地多项资产进行保障，扫除农户搬迁的后顾之忧，消除搬迁机会成本；针对村民融入感不强的问题，四季吉祥村通过开展多项活动，如 2014 年 7 月 21 日举行的藏历年趣味运动会、2017 年 1 月 25 日举行为期 5 天的才纳乡第一届仲孜文化艺术节暨物资展销会、藏历新年慰问全村群众、开展多次"四讲四爱"活动，并通过召开村民大会，集体讨论村民关切的重点问题，提高村民集体融入感。

2015 年《中共中央国务院关于打赢脱贫攻坚战的决定》明确提出，为实现精准扶贫、精准脱贫目标，在具体实现路径上，要按照贫困地区和贫困人口的具体情况，

---

① 叶青，苏海. 政策实践与资本重置：贵州易地扶贫搬迁的经验表达[J]. 中国农业大学学报（社会科学版），2016（5）.

实施好"五个一批"工程,即发展生产脱贫一批、易地搬迁脱贫一批、生态补偿脱贫一批、发展教育脱贫一批、社会保障兜底一批。而在这"五个一批"之中,产业扶贫涉及对象最广、涵盖面最大,是能够做好精准扶贫的关键。但是,产业扶贫的多维目标的性质也引起一些学者的担忧。产业发展往往完全以市场为导向,追求利润与效率最大化,而贫困户往往人力资本水平较低、技术水平较差,无法满足产业发展和企业招聘的需求,因此导致产业扶贫的低效率。事实上,产业扶贫不仅追求产业发展,在某种程度上还承担带动贫困户脱贫的社会责任,不能单纯按照公司或企业的单纯以利润最大化为目标的方式经营;此外,产业扶贫项目很少根据不同贫困户的需求而提供不同产业发展的可能性,而往往倾向于集中资金打造统一性、规模化的经营方式[①]。而党建扶贫工作可以协调产业发展和产业扶贫之间的关系,化解产业发展追求效率与精准扶贫追求公平之间的矛盾。四季吉祥村的产业规划紧紧扎根于曲水县净土健康产业的总规划之中。曲水县净土健康产业主要有两种发展模式,一是"管委会+企业+合作社+农户"模式。通过以市场为导向,以曲水净土产业投资开发有限公司为运营主体,以产业园管委会为种植与生产的管理主体,形成一条园区试点、市场调研、计划种植、公司收购、企业加工的成熟发展模式。二是"合作社+农户+自主品牌"模式。结合当地自身优势产业,打造本地现代农业品牌,如达嘎乡"神马土豆"、聂当乡"鑫赛瓜果"品牌,致力于打造有机无公害产品,在保护当地生态环境的基础上发展净土健康产业。四季吉祥村的产业发展也符合这两种模式。"管委会+企业+合作社+农户"模式通过建立曲水净土产业投资开发有限公司,借助公司的市场调研能力,追寻市场机会、追求利润的动机,完全以市场化为导向,通过将市场需求与当地特色相结合,打造曲水县净土健康品牌。"合作社+农户+自主品牌"模式相比"管委会+企业+合作社+农户"模式而言灵活度更高,也更能有效发挥农户的主观能动性。通过将两种产业发展模式相结合,实现本土特色产业的规模化、市场化运营。此外,针对贫困户人力资本较低、技术水平不高的特点,曲水净土产业投资开发有限公司与四季吉祥村合作,构造一整套机制完善、激励有效的人力技术培养机制。四季吉祥村党支部安排贫困农户参加净土健康产业园建设、农作物种植和产业园维护等工作,成为临时工。在工作过程中对农户进行技术培训,同时解决农户就业与收入问题。在此基础上,曲水净土产业投资开发有限公司针对技术成熟的临时工进行考核,考核通过的临时工变成有固定

---

① 徐汉泽,李小云. 精准扶贫背景下农村产业扶贫的实践困境——对华北李村产业扶贫项目的考察[J]. 西北农林科技大学学报(社会科学版),2017(1).

工作的产业工人，收入也随之增加，以此提高农户参与产业建设与生产工作的积极性，协调产业发展与扶贫之间的矛盾。由此可见，党建扶贫模式将产业发展与扶贫相融合，有效协助产业扶贫工程。

（三）以保障民生为目的，党建工作全方位提升村民生活水平

2015年10月16日，国家主席习近平在减贫与发展高层论坛上首次提出"五个一批"的脱贫措施，即发展生产脱贫一批、易地扶贫搬迁脱贫一批、生态补偿脱贫一批、发展教育脱贫一批、社会保障兜底一批。"五个一批"的提出，不但提供精准扶贫的思路，也提供扶贫工作的一个目标，即包含经济发展、生存环境、生态环境、教育、社会保障5个方面。四季吉祥村以发展生产和易地扶贫搬迁为两大扶贫手段，有效解决当地经济发展和生存环境面临的制约，其以净土健康产业作为主打品牌的产业发展思路也包含对生态环境的保护，但是在教育和社会保障方面则可能缺乏针对性的扶贫工程，党建扶贫模式的开展则有效补充了这一不足。四季吉祥村在易地扶贫搬迁过程中高度重视民生，把握贫困户利益诉求，将农户的切身利益放在工作的首位。在教育方面，除在产业发展方面着重培养产业人才之外，在学生教育方面，村委会负责接送学生上下学，保障学生走读安全，并由村务监督委员会进行监督。在医疗方面，对于一些遭受较大临时性困难的村民，四季吉祥村还会给予或积极向上级有关单位为其申请临时救助。此外，四季吉祥村先后组织党员和少先队员开展多次卫生清洁活动，保证本村绿化建设与生活环境。

扶贫脱贫的最终目的是提高贫困户收入，保障民生。因此在主要扶贫手段之外，四季吉祥村党支部采取多项措施保障村民生活水平，除基本医疗、教育、村庄绿化等保障外，四季吉祥村党建扶贫还有两点创新：一是协助县党委、县政府举行物资展销会，促进村民交流，提高四季吉祥村知名度；二是制定村规民约，完善村务管理。通过以上举措，在提供村民搬迁落户后基本生活条件的同时，有利于促进村民交流，使村民对新村产生归属感。

四季吉祥村的党建扶贫模式通过以党建工作带动扶贫工作，引导、辅助扶贫工程的落地实施，对促进当地扶贫脱贫，进一步提高农户收入具有重大意义，"七彩四季"党建品牌也走在全国前列。四季吉祥村党建扶贫模式具有很强的推广价值，主要体现在以下六个方面。

第一，党的领导是扶贫开发的关键，越是进行脱贫攻坚战，越是要加强和改善党的领导。易地扶贫搬迁和发展现代化产业是四季吉祥村精准扶贫的重中之重，必须要充分发挥好基层党组织在引领农村产业发展、推进精准扶贫中的核心作用，强化组织引领，让党组织发挥脱贫攻坚的战斗堡垒作用，引导群众脱贫致富奔小康。

第二,党的队伍是扶贫开发的先锋队。四季吉祥村党建工作在加强队伍建设方面也做了大量工作。首先,落实责任,筑牢党建扶贫根基。在易地扶贫搬迁工程开始,便执行"副科级干部包村、驻村干部和村组干部包户"的搬迁责任机制,形成主要领导亲自抓、分管领导牵头抓、包村领导具体抓、村组干部配合抓的工作格局。其次,严格考核,加强党员队伍建设。四季吉祥村党支部自成立之初就把发展党员作为一项重点工作来抓。支部在发展党员过程中,严格坚持"控制总量、优化结构、提高质量、发挥作用"的方针。通过培训、考试(笔试与面试)、培养三个环节,提高入党积极分子的基本素养和党性,在吸收人才的同时保证党员队伍的整体素质。

第三,要充分发挥党建扶贫的组织优势。基层党组织作为我们党的执政根基,是党与群众密切联系的桥梁和纽带,也是我们党在农村发挥战斗力的重要基础。四季吉祥村党组织是把党的精准扶贫政策真正在农村落地实施的关键所在,易地扶贫搬迁离不开党的组织、产业发展带动扶贫离不开党组织、学生教育与农户培训离不开党组织、医疗服务与社会保障离不开党组织。在推广党建扶贫模式时,要充分发挥党建扶贫的组织优势,将党建扶贫与主要扶贫工程进行融合,保证扶贫工程的顺利进行。

第四,扶贫工程是扶贫脱贫的源泉和动力,党建扶贫的根本是找准有效的扶贫路径。曲水县政府通过积极实践探索党建工作思路,广泛有效地动员和凝聚各方面要素,举全县之力,共同扛起易地扶贫搬迁和产业扶贫两大扶贫工程的重大责任,找到实现当地贫困地区脱帽的有效路径,真正把组织优势发挥到扶贫攻坚最需要、最紧缺的环节,保证扶贫攻坚效益最大化。

第五,基层治理水平关乎基层治理的成败。四季吉祥村立足于固本强基,开创性地建立丰富的村级治理手段,通过打造"七彩四季"党建品牌,点燃本村党员全心工作的积极性,也激发村民参与村务讨论的积极性,实现公共管理与自治管理共融、网格管理与诚信管理互促、村民自治与精准扶贫互动,激发群众脱贫致富的内生动力,保障村民基本的生活与生产条件,让易地搬迁农户无后顾之忧,切实增强人民群众脱贫的积极性、主动性和创造性。

第六,人的全面发展是最有力的发展。四季吉祥村以扶贫可持续为基础、以保障民生为最终目标,通过与曲水县净土健康产业合作、推进合作社等集体经济健康发展,盘活本村可利用的一切生产资源要素,帮助村集体和农户找到适合自身发展的特色行业项目,提高本村经济发展的内在动力,切实提升农户脱贫致富能力。

总之，四季吉祥村扶贫工作贯彻"扶贫脱贫，党建先行"的原则，党建工作贯穿扶贫始终，统领整个扶贫工作。以四季吉祥村党建扶贫工作为经验在其他贫困地区进行推广，可有效促进当地扶贫工作的展开和扶贫工程的建立，为贫困户脱贫、贫困地区摘帽起到重要的基础性组织带动作用。

第三章　保险扶贫：宁夏"盐池模式"

一、风险是农户致贫、返贫的主要原因之一

农民面临多方面的风险，如自然灾害风险（旱、涝、风、雹等）、市场风险（价格等）、健康风险（疾病、死亡）等，贫困人口具有极强的脆弱性。风险、脆弱性是导致贫困户贫困、返贫的主要原因之一。

（一）近四成农户因病、因意外伤残致贫，健康风险成为致贫、返贫的重要因素

疾病、残疾是致贫的主要原因。健康风险导致贫困户人力资本低下，就业能力低和机会少。根据国务院扶贫办统计，全国建档立卡贫困户中，因病、因残致贫的贫困户所占比重约为42%。2016年，盐池县11228户建档立卡贫困户（共34046人）中，因病致贫农户占31.78%；因残致贫农户占10.97%，两项加总占全部建档立卡贫困户的42.75%。重庆48.2万建档立卡贫困户中有17.8万户因病致贫，占37.4%。贫困是多维的，贫困人口不仅仅是收入角度的贫困，在健康、医疗的可得性方面，也是贫困的。因此，不仅要防止贫困人口因病因残致贫，还要增进贫困人群在健康、医疗服务方面可得性，同时，改进生计水平，才能多维度摆脱贫困特征。

（二）农业风险制约脱贫致富，自然风险、农产品市场风险成为农户返贫的重要因素

我国的贫困人口集中在环境恶劣、自然灾害频繁、生态脆弱的地区，这些地区的农户大多以农业生产为主，并且大部分农民的收入主要来源农业。例如，重庆地区农村常住居民人均可支配收入中经营性收入为3402元，在总收入中占比为35.8%（工资性收入为3196元，占比为33.7%；转移性收入占比27.8%），其中，农业经营收入为2789元，在经营收入中占比高达82%。然而，农村地区自然灾害

风险多发，农业生产周期长，农产品市场价格波动大，以务农为生的家庭容易受到风险影响，轻则出现亏损，重则血本无归，极易陷入贫困。但是，风险与机会是并存的。风险所引致的波动和不稳定，会使贫困人群产生一种不安的脆弱感，严重削弱其从事产业发展的动力。当出现产业发展的机遇时，考虑到风险特征，他们往往错失发展机遇。而有效的风险管理有助于贫困农民抓住增收机会，构建产业上下游合作关系，增加投资，采用农业新技术，进而脱贫致富。

（三）保险是农户风险管理的重要手段，是对社会保护（社会保险、社会救助等）的重要补充和强化

农户可以通过自身手段进行风险预防或者应对已发生的风险冲击，但是农户自身的风险管控手段比较有限，效率也比较低。政府作为社会服务的主要提供者，也可以通过基础设施建设、社会救助等方式帮助农户提供风险保障。但是，农户面临的风险类广量大，单纯靠政府也会使政府面临巨大的冲击和压力。

20世纪90年代末以来，小额保险（Microinsurance）成为帮助贫困人群走出贫困陷阱的重要手段。小额保险包括农业保险、健康保险、财产保险，以及与信贷相关的保险等。小额保险是专门针对低收入人群、通过定期缴费方式应对特定风险的一种保护措施（Churchill，2006a）。Churchill和McCord（2012）指出，小额保险有以下特点：(1) 专门针对低收入人群；(2) 费率低、保额有限；(3) 多样化的保险组织与分销渠道。社会保护也是农村减贫、抑贫的重要手段。社会保护包括社会保险和社会救助，是一种对贫困群体的普惠式保护，对发生风险的农户可以起到雪中送炭的作用。小额保险与社会保护（社会保险、社会救助等）共同构筑贫困群体的"安全网"，也是农村脱贫增收的重要推动力。

二、保险对农民脱贫增收的作用机理及存在的问题

（一）保险对农民脱贫增收的作用机理："减法"与"加法"

充分发挥保险扶贫作用、实现脱贫攻坚任务，需要巧用"减法"和"加法"机理。所谓"减法"则是实现减少贫困户风险损失、减少风险应对支出，减少风险引发"成本"，减缓风险冲击对生计水平的负面影响；而"加法"就是要通过保险来化解风险、帮助穷人建立对有风险但高收益的发展机会的信心、增进物质资本投资和改进人力资本水平，并增加贫困人口收入。例如，产业扶贫是做大"加法"、提高农民经营的关键一招。而健康保险则是减少医疗支出、降低风险冲击的重要手段。可以从事前的减缓风险、事后的应对风险两个方面，结合"加法"与"减法"机

理,来理解保险对农民脱贫增收的作用机理。保险的脱贫增收作用,主要分为以下两大方面:

1. "减法"作用机制

保险可以减缓灾害意外冲击造成的损失,减缓贫困的深度。

(1) 农业保险是一种重要的风险管理工具,作用机理是通过"减法",减少农民遇到自然和市场风险时,可能遭受的损失。保险可以平缓农业风险带来的收入波动,从而也可能平缓农户的支出波动,防止脆弱性导致贫困农户陷入贫困陷阱,改进贫困农户的生计水平。适宜的农业保险帮助贫困农民规避和转移农业风险、为农业生产和农村经济发展提供风险保障、保障粮食安全。具体地:

一是农业保险可以对遭受的损失进行一定的补偿,缓解农业风险冲击带来的损失。

二是农业保险作为一种风险应对工具,可增强农户灾后恢复能力和可持续发展能力。

(2) 小额人身保险能够减少农户自我承担医疗费用支出,缓解因病、因意外带来的损失,能够有效缓解因病致贫返贫。

一是小额人身保险可以减少自我承担的医疗支出。保险帮助贫困农民减少意外损失费用,平滑消费,减缓因灾害或意外伤害引致的收入波动对消费的影响,从相对提升农户的有效需求能力、"补短板",进而会促进有效供给的增加。因为农户需求能力的保持和提升,才能将"非有效供给"转化成消费需求和消费能力相适应的"有效供给"。这样也有利于实现供给侧改革与需求侧管理的平衡。同时,农户既是生产者,又是消费者,就业机会和收入的增加,也会提升资本积累能力,从而为调结构、转方式的农业供给侧改革创造有利环境。

二是小额人身保险增强了就医、康复机会和能力,可以缓解因病、因意外造成的人力资本受损程度,帮助穷人维持和改善人力资本水平。

(3) 灾害保险能够弥补灾害(如地质自然灾害等)损失,增强灾后恢复能力。通过灾害恢复,可以减轻灾害冲击带来损失。

2. "加法"作用机理

保险作为一种风险管理手段,可以增强抓住发展机会的信心,通过适度"冒险"精神,改进农户家庭资产配置结构,实现增收致富。

从贫困户的风险管理工具组合选择来看,良好社会保护和适宜的保险发展,增进贫困农户采用专业化、市场化、现代化生产结构的信心,可以减少贫困户自我保险（储蓄、保守的多样化种植模式等）带来的资源配置损失（机会成本）。

（1）农业保险作为一种风险减缓工具，可促进农户改进种植和投入结构，促进农户采用现代化和专业化的生产方式，有助于农民利用增收机会，提高农户经营性收入。

（2）保险能够优化要素配置，提高农户的要素收入。小额人身保险能够促进贫困者充分利用创业、转移就业机会，改善收入水平。另外，农村小额人身保险的建立和完善，也能有助于降低农民工用工企业的工伤、意外保险成本负担，促进企业的发展，激励供给增加。同时，减少企业的意外损失成本，企业发展将增加农民工的就业机会和收入增加机会，从而改进需求侧管理绩效。

（3）保险可以降低农户信贷风险，一方面降低产业发展风险，另一方面可以降低金融机构的信用风险，从而促进农村信贷发展，增加贫困农户的信贷可得性，这一系列影响最终都会引致农户收入的增加。

从多维贫困角度来看，小额保险、农业保险的扶贫作用意义更明显。贫困不仅仅是从收入角度的贫困，在健康、医疗、教育可得性方面，也是贫困的。小额人身险可以增进贫困人群的健康、医疗服务的可得性，同时，改进生计水平，进而从多维度摆脱贫困特征。

另外，从宏观上讲，良好的保险市场，能够防止扶贫政策风险，比如：产业扶贫、信贷扶贫可能引发因求发展、因债返贫的风险（"发展一批"），农业保险、小额保险能够缓解这类风险。

（二）传统保险扶贫遇到的问题

农业保险产品具有准公共物品的性质。农业保险市场中，农作物保险与畜情保险可以提供针对自然灾害的风险保障，保成本。在自然灾害发生之后帮助农户尽快恢复生产，解决其后顾之忧。保成本还可以向保价格、保收益演进，提升贫困户参与产业发展的信心与积极性。不仅如此，农业保险降低信用风险和信贷风险，促进金融供给，促进产业发展带动贫困户脱贫的上下游协作，帮助贫困户扩大再生产。然而，传统农业保险市场中机构的供给积极性与农户有效需求不足。

1. 从供给端来看，供给主体较少，产品单一、缺乏创新是主要特征

（1）供给主体较少、农村基层服务网络体系及功能不健全。多元化供给实体是构成农业保险的基本要素。从我国目前面向低收入群体的保险供给机构来看，供给不足的特征非常明显。我国农业保险市场潜力巨大，但目前只有中国人民保险公司、中国人寿保险公司、太平洋保险公司、平安保险公司等少数几家保险机构涉足农村

保险业务。有完善的农村基层保险服务网点的保险机构，更是寥寥无几。

（2）产品单一、缺乏创新。产品单一，一方面体现在产品类型上，另一方面体现在产品险种上。首先，我国农业保险产品以"自然灾害"为主，无法解决"谷贱伤农"难题。同时，过量补贴与国际贸易规则的冲突等，加上农业技术的发展尽可能地应对气候灾害对农产品产量的影响，使现有保险体系下农业保险难推动农民经营性收入大幅提高。其次，我国农业保险险种少，差异化程度低。中央财政补贴的险种当中，主要为重大粮油类产品。地方特色农业产业对发展地方经济、提高贫困户的收入极为重要。但是，地方对农业产业的支持发展首先要满足中央重大粮油类保险的保费补贴，由于地方财力有限，除纳入中央财政补贴外，对特色产业保险的补贴资金均十分有限，特色农业保险产品更是难以发展。

农业保险供给主体少，产品单一的原因是多方面的。农村地区，贫困户小而分散的特征给保险机构服务带来较高的运营成本。由于农业经营的高自然风险与市场风险特征，在没有外部风险补偿的条件下，保险机构缺乏提供服务的积极性。另外，在信息不对称的情况下，竞争性的保险市场可能不存在均衡，或存在分离均衡，即低风险类型的投保人倾向于购买不完全保险合约，而高风险类型投保人更倾向于购买足额保险合约。保费补贴虽然提高了农户的参保率，但逆向选择依然存在，如果不能充分考虑逆向选择问题，农业保险项目将不能得到持续发展。

2. 从需求端来看，需求者农户对风险、保险认识不足，缺乏信任，并且收入低，有效需求不足

（1）农户对农业保险缺乏正确的认识，缺乏信任。开展农业保险业务，向低收入客户提供额外价值（在国际上，农业保险提供商一般向低收入客户提供天气预报、农作物耕作技术建议等。通过解决这些问题，保险提供商可以提高投保率和保单续转率）服务十分重要，而目前国内的农业保险产品往往缺失这一点。保险公司对向低收入人群提供保险产品的复杂性认识不足，营销以传统手段为主，未在农村地区营造购买保险文化氛围的有效手段。另外，农户对一些保险缺乏信任。

（2）贫困户收入水平低，有效需求不足。农业保险高运营成本、高风险与高交易成本，会推动保费定价较高。而贫困户的收入水平在难以覆盖温饱的条件下，在无保费补贴等政策支持下，他们往往难以支付起高额的保费，便采用自我保险的形式，如通过多种经营分散风险。

总之，传统农业保险市场中，较高运营成本、交易成本与高风险助推保费提高。而贫困户风险意识不足，收入低，保险的可得性差。市场失灵条件下，贫困者只能通过自我保险的形式应对风险，在受到风险危害时，容易陷入贫困的陷阱。

(三) 政府对保险支持作用及问题

农业保险往往面临逆向选择、道德风险、系统性风险等问题，纯粹市场化的商业性保险公司不愿或不能提供社会合意的农业保险。政府通过提供保费补贴激励农户参与农业保险，通过提供经营费用补贴和再保险费用补贴以及大灾风险补偿等，激励保险机构增加农业保险供给。同时，在WTO框架下，农业政策需要改革和调整。WTO农业协定中的"绿箱"政策规定：农业政策不能直接影响农作物产量，要减少对国际贸易的扭曲。我国农业补贴政策需要更加重视农产品国际贸易的"绿箱"和"黄箱"政策，改变原有的高补贴政策支持方式，使支农政策长期可持续化。WTO农业协定鼓励发展农业保险计划以替代其他的贸易扭曲或产量扭曲计划，如价格支持计划或产量相关补贴。近年来，许多国家都加大对农业保险的补贴力度，美国保险的政府补贴率从1980年的20%提高到2015年的62%左右。

除农业保险之外，小额健康险、意外险、农房保险等产品也面临逆向选择、道德风险、运营成本高等问题，政府需要给予保险补贴、运营费用补贴、巨灾风险补偿等，同时基层政府在小额保险提供、理赔等方面要给予协助。

政府在保险知识教育、宣传、保险消费者保护、增加保险信任、保险基础设施建设、信息资源建设等方面，具有重要的作用。

但是，政府在保险促进中的角色定位和作用有待改进。比如在农业保险扶持中，不同部门之间、中央与地方之间的关系有待理顺；扶持的环节，有待优化。

三、宁夏盐池县保险扶贫的案例

(一) 背景：盐池县致贫原因、风险特征与保险扶贫概况

盐池县位于陕甘宁蒙四省交界地带，地处毛乌素沙漠南缘，总人口17.2万人，其中农业人口13.9万人。盐池县的发展史，从某种意义上来说也是一部扶贫史。近30年来，在盐池县政府的不懈努力下，贫困发生率由1978年的75%下降到2015年的28%，累计6.1万余人摆脱贫困，为全国减贫事业贡献"盐池经验"。

尽管减贫成就全国瞩目，但这里依然是一片脆弱的黄土地：102个行政村中有74个贫困村；13.9万的农业人口中还有3.4万贫困人口；建档立卡户数11228户，共计34046人，其中兜底户2371户、5112人。已经实现脱贫的人口中，因病、因灾、因意外返贫现象十分严重（见图3-1）。此外，盐池县存在生态环境脆弱、自然灾害频发、产业发展难度大、贫困人口自身发展能力不足等多维贫困特征。贫困人口经营收入、工资性收入、财产性收入面临较大的风险性波动。

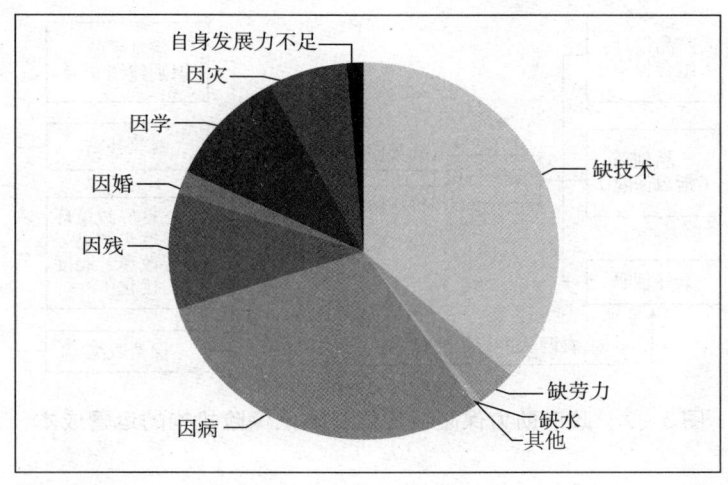

图3-1 盐池县农民致贫原因分析

在这一背景下,为实现脱贫攻坚"不落一人,不落一户"的目标,有效降低农民生产生活中面临的风险,盐池县率先展开脱贫保险的创新,针对农户的人身、产业等风险源,盐池县委、县政府在省、市扶贫办的指导下,为贫困户量身打造12种脱贫保,采取"2+X"菜单式脱贫保模式,即建档立卡贫困户家庭意外综合保险和大病补充医疗保险2个基本险全覆盖,同时开发包括价格指数保、农业风险保、金融信贷保等多个险种供建档立卡贫困户选择,既兜住了因病因意外返贫的底线,又为发展产业增收致富保驾护航。

(二)政府协助构建畅通的"脱贫保"保险供应链:打"2+X"保险产品组合拳,织全面风险防控安全网

宁夏自治区盐池县的"脱贫保"是保险扶贫创新的典型案例。该地区农业人口的脆弱性体现在很多方面,致贫返贫的主要原因可归结为病残、灾害和技术匮乏;除此之外,致贫返贫因素中还包括劳动力不足、资金短缺、因婚致贫、因学致贫等因素。多维的致贫原因加剧了盐池县贫困人口的脆弱性。在这种情况下,当地扶贫办与驻地保险机构合作,在全区率先创新推行"2+X"脱贫保组合保险,实行菜单式推广,由建档立卡贫困户自主选择,县财政及时跟进补贴扶持。在政府主导、商业保险公司配合下,共同构建了如图3-2所示的"脱贫保"供应链,为贫困户吃下一颗"定心丸",设立了"防火墙",实现了"脱贫路上零风险",发挥了保险的"兜底"效果,破解了建档立卡贫困户在发展中因病灾、因市场价格波动返贫的难题。

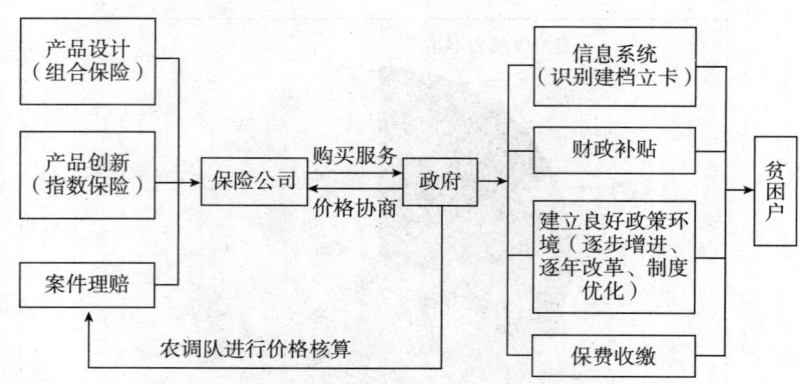

图 3-2　政府助力保险供应链,降低保险机构的运营成本

1. 产品设计:政府和保险公司共同推出菜单式保险产品

在产品设计阶段,盐池县结合自身实际与合作保险公司共同推出相应产品服务,积极发展优势特色保险。2015 年,盐池县扶贫办委托"瑞斯"软件公司开发智慧扶贫系统,用于统计农户的致贫原因、贫困程度、信用评级、投保情况等信息,意在掌握主要致贫、返贫原因,从而有针对性地设计保险产品。平台显示,2016 年在盐池县 11228 户建档立卡贫困户(共 34046 人)中,有 3498 户是因病致贫,占全县建档立卡人口的 31.78%;1207 户是因残致贫,占 10.97%,两项加总占全部建档立卡贫困户的 42.75%。此外,盐池县的产业发展遭遇自然灾害、市场波动、资金匮乏等阻碍因素,有 4045 户建档立卡户"缺技术",占比达 36.75%,构成单项致贫原因中占比最高的群体。由此可见,盐池县贫困户面临的两大重要风险源为人身类风险和产业类风险。

为了从多个维度瞄准建档立卡户的风险、发挥保险的普惠性政策,盐池县针对当地需求设计"2+X"菜单式组合保险产品,扩大保险覆盖范围(见图 3-3)。其中"2"指家庭成员意外伤害保险①和大病补充医疗保险②在建档立卡贫困户中实现了全覆盖;"X"则指农户可以从众多财产保险中选择几种产品,针对盐池县产业发展中面临的风险,盐池县政府与驻地保险机构合作实施财产险,为贫困户"量身定做"黄花种植保险、马铃薯收益保险、玉米收益保险、荞麦产量保险、滩羊肉价格指数保险等一系列特色产业险种,为困难群众发展产业、稳定增收提供坚实保障。这种保险"组合拳"的做法较为灵活,农户可根据自身发展条件和能力组合购买人身保险和财产保险。

---

① 主要用于建档立卡贫困户在日常生活中发生因意外伤害导致的身故、伤残和意外住院医疗提供保险保障。
② 主要用于建档立卡贫困户医疗救助保险,为贫困户家庭成员建立补充医疗。

同时,"2+X"政策规定"X"不能大于3,即农民最多投保3项产业保险,意在防止农民产业过度多样化;且一旦投保产品种类太多,对于农户而言,保险保费也是很大的压力。"2+X"菜单式脱贫保模式,一方面支持农户转型,发展特色产业;另一方面又能够控制种植养殖的过度多元化。

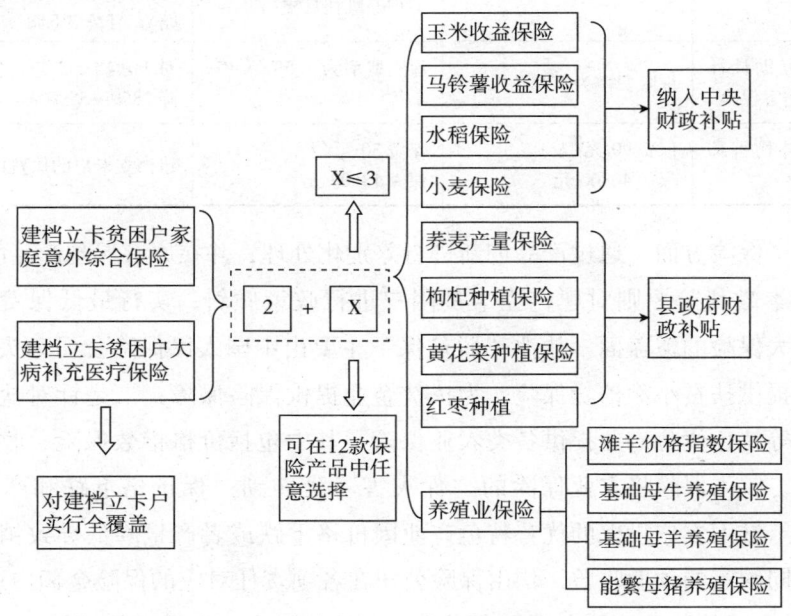

图 3-3 "2+X"脱贫保险产品保险体系

2. 政策倾斜:政府补贴保险公司,为建档立卡户让利

针对建档立卡户,盐池县政府在保费补贴方面提供更多优惠政策。人身保险方面,首先,在家庭成员意外伤害保险和大病补充医疗保险的基础上,盐池县为贫困户设计了老年人意外伤害综合保险,凸显对弱势群体的关注,提高老年人的人身保障水平。其次,防止贫困户因意外伤害增加家庭负担,盐池县创新推出借款人意外伤害保险。该险种主要用于在金融机构贷款的建档立卡贫困户日常生活工作中发生因意外伤害导致的身故、伤残保障责任。表 3-1 显示了盐池县"脱贫保"人身保险的基本信息及地方政策支持措施。

表 3-1 脱贫保人身保险主要产品与政策优惠

保险产品	保费与保额		对建档立卡户的优惠
	建档立卡户	普通农户	
贫困家庭成员意外伤害保险	保费100元/户,保额99000元	保费100元/户,保额66000元	对于建档立卡户,同样保费情况下,风险保障额提高50%

续表

保险产品	保费与保额		对建档立卡户的优惠
	建档立卡户	普通农户	
贫困家庭成员大病补充医疗保险	保费45元/人	保费60元/人 不理赔既往病史	对于建档立卡户,保险公司承担既往病史造成的理赔(通融理赔),且费率下调
借款人(互助社社员)意外伤害保险	保险费率为1.8‰	保险费率为2.5‰~4‰不等	对于建档立卡户,保费费率下降28%~55%
老年人意外伤害综合保险	保费90元/人,保额40800元	保费30元/人,保额13600元	建档立卡户的保费由政府出资

在财产保险方面,通过产品创新进行差别化处理,并在原有保险产品的基础上,按照"保本微利"原则对建档立卡贫困户进行政策倾斜,实行最低保费、最优保额,以扩大保险的覆盖面。盐池"脱贫保"主要由中国人民保险公司牵头,分为两类,一是提供扶贫小额信贷保险,为扶贫企业提供保险保障;二是针对盐池县的滩羊、荞麦等特色优势产业提供各类农业保险,其中包括价格指数保险、收益保险等创新险种。收入保险将农业保险的"保灾害"延伸到"保价格下跌和产量降低",对建档立卡贫困农户投保的优势特色产业因价格下跌或者产量降低导致销售收入低于保险合同约定的预期收益,均由保险公司在各项责任对应的保险金额内进行赔偿。表3-2显示了盐池县"脱贫保"部分财产保险的基本信息及政策倾斜。

表3-2 脱贫保财产保险创新险种及政策优惠

保险产品	保费及保额		对建档立卡户的倾斜
	建档立卡户	普通农户	
黄花种植保险	1000元/亩		专门针对建档立卡户
荞麦产量保险	保费12.8元/亩,保额128斤/亩		专门针对建档立卡户;保险责任为每亩64公斤
滩羊价格指数保险	保费30元/只,保额720元/只		专门针对建档立卡户 保险合同价为20元/斤
基础母牛保险	保费245元/头,保额7000元/头	保费150元/头 保额2500元/头	保险费率从原来的6%下降至3.5%,使保险保障程度更接近困难群体的真实生产成本
基础母羊养殖保险	保额600元	保额500元	在保费不变的基础上提高保额,使保险保障程度更接近困难群体的真实生产成本
能繁母猪养殖保险	保费60元/头,保额1000元/头	保费60元/头,保额1000元/头	建档立卡户的保费全部由政府承担

专栏 3-1　滩羊肉价格指数保险 2016 年实施情况

盐池县有"中国滩羊之乡"的称号，养殖滩羊的农户很多。但羊肉价格市场波动大，带来了市场风险。结合原来保险过程中的难题，指数保险一改针对每家每户的单一模式。只要一个地区的收益低于保险条款规定的额度，农民就可以获得理赔。

滩羊肉价格指数保险在 2016 年的保费为每只 30 元。保险合同规定，因市场价格波动导致价格低于每斤 20 元时，保险机构将按照保险合同约定负责赔偿。具体而言，当市场价格低于 20 元/斤时，无论农户有没有出售滩羊，保险公司都给理赔。人保财险的杨经理介绍，保险公司按农户的投保只数进行赔偿，且每家每户都有保险对账单。2016 年共投保 3162 户、93282 只。

此外，为了增加农民信贷可得性、缓解农民缺少抵押物的问题、撬动更多资金进入农业，盐池县将扶贫小额信贷和扶贫小额保险做成一个混合打包仓，扶贫小额信贷为农户提供发展产业的原始资金，保证保险则有效增加信贷可得性。二者相辅相成，为扶贫企业提供保险保障。贷款保证保险是保险和信贷一体化的服务。它是保证信贷安全、减少金融机构的风险、鼓励金融机构为农户提供贷款从而帮助其发展产业的重要渠道。保证保险也有利于降低利率，在贷款方面给农民让利，同时增加金融机构的信贷供给。

3. 保险费率厘定：政府参与定价，先行先试

在保费厘定及价格测算中，政府和保险公司采取"先行先试，严格监管"的方式，在探索中进行政策研究与推广。盐池县农村风险管理体系建立较早，政府在探索中不断发现问题、解决问题。保险扶贫的初期启动阶段，盐池县增设很多保险产品，然而由于经验不足、厘算不精，保险的收入、支出情况尚不明晰；但资金补贴有限，保险费率的厘定受到政府财力的限制。针对这一情况，盐池县采取"先试先行"的办法，即对于 2016 年新设立的保险产品，先试行一年，年底核算各项产品收益，按照"保本微利"原则进行考核评估。若保费较高，下一年可适度降低保费；若保费较低，下一年可适度提高保费。宁夏保监局负责加强监督检查，对于运行中发现的违法违规、损害保险消费者合法权益等问题进行严肃查处。

与此同时，政府也参与了保险条款的制定环节，在考虑财政资金的基础上，尽量为农民让利。以滩羊肉价格指数保险为例，在 2016 年的首次试点过程中，盐池县政府与保险公司对于价格进行谈判与协商，最初确定的滩羊肉底线价格为 18 元/斤，

后期通过政府的争取，上调为 20 元/斤，从而为农民提供更高的保障，政府对保险公司也对农户进行补贴。在探索过程中，通过这种方式提高保险的覆盖深度。

4. 保费收缴：政府设立网点，财政大力补贴

保险对于构建农村风险管理体系具有重要作用。然而，农村保险运营成本高，并存在较为严重的逆向选择与道德风险问题。一般保险机构不愿意进入农村地区开展相关保险业务。保费收缴方面，对于全额补贴的保险产品，政府通过建档立卡户统计信息，为其统一购买保险产品，解决保险公司挨家挨户上门收缴保费的问题；对于部分补贴的保险产品，政府通过基层相关部门，协助保险公司进行保费的收缴。盐池县扶贫办积极发挥政治优势和制度优势，驻村工作队、帮扶责任人和基层组织，积极帮助保险市场主体减少工作成本，引导保险公司更好地为老百姓服务。不仅要发挥保险公司在贫困村的网点服务人员，更要发挥驻村工作队队员的力量，利用每一个贫困户都有帮扶责任人的制度，利用基层组织进行宣传，减少保险市场主体的展业服务成本，同时与保险市场主体做好沟通，做好出险后理赔配合等工作。

专栏 3-2 村主任帮助阳光财险收取保费

在盐池县"脱贫保"运行之前，阳光财险开展借款人意外伤害险，该险种针对个人开出保单，因此对于保险公司来说，保费收取、保单出具、事故理赔都具有分散性，会增加保险公司的成本。当地村主任及会计帮助阳光财险承担了部分工作，如保费收取、理赔上报等。由于村干部长期与村民接触，联系密切，且对村里情况更加了解，这种措施相当于保险公司在基层设点，有利于降低运营成本。

政策性农业保险中，政府对贫困户进一步提高财政补贴比例，降低建档立卡户自费比例，提高贫困户参与保险积极性。对于普通农户，原则上政府承担 80% 的"脱贫保"保费，老百姓只需缴纳 20%；而建档立卡贫困户的"脱贫保"保费则全部由政府承担。但保费的缴纳过程并非是政府对保险公司的直接转移支付。为培养贫困户的风险意识和投保意识，在运行阶段，需要农民先行签字付款购买保险，后期政府再将保费返还给农民。通过这一流程，可增加农户的参保意识；同时在风险发生后，便于农户获得理赔。

5. 理赔核算：农调队测算价格，保险公司现场理赔

农户投保后，一旦发生风险，即可逐级上报。政府利用大数据技术及基层的组

织,开展理赔工作。在人身保险方面,人保财险公司与盐池县医保局联系,在医保系统内提取贫困户的医疗数据,针对数据进行核算,开通绿色通道,直接打钱到户,简化理赔手续。财产保险的案件,则由村组向上级汇报,与保险公司协同处理理赔。农户遭受的损失情况及市场价格信息,由农调队①统一进行测算,进而确定理赔方案。以滩羊价格指数保险为例,合同订立后,若市场价格出现波动,在农调队的数据核算出来以后,保险公司将立即根据核算的平均价格和平均产量进行止付性赔偿。

专栏3-3　农调队进行价格测算

在"2+X"脱贫保的承保过程中,保险公司与各乡镇对接,根据乡镇提供的建档立卡户名单,保险公司派员工去村里记录村民有什么样的产业,只有产业情况属实,才会接受村民的投保。农业保险具有政策属性,要求较高,在承保前必须验标,以5%进行抽查。

对于建档立卡户,2016年保险公司承保小杂粮(荞麦)66000多亩。合同约定的最低价格为亩产128斤、每斤2元。当产量降低或价格下跌到一定程度时,就启动理赔机制。根据盐池农调队测算数据,2016年荞麦的亩产只有50公斤,预计保险公司要理赔300多万元。前期保险公司一共收取了荞麦保险费85万元,相当于赔付率400%。2016年盐池县遭遇的天灾很多,玉米收入保险也具有类似的状况,很多地区的玉米遭受冰雹、倾覆病。根据合同约定价格,每亩地保险公司将赔款334元(2016年共承保了8461亩玉米)。保险公司采取"程序跟进"的理赔原则,投保、测算、赔付等环节都有相应的严格程序。办理案件时,保险公司将根据"一卡通"的信息进行数据收集,随后农户也是通过"一卡通"获得赔款。在数据方面,保险公司也会进行统计跟进,编制"投保及理赔一览表"。理赔之后,县政府还会及时进行全县案例汇编。保险公司采取两种手段对农户进行理赔培训,其一,在日常生活中发放宣传手册,对农民进行培训,同时推广保险产品;其二,在发生风险事故需要理赔时,保险公司通常会在村里进行现场理赔,对农户进行现场理赔培训。

---

① 农调队是根据国家党委政府对"三农"发展的要求和方向成立的。除农业保险、涉农保险外,农调队的核算范围逐步实现人身、财产、农用车保险的全覆盖,工作范围不断扩大。

(三)盐池"脱贫保"模式的启示

1. 成功的经验

盐池县保险扶贫成功经验可总结为以下几个方面：(1) 打"组合拳"，利用"2+X"提供综合、全方位的人身保险和财产保险，对贫困户的风险进行全面风险管理。(2) 采用健康保险+农业保险的"3+1"模式，对贫困户提供更全面的保险，既为贫困户的人身健康"兜底"，又能够促进产业发展。加法和减法同时并用，减少农民的医疗支出，平滑收入风险；同时增加农民的产业经营收入。当地灾害风险，因病致贫是主要原因，提供保险能减少医疗支出，增强抗风险能力，平滑农户的支出。农业保险能提高他们产业投资的信心。(3) 采用政府+商业保险模式。其中，政府在保险服务过程中，协助保险公司开展保险服务，促进供应链有效运行。一方面，政府对保费进行补贴，降低农民的负担；另一方面，政府在村里建立网络体系，协助保险公司收取保费，从而降低保险公司成本。(4) 专门针对贫困户设计保险产品，有利于实现保险的"精准扶贫"。在盐池县，因病致贫、缺乏技术是大问题。因此保险公司提供的健康险和产业险都很多。(5) 特保护航，配合产业结构调。部分保险服务由政府埋单，地方财政筹资进行保费补贴。盐池县"脱贫保"覆盖面广泛、保障力度大，投保率较高。表3-3反映了2016年部分险种的投保情况。

表3-3 盐池县保险公司2016年投保统计

险种	2016年12月底投保总数		
	户数（户）	人数（人）	额度（万元）
黄花种植保险	17	131	0.79
马铃薯收益保险	151	962	6.73
玉米收益保险	866	8461.6	29.78
荞麦产量保险	3446	66417.5	85.01
基础母羊、种公羊养殖保险	3684	83041	298.95
滩羊肉价格指数保险	3161	93252	279.98
小计	11325	252265.1	701.24

盐池县利用政府主导+保险公司协同的双保险模式，构建全面风险防控体系。盐池县探索和创新保险扶贫的有效方式，对于提高贫困人口抵御风险能力、实现脱贫攻坚具有重要作用，既兜住了因病因意外返贫的底线，又为发展产业增收致富保驾护航。在贫困地区闯出一条以建档立卡信息平台为基础、以政府为主导、以保险公司为依托、以保险产品创新为保障的成功之路。

2. 存在的问题

（1）保险扶贫的财务可持续性问题

宁夏脱贫保的赔付率普遍较高。但不同保险产品面对的风险不同。虽然较高的赔付率可以提高财政资金的利用效率，但却可能降低保险公司的积极性。截至2016年12月，基础母羊、种公羊养殖保险和滩羊肉价格指数保险的累计赔付2419笔，赔付金额412.22万元（见表3-4）。这两款保险的赔付率高达71.2%，由此可见，若没有政府补贴，保险公司难以实现可持续。

表3-4 盐池县脱贫保部分险种2016年投保理赔一览

险种	户数（户）	数量（份）	额度（万元）	户数（户）	数量（份）	额度（万元）	赔付率（%）
				12月底理赔总数			
基础母羊、种公羊养殖保险	3684	83041	298.95	1862	2332	182.2	60.95
滩羊肉价格指数保险	3161	93252	279.98	2713	87	230.02	82.16
小计	11325	252265.1	578.93	4575	2419	412.22	71.2

一是保费的定价并未通过精算。2016年，盐池县的"脱贫保"尚处于试行阶段，年底核算各项产品收益，按照保本、微利原则进行考核评估。目前对于各类产品的理赔方案尚处试行阶段，若保费较高，下一年可适度降低保费，反之亦然。宁夏保监局负责加强监督检查，对运行中发现的违法违规、损害保险消费者合法权益等问题进行严肃查处。由此可见，前期保费和保额的确定过程并无精确的计算，只经过了扶贫办和保险公司的协商，可能欠准确。

二是在"一县一业、一村一品"的产业发展状况下，保险的大数法则无法发挥作用。脱贫保险前期开展难度大，正是因为投保基数太小。此外，宁夏针对贫困户专门创新了产品，包括收益保险和指数保险，大大增加保险公司的成本和风险。

三是对于人身保险，有既往病史的建档立卡户，保险公司也给赔付，这增加保险公司的负担。在脱贫攻坚任务完成后，应当逐步降低政府补助比例，引导贫困户自行购买商业保险。既要兜住因病因灾返贫的底线，又要防止过度保险，为建档立卡贫困户构筑牢固的安全"防火墙"。

（2）道德风险与逆向选择

保险市场逆向选择、道德风险问题是无法回避的。农业保险往往面临逆向选择、道德风险、系统性风险等问题，纯粹市场化的商业性保险公司不愿或不能提供社会合意的农业保险。小额健康险也面临逆向选择、道德风险、运营成本高等问题，政府需要给予保险补贴、运维费用补贴、巨灾风险补偿等，同时基层政府在小额保险提供、理赔等方面要给予协助，提高保险机构的保险供给的积极性。结合盐池县目前产业保险的开展情况，对于财产保险，具有限制投保数量的规定，一旦发生风险，可能出现逆向选择问题，保险核算机构难以确定哪些财产是投保了的，哪些又未经投保。此外，在财产险中，也可能出现农民投保后不努力经营的道德风险问题。

（3）农调队的价格监测成本过高

在保险公司的理赔中，由农调队机构进行价格监测。倘若价格监测体系不完善，农户很难做到理赔。工作之初，农调队设立很多网点。这些网点布局在乡镇收集信息，价格监测的密度和频率较高，监测数据广泛。严密的价格监测体系虽然有利于降低农户的道德风险，但同时也增加保险扶贫瞄准的偏离。其高频率的监测需要经过复杂的抽样程序，成本很高。

（4）协保员激励机制缺失

协保员由村干部担任。但法律规定公务员不能有其他性质的收入。因而他们缺乏帮助保险公司的积极性。需要设立合理的激励机制，从而实现脱贫保业务的持续运行。从中也可以看出，政府、百姓对保险还是缺乏认识，观念有待进一步转变。

（5）采取"平均主义"做法，设置保险上限，不能完全实现精准对接

盐池县脱贫保的投保方式并不是根据贫困深度来进行的，与"精准扶贫"原则相悖。各县、各乡镇的贫困指标都是上级分配的，根据统计局总体情况划定人数，而不是根据实际收入来划分。

在以后工作中，要着力解决保险扶贫工作中精准扶贫与特惠的问题。目前脱贫攻坚的唯一任务，就是到2020年要解决贫困户人口脱贫问题。在这个过程中应当制定差异化的政策。此外，精准是跟特惠相连接的，只有特惠才能实现精准，而特惠就体现在产品与服务上。

（6）保险公司的宣传、服务尚需提升

保险机构尤其是基层，要及时理赔、及时宣传，从而调动农户参与的积极性。政府为了加快脱贫速度，想方设法为老百姓做事，但却忽略了农户自身的感受问题和参与度。农户参与不仅要体现在保险扶贫政策的理解上，要让老百姓知道，这不是完全的市场行为，而是政府的扶贫措施，是政府推动引导市场主体开展扶贫工作的政府主导的市场行为；还要让农民或多或少的自己拿点钱购买扶贫保险，确保农民的参与度和关注度。在做好宣传做好服务的前提下，逐渐引导贫困农户自己去购买扶贫保险，是一个关键。

四、保险扶贫的发展方向及建议

保险扶贫的发展方向及建议：构建"社会保护+农村小额保险"的普惠型保险体系，推动可持续脱贫。

（一）明确政府在普惠性保险体系建设中的角色定位和作用

建立符合农村贫困群体需求的普惠性小额保险体系，离不开政府的支持，需要建立政策性的农村小额保险体系。政府对农村小额保险发展的支持作用不可或缺。

（1）进一步加强保险教育工作。贫困农民保险意识低、对保险缺乏应有的认识、保险知识缺乏、本身收入低、保费支付能力和支付意愿低、需求不积极。因此，政府在农村保险知识普及宣传、保险素养提升、保费的补贴，需要担当作用。

（2）需要建立健全保险基础设施，如保险信息系统，费用结算支付体系，一方面缓解信息不对称导致的道德风险、逆向选择问题；另一方面简化理赔支付手续和成本。

（3）创新监管，鼓励小额保险产品创新，丰富农村小额保险类型，开发真正符合贫困人口需求的小额保险产品体系和营销模式，同时，加大农村保险消费者保护力度。

（4）完善对贫困农户的保费补贴机制。一是要处理好为贫困农户代缴保费和培育保险意识的关系。二是要处理好保费补贴的财政关系，包括中央与地方的财政分担，政策性保险与地方特色产业保险的关系，价格保险的农产品供给保障效应外溢性问题及其补偿等。

（5）需要提供保险运营协助或对提供农村扶贫保险服务的机构给予奖励，或适度补偿保险机构的运营费用。提供农村小额保险（农业保险、人身保险等）的保险机构面临运营费用高、交易成本大、财务可持续性低下等问题，政府特别是基层政府需要在保险的营销宣传、保费的收缴、理赔等环节，对保险机构给予辅助，特别是发挥地方政府在农村的信任基础，缓解农村小额保险销售难、理赔难的问题。

（6）建立健全和完善大灾风险补偿机制、再保险补助机制等。

（二）构建完善的农村小额人身保险体系

针对贫困户分散、小额保险保费低、营运成本高，贫困户保险知识缺乏、保险意识不强等问题，同时，保险机构的基层服务网络不健全，对基层政府、村组干部的依赖性强等问题，需要进一步完善小额人身保险体系。

（1）产品创新。要以综合服务、组合保险为导向；开发在基本医疗和大病保险基础上的大病补充保险，并完善不同保险产品之间的衔接机制；以家庭为单位投保，提高覆盖面；充分完善和利用大数据系统，发展"互联网+保险"。

（2）组织创新。一是完善基层的保险服务网络，建立专门的农村代理队伍和组织；二是尝试发展农村小额互助保险。

（3）需要加强政策性农村小额保险与其他金融扶贫手段的有机结合。一是政策性小额保险与社会保护的衔接整合；二是小额保险与农村信贷扶贫的结合、互联；三是小额保险与资本市场扶贫的结合。

（三）构建有利于农民增收的政策性农业保险体系

（1）完善我国农业保险供给体系。一是完善保险机构，推动发展互助型保险和再保险；二是创新保险产品，大力推广"价格型保险"和"收入型保险"；三是推广"保险+期货"模式，分散专业保险公司的风险，增加风险管理补偿。

（2）强化农业保险的增收效应。一是在"收入型保险"的基础上，推动"保险+期权期货"的发展；二是推广保险与信贷联动的"保险+信贷"产品，实现农业适度规模经营，切实提高农户经营性收入。

第四章 易地搬迁扶贫：西藏"曲水模式"

易地扶贫搬迁一般是指对生存和发展环境恶劣地区的农村贫困人口实施易地搬迁安置，从根本改善其生存和发展环境，实现脱贫致富。2015年6月，习近平总书记在贵州调研期间专门组织召开的集中连片特困地区扶贫攻坚座谈会上，明确指出要因地制宜研究实施"四个一批"的扶贫攻坚行动计划。易地扶贫搬迁在我国扶贫体系中的地位得以明确，并成为新常态下精准扶贫的有效实现形式之一。近年来，随着我国集中连片特困地区移民搬迁活动的实施，易地扶贫搬迁也在打赢脱贫攻坚中发挥着越来越重要的作用。

西藏自治区地处我国西南边陲，集"战略资源储备基地、高原特色农产品基地、中华民族特色文化保护地以及世界旅游目的地"于一体，是我国内陆重要屏障和缓冲地带，西藏的稳定发展关系"一带一路"等战略的顺利实施，关系民族团结、边疆稳固和国家长治久安。长期以来，脱贫攻坚不但是西藏经济社会发展的重要课题，而且是一项重大的政治任务。截至2015年底，按照2013年农民人均纯收入2736元（相当于2010年2300元不变价）的国家农村扶贫标准，全区共有农牧区建档立卡贫困户148695户、588711人，占农牧区总人口的25.2%。按照中央"十三五"规划部署，西藏自治区提出"力争每年消除11.8万贫困人口、全区59万贫困人口与全国7000多万贫困人口一道全部脱贫"奋斗目标。但是与全国其他贫困地区相比，西藏集高海拔地区、边疆少数民族地区、集中连片特困地区于一体，资源匮乏、地方病多发、文化水平低、观念陈旧，导致贫困程度深、扶贫成本高、脱贫难度大、扶贫任务重。

由于西藏平均海拔较高、气候寒冷、灾害频发、自然条件恶劣、生态系统脆弱，基础设施建设成本过高，生产生活条件过差等"一方水土养不活一方人"问题突出，易地扶贫搬迁自然成了西藏自治区脱贫攻坚的重要选择。西藏自治区坚持"政府引导、群众自愿、积极稳妥、保障基本"的原则，将自然条件严酷、生存环境恶劣、发展条件严重欠缺且建档立卡贫困人口相对集中的贫困地区作为迁出区域[①]。2016年，西藏自治区易地扶贫搬迁取得重大突破，制订《西藏自治区"十三五"时期易地扶贫搬迁规划》《西藏自治区易地扶贫搬迁项目管理暂行办法》，在充分尊重群众意愿的前提下，坚持搬迁与产业、安居与乐业同步，统筹扶贫搬迁与城镇化、新农村建设、产业开发、就业、医疗、教育等条件改善相结合，依托中心城市、小城镇、产业园区、旅游景区、水利灌区、农业综合开发区、地震灾后恢复重建等平台，对生存条件恶劣、生态环境脆弱、自然灾害频发、高寒牧区的建档立卡贫困人口进行了易地扶贫搬迁，同时深入研究了海拔4500米以上不适宜人类居住地区的贫困户搬迁问题。西藏自治区易地扶贫搬迁工作成效显著，全年共落实易地扶贫搬迁贷款157.8亿元，完成投资41.8亿元，完成年度计划的81%；开工建设安置点376个、住房18306套，分别完成年度计划的100%、99.9%；完成7.7万人的搬迁任务，其中已搬迁入住3.58万人[②]。

西藏自治区拉萨市曲水县全县共有建档立卡贫困户1371户、4792人，贫困发生率占全县农村总户数、总人数的16.61%、14.69%。2016年3月，按照"易地搬迁脱贫一批"的部署安排，曲水县在达嘎火车站、才纳五香拉康所在地设立两个集中安置点，实施达嘎拉萨河畔三有村和才纳四季吉祥村搬迁项目。两个搬迁点完成建设并集中搬迁安置了451户、1935人，其中达嘎新村184户、712人，才纳新村267户、1223人，成效显著。目前，曲水县正积极打造拉萨河畔三有村、四季吉祥村成为易地扶贫搬迁示范点、城乡一体化建设示范点、小康示范村建设示范点、和谐美丽乡村示范点、精神文明建设示范点，其经验值得借鉴，其案例值得推广。

一、西藏自治区中的曲水县

（一）曲水县基本经济社会概况

1. 地理概况

曲水县地处西藏中部地区、喜马拉雅山北部、念青唐古拉山南麓，位于自治区首府拉萨市的西南部，西与尼木县毗邻，北临当雄县相接，东与堆龙德庆县接壤。

[①] 迁出区域主要指：(1)深山石山、边远高寒、荒漠化和水土流失严重，且水土、光热条件难以满足日常生活生产需要，不具备基本发展条件的地区；(2)国家和自治区主体功能区规划中的禁止开发区或限制开发区；(3)交通、水利、电信、通信等基础设施，以及教育、医疗卫生等基本公共服务设施十分薄弱，工程措施解决难度大、建设和运行成本高的地区；(4)地方病严重、地质灾害频发，以及其他确需实施易地扶贫搬迁的地区。边境一线地区不纳入迁出范围。

[②] 西藏自治区"十三五"时期脱贫攻坚规划、西藏自治区扶贫办内部资料。

曲水县地处雅鲁藏布江和拉萨河交汇处，318国道横贯全境，是内地空港至拉萨的重要窗口和门户，总面积1624平方公里，耕地面积6.67万亩，林地面积19万亩，草场160万亩。全县范围内辖5乡一镇，17个行政村，115个自然村，5乡1镇分别是南木乡、茶巴拉乡、聂当乡、曲水镇、才纳乡和达嘎乡。常住人口共3.53万人，其中农业人口3.26万人。曲水县县城海拔3550米，比拉萨市低100米，全县森林覆盖率28.3%，生态良好、舒适宜居。

2. 经济概况

曲水县是一个典型的以农业为主、牧业为辅的农业县，是拉萨市的粮油、蔬菜生产基地。2015年，通过转变发展方式，着力打造净土健康产业，大力推进一、二、三产融合发展，曲水县实现地区生产总值11.36亿元，全社会固定资产投资完成28.51亿元，地方财政一般预算收入1.48亿元，农村居民人均可支配收入10071元，突破万亿大关。曲水县被国家有关部委确定为国家级现代农业示范区、国家农村综合改革试验区、国家生态保护与建设示范区。

3. 文化概况

曲水县共有有线电视台（站）、广播电视卫星收转站、单收站、调频广播站等105座，乡村文化活动室52座。广播、电视覆盖率分别达到98.85%和96.8%。电影放映队伍达到5支。曲水县有深厚的文化底蕴，全县共有国家级文物保护单位1处、自治区级文物保护单位10处，拥有"俊巴渔村牛皮船舞"等3个国家级非物质文化遗产。

4. 教育概况

曲水县不断更新教育观念，全面落实"三包"和"两免一补"政策，努力提高教育教学工作水平。全县共有中小学校12所，教学重点16个，在校农牧区中小学生4967人，适龄儿童入学率达到99.77%，小学在校生巩固率达到99.84%，初中入学率达到98.52%，初中在校生巩固率达到99.14%。

5. 卫生概况

曲水县卫生社会保障体系健全，投入11000元对茶巴拉乡敬老院和其奴敬老院进行维修，争取15万元新建色甫敬老院，解决了30多名"五保户"住房生活问题，并将34户、51人纳入最低生活保障系统。

6. 基础设施概况

曲水县交通便利，乡乡可通汽车，中尼、拉贡公路贯穿全境，紧邻318国道，连接2条国道干线的乡村公路有30条，长1150公里。全县共有25座桥梁，其中横跨拉萨河的钢索斜拉吊桥和横跨雅鲁藏布江的曲水大桥，使境内南北通达。此外，拉萨河畔还有3个牛皮船渡口。现有14座小型水电站，总装机容量1780千瓦，年发电400万千瓦时。

（二）曲水县精准扶贫、精准脱贫工作概况

截至2015年底，经精准识别，全县共有建档立卡贫困户1371户、4792人，其中一般贫困户716户、2828人，扶贫低保户341户、1265人，低保户190户、572人，五保户124户、127人，贫困发生率占全县农村总户数、总人数的16.61%、13.69%，占拉萨市全市贫困户数、贫困人口的12.19%、10.85%[①]。

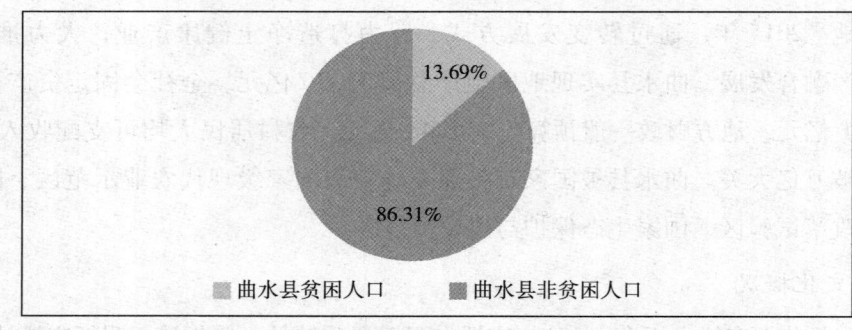

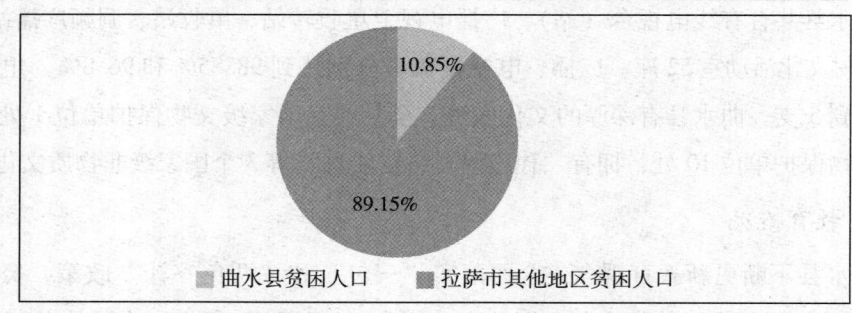

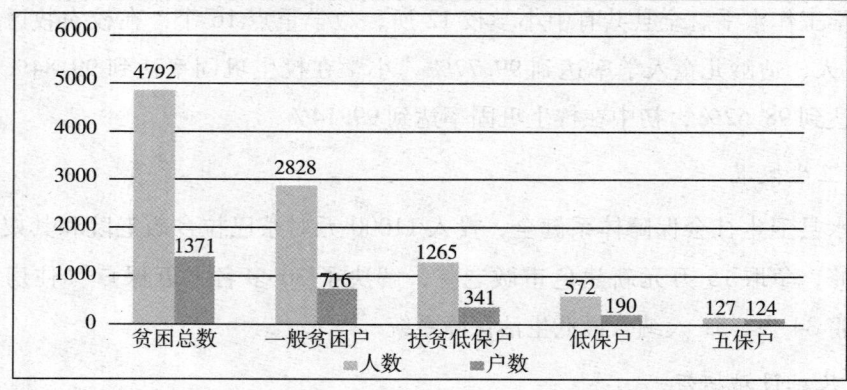

图4-1 曲水县建档立卡贫困户总数及分类情况

---

① 西藏自治区扶贫办内部资料。

自 2016 年以来，曲水县全县实现"以业脱贫"715 户，"以迁脱贫"1935 人、"以助脱贫"256 人、"以教脱贫"1036 人、"以保脱贫"857 人、"以补脱贫"2514 人。通过精准识别、精准施策，贫困户人均纯收入由 2015 年的 2548 元增长到 2016 年的 4576 元，增长了 1.79 倍。目前，经曲水县自验，1371 户、4792 人已全部达到脱贫标准，完成第三方评估机构的评估认定工作①。

其中，曲水县按照"易地搬迁脱贫一批"的部署安排，在充分调研和尊重群众意愿的基础上，立足本地资源条件和环境承载能力，科学确定安置点，分别在达嘎火车站、才纳五香拉康所在地设立两个集中安置点，实施达嘎拉萨河畔三有村和才纳四季吉祥村搬迁项目。按照"户申请、村初核、乡复核、县审定"的程序，2016 年两个搬迁点已完成建设并集中搬迁安置了 451 户、1935 人，其中达嘎新村 184 户、712 人、才纳新村 267 户、1223 人。目前，曲水县正推动两个搬迁新村向"易地扶贫搬迁示范点、城乡一体化建设示范点、小康示范村建设示范点、和谐美丽乡村示范点、精神文明建设示范点"目标迈进。

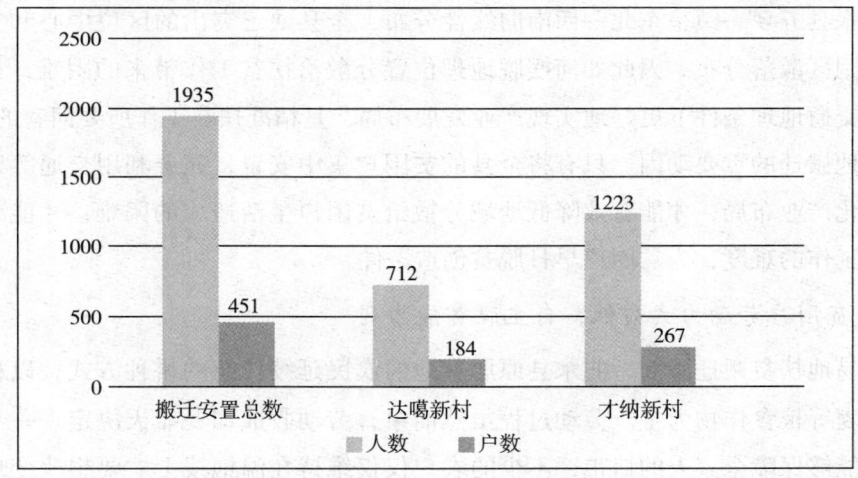

图 4－2　2016 年曲水县搬迁安置总数及分布情况

二、曲水县开展易地扶贫搬迁的原因

作为一项规模程度大、涉及面广泛的扶贫工程，易地搬迁有其独特而重要的原因。从普遍意义上来讲，从一地到另一地的搬迁存在"推力"和"拉力"两种力量。在这两种力量的共同作用下，移民们搬出生存压力大、生活不便的原居住地，

---

① 拉萨市曲水县扶贫办内部资料。

进入更加适合生存、有利于发展生产的新居住地，具体到曲水县也是如此。换句话说，曲水县的易地扶贫搬迁，有其不得不开展的必要性，也有意义非凡的重要性。

（一）曲水县开展易地扶贫搬迁的必要性

1. 部分地区自然环境恶劣，地质灾害频发

从曲水县五乡一镇的地理分布来看，大多数贫困村镇处于河流沿岸的山谷地区。每当暴发山洪和泥石流时，山脚、河岸的村庄会首先受到冲击，极易出现人员伤亡的情况。因此，易地搬迁既是保障农民生命财产安全的重要举措，也是避免农民因灾致贫、因灾返贫的头等大事。例如，曲水县茶巴拉乡的桃花村，部分地区深入峡谷地带，地址灾害多发，只有搬出山区，搬离灾害多发区，才能真正让农户安心就业、放心生活。所谓"一方水土养不活一方人"，恶劣的自然环境和生存条件决定了易地扶贫搬迁势在必行。

2. 各贫困区地理位置分散，扶贫工作难度大成效低

曲水县五乡一镇呈东北—西南向线性分布，全县缺乏突出的区位中心和交通节点，贫困区散落分布。因此如何摆脱地理位置分散给扶贫工作带来的困难，如何在现有的交通地理条件下更好地实现产业发展布局，是精准扶贫工作所要回答的问题，也是易地搬迁的重要动因。只有将全县的贫困户集中安置，充分利用交通等区位条件，优化产业布局，才能有效降低地域分散给贫困户生活造成的困难，才能减少精准扶贫工作的难度，为贫困户早日脱贫创造条件。

3. 贫困户劳动力素质低，自主脱贫能力弱

在易地扶贫搬迁以前，曲水县原居住地的农民延续传统的耕种方式，以种植青稞、小麦等粮食作物为主。劳动过程虽然简单，劳动收成却要靠天决定。一年的劳动勉强能够保障全家人的口粮，不少的农户仅仅维持在温饱线上。要想改变现有的生存状况，只有多样化谋生手段，为农民提供不同的就业岗位和出路，才能降低原本靠天吃饭的风险，才能让农民走上自主脱贫、靠本领吃饭的路子。因此，必须让农民走出山区、走进新村、走向产业，掌握不同的劳动技能，实现精准就业、精准脱贫，彻底摆脱以往生活困难而又无力改变的情况。

（二）曲水县易地扶贫搬迁的重要意义

1. 为全县统筹规划和集中管理提供便利

在易地扶贫搬迁的工作中，搬迁点的选址定位经过严格的规划。与原居住地各乡镇分头管理不同，在搬迁新村，从房屋的建造到基础设施的配套，全部由县里安

排统筹。在党建平台下,搬迁新村以户为单位进行网格化管理。以往走过崎岖山路才能解决的问题,现在足不出户就可以得到落实。联户式管理、结对化帮扶,不仅改善了邻里关系,让来自各乡镇的居民相互结识,也为建立现代化改革示范村,促进产业发展和共同富裕铺平了道路。规划先行、集中管理,是易地扶贫搬迁精准性的重要体现。

2. 有利于发展生产,创造更多的就业机会带动脱贫

易地搬迁只是扶贫脱贫路上的一小步,更重要的是产业配套和对接。农民从以往的山区搬到如今的扶贫新村,必然要改变传统的生产方式。因此,搬迁后产业发展的好坏,决定农民未来的生活状况。从自然条件来看,搬迁新区具有大量连片的平原和水利条件,有利于种植业和养殖业的快速发展;从人文条件来看,搬迁新区受到县委县政府和各乡镇政府的支持,拥有资金和技术的先天优势。若充分利用搬迁农户的劳动力资源,可以迅速发展一批龙头企业,带动相当程度的居民就业、改善其生活状况。

3. 打造多方参与的扶贫平台,为因人制宜精准脱贫创造条件

在搬迁新村的规划建设过程中,政府也许会起到主导作用;但在接下来的产业发展方面,企业和社会的力量也不容小觑。在企业投资和社会组织的共同参与下,劳动力市场将更加完善,贫困户会有更多的就业机会。在搬迁新区,从经济作物的种植,到奶牛、藏鸡的养殖,再到林木、公路的养护,均可吸纳大量的贫困户劳动力实现就业。因此,要集中尽可能多的力量发展产业,让贫困户在工作岗位面前有更多的选择。这是精准扶贫的要旨,也是易地搬迁的成效所在。

三、曲水县易地扶贫搬迁的主要做法与效果

(一)总体举措与效果

在易地扶贫搬迁的工作中,曲水县探索走出一条扶贫脱贫的新路。为实现"搬得出、稳得住、能致富"的目标,曲水县将精准扶贫与基层党建、城乡一体化建设、产业发展相结合,着力促进脱贫致富与发展稳定。曲水县指导成立多处农业合作社,在统一管理下,合作社积极安排贫困户劳动力就业,并统一收购农畜产品,分配经营收入。另外曲水县按期建成搬迁安置房屋,完善相关配套产业,为搬迁贫困户开始新的生产生活创造良好的局面。具体来看,曲水县易地扶贫搬迁工作的举措与效果主要体现在以下方面:

1. 健全领导责任制，细化任务分工，确保扶贫搬迁工作权责统一

曲水县将易地扶贫搬迁作为精准扶贫工作的任务重点，成立由县委书记任组长，分管扶贫、住建工作的副县长任副职，相关职能部门和乡镇负责人为成员的易地扶贫搬迁安置工作领导小组，并专门抽调四十余名优秀县乡干部负责搬迁点建设和搬迁安置工作。在细化分工方面，以易地扶贫搬迁领导小组副组长为责任人，监督搬迁点建设工作；县扶贫办负责统计贫困户的就业意向，让贫困户在搬迁入住之后，可以顺利找到适合自己的工作；村两委负责人则主抓落实配套产业项目。通过权责统一，曲水县在易地扶贫搬迁工作上取得了良好的效果，实现让贫困户顺利搬出、顺利入住、安心就业、平稳过渡。

2. 精准识别搬迁对象，严格规划搬迁工作，体现扶贫搬迁的精准性

易地扶贫搬迁，涵盖从识别搬迁户到选址建设，再到搬迁入住等多个阶段的任务。在精准识别搬迁户方面，从全县范围内开始申请搬迁名额，每户都有申请权。经过村里初审、乡里复审，最终由县里确定易地搬迁的名单。在选址建设上，经过充分调研和实地勘察，曲水县选择达嘎乡三有村和才纳乡四季吉祥村作为两个搬迁新村，以便充分利用两地交通便捷、产业集聚的优势。搬迁户再根据地理位置和新村规划分别入住三有村和四季吉祥村。在新村规划方面，细致规划搬迁点的居住区、产业区、商业区等功能区布局。通过搬迁工程的系统推进，三有村和四季吉祥村的建设仅耗时三个月左右。并且三有村成为自治区内率先实现易地扶贫搬迁入住的项目，体现曲水县在易地扶贫搬迁工作上的精准高效。

3. 坚持产业先行，搬迁与产业对接，入住即能就业

曲水县将产业发展视为扶贫搬迁的重要配套措施，通过产业先行，引导搬迁贫困户顺利走上就业岗位。达嘎乡三有村在原有产业项目的基础上，新增投资1661.95万元，翻新完善藏鸡、奶牛养殖，以及特色种植合作社。在"企业+合作社+农户"的经营模式下，三有村制定养殖500头奶牛、5万羽藏鸡，以及扩大饲草、藏中药材种植的目标。以种养殖三大合作社为主体，三有村将为全村184户搬迁贫困户分红，促进人均年收入达到3800元以上。在才纳乡四季吉祥村，净土健康产业园融资近20亿元，已开工项目包括藏中药材种植基地、万亩乡土林木良种繁育基地、百亩连栋温室、有机肥厂等，带动当地及周边农户年均就业7万人次以上，人均年收入将近3500元[1]。

---

[1] 拉萨市曲水县扶贫办内部资料。

4. 创新扶贫模式，动员社会各界力量参与扶贫

在组织协调政府各部门开展扶贫工作的同时，曲水县也积极创新扶贫模式，动员社会各界的力量共同参与。在与经济组织的合作方面，曲水县与西藏东方财富证券股份有限公司签署协议，结对帮扶贫困户。通过"一司一县"的合作模式，双方在公益、教育、消费、产业等多个领域，着力探索扶贫开发的新途径；曲水县还积极动员全县机关干部、部队官兵参与扶贫募捐行动，为因病返贫的部分群众提供力所能及的帮助；鼓励企业和社会爱心人士与贫困户结成帮扶对子，引导致富带头人参与扶贫产业发展，为搬迁贫困户尽早脱贫致富创造条件。

5. 加快电商平台建设，提高贫困户自主脱贫能力

作为全国电子商务进农村的试点县，曲水县结合线上网络和线下产品的双重优势，全面推进电商服务体系建设。三有村在全县政策的支持下，引入"赶街网"电商平台，借助"互联网＋特色产业"的经营方式，打通藏鸡蛋、雪菊等地方特色产品的销路，为搬迁贫困户增收致富创造了新路。电商平台在促进本地产品外销的同时，也为搬迁新区的群众带来了更多的消费选择，网上购物正走进越来越多的农户家中，有效地满足了搬迁群众的多样化消费需求。在新的扶贫工作模式下，易地搬迁被赋予更多的意义。

总体来看，曲水县184户、712名贫困群众是自治区首批易地扶贫搬迁的受益人。以三有村和四季吉祥村为代表的曲水县易地扶贫搬迁工程，在实践中探索出"四精"、"三结合"的工作模式，为西藏乃至全国其他地区树立榜样。其中，"四精"是指精准识别搬迁户、精心选址安置点、精细规划功能区、精确设计安置房。在此基础上有组织、有计划地落实"三结合"工作，将易地扶贫搬迁与基层党组织建设结合，确保"搬得出"；与城镇化建设相结合，确保"稳得住"；与产业发展相结合，确保"能致富"，极大地提高易地扶贫搬迁工作的质量和效率。

易地扶贫搬迁也推动曲水县总体的扶贫开发工作。在全县以业脱贫、以迁脱贫、以助脱贫、以教脱贫、以保脱贫、以补脱贫"六脱"战略中，"以迁脱贫"人数约占脱贫人口总数的五分之一。不仅如此，通过加强产业园区建设、促进小微企业创业创新，易地扶贫搬迁正成为带动曲水县扶贫脱贫工作的火车头，引领产业发展和生态环境保护，为全县扶贫开发工作营造良好的自然和社会环境，走出一条精准高效、求真务实的扶贫新路。

(二) 三有村

1. 基本情况

三有村位于曲水县达嘎乡的拉萨河畔。三有村的"三有"是指让搬迁户有住房、有健康、有就业。在全县1371户建档立卡贫困户4792人贫困人口中，共有184户、712人搬迁到三有村。三有村搬迁安置点共征地999.182亩，其中基础设施建设用地面积333.732亩，县级配套资金2063.6万元；产业扶持项目用地面积665.45亩，县级财政投入3063.6万元[①]。与原本散落分布的自然村落和村社管理模式不同，在三有村贫困户以户为单位，按每户人口数量入住相应户型的房屋，从而形成了集中居住、邻居不同村、行政分属的杂居式新农村社区格局。在新的扶贫模式影响下，三有村的易地扶贫搬迁更加注重农户自主性的脱贫致富。通过全县力量的支持，三有村为搬迁户提供良好的配套产业和就业环境，帮助农户掌握就业技能，走上脱贫致富之路。

2. 主要做法

（1）在规划设计上精准打造三类户型，统筹规划功能区布局

三有村结合搬迁贫困户对搬迁新区的意愿和要求，以户为单位，共建造三类新区户型：大户型（165.54㎡）64套、中户型（144.69㎡）88套、小户型（108.8㎡）32套。房屋统一装修、统一配备家具设备，既有利于搬迁户尽快入住，又营造出干净整洁、充满地域和民族特色的氛围。在精准设计住房户型的同时，三有村还在整体上对搬迁点各类功能区进行规划布局。除以搬迁新房为主的居住区外，还有遍布营业网点的商业区，以及搬迁户日常工作的产业区等。各类功能区规划细致，在优化布局的基础上，充分利用每一寸土地，做到搬迁新区土地的高效集约化利用。

（2）合作社带动产业项目运行，发展"公司+合作社+贫困户"的经营模式

三有村按照曲水县资金跟着项目走，项目跟着规划走，贫困户跟着致富能手走，致富能手跟着产业走，产业跟着市场走，即"五跟五走"的脱贫思路，通过争取国家项目、本级财政注入资金、引导企业投入的方式，建成奶牛、藏鸡养殖和特色作物种植的合作社。合作社着力发展"公司+合作社+贫困户"的经营模式，另外沿街开设多处商铺，贫困户均能以劳务输出的方式进行入股分红，从而有效实现增收脱贫。

从规模和投资方面来看，种养殖合作社总面积为665.45亩，项目建设总投资

[①] 拉萨市曲水县扶贫办内部资料。

1886.89万元。其中养殖区面积为300.50亩,包括占地50亩的奶牛养殖场和占地250亩的藏鸡养殖场,共投资1858.66万元;种植区面积为364.95亩,投资28.23万元①。种植产品包含青饲玉米、紫花苜蓿,以及党参、当归、黄芪、雪菊、藏木香等中藏药材。

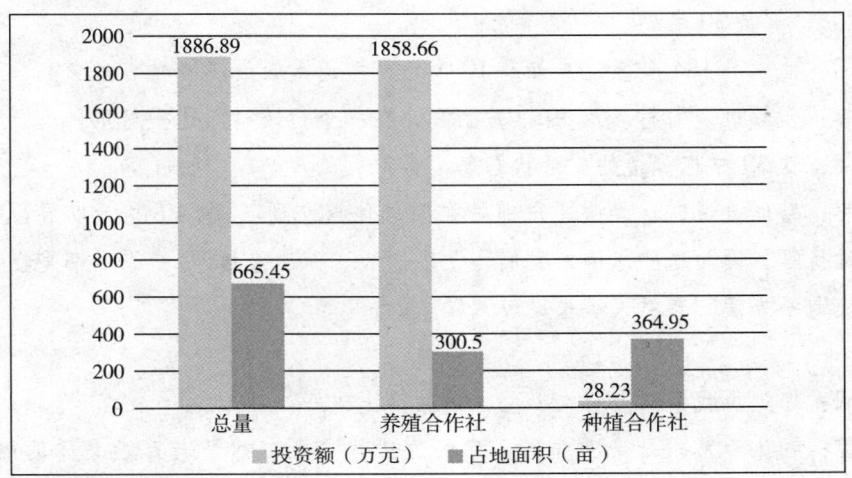

图4-3 三有村种养殖合作社的建设投资与占地面积

(3) 开展职业技能培训,促进搬迁贫困户尽快融入工作环境

在配套产业项目的同时,三有村还积极为搬迁村民提供职业技能培训。根据村民自身的劳动素质和特点,结合具体的岗位要求和人员需求,有针对性地为村民开展藏鸡、奶牛养殖,经济作物培育等技能培训。另外,乡镇的建筑施工队还定期为搬迁贫困户提供优惠性的汽车驾驶训练,帮助他们掌握职业技能,实现多样化谋生就业。网格负责人、各联户代表还会经常走访辖区群众,广泛听取群众对村镇就业环境的意见和建议,从而及时满足搬迁户对就业信息和职业培训的需求,为搬迁户创造良好的就业条件。

专栏4-1 曲水县达嘎乡三有村座谈会内容摘录

> 时间:2017年7月19日 地点:曲水县达嘎乡三有村
> 参与人员:中央民族大学调研团队、达嘎乡党委书记、乡长

---

① 拉萨市曲水县扶贫办内部资料。

内容摘录：

问：请简要介绍一下达嘎乡三有村的情况。

答：三有村的"三有"指的是有健康、有产业、有房子住，这里共有低保户74户，党员30名。

问：曲水县184个搬迁户涉及10个村，搬迁人数最多的村有多少？

答：人数最多的村涉及39个贫困户，在一个行政村即达嘎村里。

问：这39户在那边的生活状态怎么样？

答：整体来说，这些搬迁户都是在原居住点交通不便，不利于发展，或是土地贫瘠等，因为这些原因，我们才予以搬迁。而达嘎村39户原本都是在山脚下，交通不方便，自然灾害也比较频繁。

……

问：您觉得我们三有村在哪些方面做得比较好？

答：我认为第一是产业先行。我们这边的产业，都是老百姓集体的财产，包括奶牛、藏鸡、种植等合作社，都是村集体的资产，可以实现在家门口就业。收入也是直接分配，这对于调动老百姓的积极性具有很大的优势。第二就是搬迁户便于管理，我们这里的搬迁户都是从西边三个乡镇搬过来的，便于集中管理。第三就是我们这里的交通条件较为便利。火车站、318国道以及准备建设的高速公路都在曲水县及其附近。再加上达嘎乡的小商品批发中心，可以辐射到周边多个乡镇。另外，县中学、县小学、乡中学都在我们这边。

……

问：我们现在的种植合作社的产品也打算交给净土公司吗？

答：是的，现在三个合作社的产品都是由三有净土公司来收购。三有净土公司是县里的全资子公司，合作社和公司只是合作的关系。每个合作社的产品是不一样的，种植合作社方面，我们以一个价格将产品卖给他们销售；而藏鸡合作社则是我们直接将产品交给他们，然后他们卖出的价钱再分给我们49%，奶牛合作社的模式也是这样。因为养殖类的产品交给他们之后，还有一个精加工的过程，所以种植和养殖的收益分配是两种不一样的模式。销售渠道、宣传、技术人员等都是由三有净土公司来做。销售部分是比较困难的部分，总体来讲，我们是"公司+合作社+农户"的模式。农户生产出的玫瑰，只有通过合作社和公司才能实现加工和销售。

3. 搬迁效果

（1）现代化管理巩固扶贫脱贫成果，保证易地搬迁平稳有序过渡

三有村参照以往村镇管理的经验，结合现代社区治理方式，不仅成立临时村委会，还在搬迁范围内实行网格化管理。将搬迁新区按照地理位置划分为东、西两个网格，每个网格都是自主管理的独立单位。网格内部则按照"双联户"的治理要求，以亲情、地域相连的原则，每六到十户划分为一个联户，将全部184户搬迁户划分为23个联户单位。经推荐产生的联户代表会负责定期采集联户内的居民信息，保持信息联络的畅通，为及时解决搬迁户的问题创造良好的条件。村委会和网格负责人还会定期考察联户代表，保证基层管理人员始终心系群众、倾听群众呼声。通过有序搬迁、有序管理，三有村努力营造出和谐稳定、安居乐业的居住环境。

（2）产业配套见实效，合作社、商铺引领扶贫脱贫

曲水县达嘎种植农牧民专业合作社是三有村成立的特色作物种植合作社。合作社与县净土公司签订合同，以"企业+合作社+贫困户"的模式，积极发展订单式农业，根据市场走向发展相关产品。在种植上，合作社以"统一播量、统一播种、统一施肥、统一浇水、统一除草、统一绿色防控，统一收获，统一打场、统一储藏"为标准，努力提高产量，并提高相关的技术应用水平。从经济效益来看，三有村的种植业合作社以集约化的种植方式，将产品输送至市场，促使种植区产值达175万元，净利润63.3万元，三有村搬迁户平均每人每年分红622元[①]。

鑫强奶牛农牧民专业合作社是三有村成立的养殖合作社之一。该项目总投资达1520万元。其中基础设施投资1180万元，奶牛购置投资340万元。目前，奶牛养殖规模为40栋牛舍共计200头奶牛。合作社启动资金由曲水县政府统一划拨，完善厂区相关基础设施，并提供前期养殖饲草料。在奶牛的养殖上，坚持既分散又集中的管理方式。由养殖户分散养殖各自负责的奶牛，而由合作社负责集中种植饲草料，并销售牛奶产品。在牛奶的销路方面，通过与县委县政府的协商合作，三有村奶牛养殖的产品可以全部销售到县政府后勤服务中心，从而保证奶牛养殖合作社的效益问题。该项目能够解决三有村20个贫困户的就业问题，其产品收益的70%作为全村贫困户的分红，年均可达931700元，人均分红1308元。

品忠养殖农牧民专业合作社，是三有村的另一家养殖业合作社，养殖场总投资63万元。其中基础设施建设投资42万元，藏鸡购置投资达21万元。养殖合作社已达到6栋鸡舍，共计10000羽的规模。从经营模式到管理方式，藏鸡合作社同奶牛

---

① 拉萨市曲水县扶贫办内部资料。

合作社均有相似之处。所有藏鸡由贫困户个体养殖，以联户为养殖单位，由联户代表负责联户区域内的养殖管理。在产品销售问题上，合作社与山西建工集团签订藏鸡养殖产品的购销合同，确保藏鸡养殖效益落到实处。该项目能够解决三有村10个贫困户的就业问题。同奶牛养殖类似，其收益的70%作为贫困户的分红，年均可达825125元，人均分红1158元。

商铺经营是三有村除种植养殖合作社以外的另一种产业配套模式。在县乡两级的共同支持下，三有村在搬迁商业区共建立32间商铺，占地面积633平方米。这些商铺包括茶馆、小卖部、粮油店、农机修理店等。对于具有创业意愿，经营能力强的搬迁贫困户，村里会为其提供月租金500元的优惠性租赁价格，而非搬迁户月租金则为1000元。从商铺经营收益来看，商铺年租金收入为38.4万元，在扣除运营成本等费用外，搬迁贫困户平均每人每年可分红338元①。

案例4-1 三有村配套产业项目，为易地搬迁精准护航

对于三有村的次旦卓嘎来说，最近一年的生活发生了翻天覆地的变化。次旦卓嘎一家原本依靠在工地打工维持生计。平时顶着烈日劳动，十分辛苦。每到冬季，工地停工，全家人也就随之失去收入。自从精准扶贫工作启动开始，次旦卓嘎一家就被纳入建档立卡贫困户中。根据曲水县相关搬迁条件，将其搬迁到达嘎乡的三有村安置。

搬迁入住后，告别了以往到处打工居无定所的生活。次旦卓嘎开起了营业商铺，足不出户就能保证全年稳定的收入。丈夫仓决扎西则在奶牛养殖合作社工作，每月有1500元的固定工资。两人的工作收入，加上合作社和营业商铺的收入分红，人均月收入可达3000元以上，彻底实现脱贫致富的梦想。次旦卓嘎一家是三有村所有搬迁户的缩影，在多个配套产业项目的带动下，三有村的搬迁贫困户取得宝贵的就业机会，工作收入也变得稳定，真正走上了脱贫致富的道路。

4. 可能存在的问题与风险

（1）搬迁安置点的户均人口少，甚至存在房屋空置的现象

按照曲水县针对易地扶贫搬迁的总体要求，三有村设计建造了大、中、小三类

---

① 拉萨市曲水县扶贫办内部资料。

户型,并根据搬迁贫困户每户的人口数安排入住。但从实际情况来看,存在两方面问题,一是搬迁安置点的户均人口较少,二是搬迁贫困户的入住率不高。在搬迁以前,部分原居住地的青壮年村民就习惯于外出务工,但在易地搬迁统计各户人口时,这些打工者也会算在名额之中。由此导致搬迁安置后,居住大中户型的部分家庭,其日常居住的人口数却更适合中小户型,即搬迁安置的户均人口较少。另一方面,由于在搬迁安置前规划统计上的出入,一部分房屋完全没有贫困户居住。在三有村,部分村民家庭专门赶在搬迁之前分户独居,也降低了入住率,从而造成一家两套甚至多套房屋的现象。

(2) 帮扶工作不实,扶贫的精准性有待提高

在三有村易地扶贫搬迁的工作中,帮扶工作主要包含两种途径。一是从县乡政府各部门抽调,并派驻到搬迁新村工作的人员;二是县乡政府中负责与建档立卡贫困户结对帮扶的干部成员。从实际情况来看,这两方面工作在扶贫的精准性上都有待提高。对于抽调驻村的干部来说,易地搬迁的后续工作难度大,复杂程度高。一位驻村干部往往需要身兼数职,其工作负担之大可想而知。面对规模庞大的搬迁人口,需要精准实施的扶贫举措有些没有得到落实。而在结对帮扶的问题上,县乡干部走访慰问贫困户已较为普遍,但直接输送物资补助的"输血"式扶贫方式仍旧存在。部分负责结对帮扶的干部并不了解贫困户的生活实情,在为贫困户脱贫致富出谋划策等方面有待提高。

(三) 四季吉祥村

1. 基本情况

四季吉祥村位于曲水县才纳乡境内,是曲水县第二个易地扶贫搬迁安置点。四季吉祥村交通便利,距离拉萨市区和贡嘎机场的距离均为二十公里左右。拉日铁路、机场高速、318国道等公路铁路贯穿而过。村里风景优美,房屋错落有致,从高处眺望四季吉祥村的村貌,宛如一颗心形的图案镶嵌在曲水县的版图上。从2016年8月开工建设,到当年底来自多个乡镇的搬迁户就全部搬迁入住。为了纪念搬迁新村建成,自治区有关领导将新村命名为"扎西堆喜",意为"四季吉祥"。

四季吉祥村占地面积303000平方米,建有365套贫困户住房和135套产业工人住房,全村房屋又具体分为"春"、"夏"、"秋"、"冬"4个片区,另有12条主干道。寓意四季吉祥村的搬迁户在一年中的每一季、每个月、每一天都能过上舒适幸福的生活。在规划选址和施工建设过程中,四季吉祥村注重借鉴三有村的实际经验,不断将传统民风和现代理念加以融合。在搬迁入住后的新村治理中,逐渐摸索出一

条具有当地特色的脱贫致富的路子。

2. 主要做法

(1) 大力投资开发，以产业项目带动脱贫致富

作为四季吉祥村周边最具代表性的产业项目，拉萨市净土健康产业园区在日常生产经营的同时对外开放，现已通过国家 AAA 级景区认定。2015 年至 2016 年共接待国内外游客 20 万人，带动当地村民 400 多人就业，每户可增收达 6500 元。除净土健康产业园外，四季吉祥村还有多个产业项目投资或在建：包括总投资达 13 亿元的全区最大的万亩乡土苗木良种繁育基地；总投资达 10 亿元的万亩中藏药材种植基地；总投资近 2.8 亿元，规模达 5000 头的现代化奶牛养殖场；总投资 6500 万元的有机肥加工厂等①。另外，村内经济林项目和村内超市经营收益也会提高村集体的收入水平，在带动搬迁贫困户就业、增加村民分红收入方面发挥着重要作用。

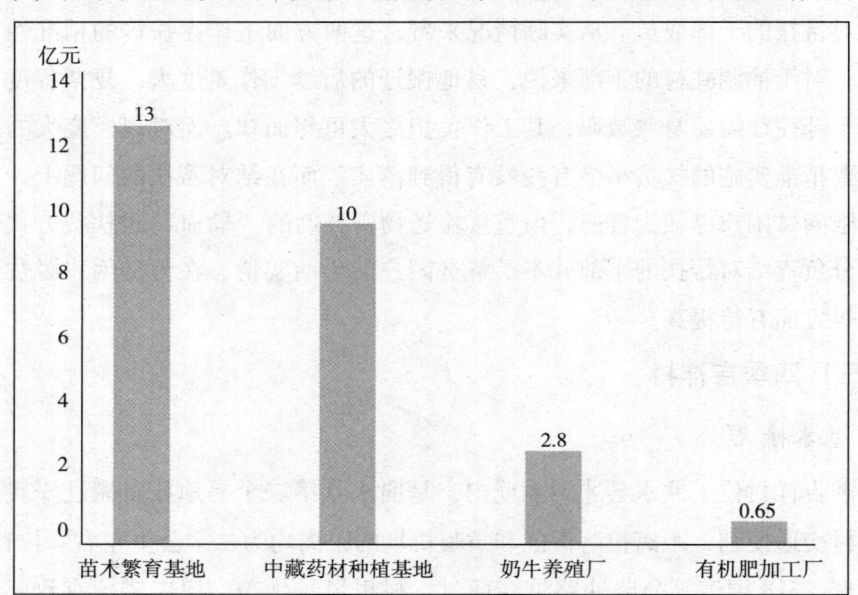

图 4-4 四季吉祥村部分产业项目的投资额

(2) 发挥旅游资源优势，打造重点旅游品牌

四季吉祥村风光秀丽，景色宜人。在满足搬迁贫困户住房需要的基础上，四季吉祥村另选 20 套房屋作为藏式民宿，用于接待游客住宿。这种藏式民宿临近商业区，集住宿、餐饮、娱乐于一体，可以为游客提供充满民族风情和地域特色的游玩体验。秀色才纳产业园区有大量的旅游资源可供开发，吸引游客观光游玩，带动净

---

① 拉萨市曲水县扶贫办内部资料。

土健康产品的销售。除本地旅游资源外,四季吉祥村周边也有很多的旅游资源。距今已有八百余年历史的雄色寺,是全国最大的尼姑寺庙,寺庙的"觉鲁"更是国家级非物质文化遗产。在寺庙附近,上百种鸟类栖息于此,是观鸟爱好者的天堂,充分体现出人与自然和谐共处的景象。另外甘丹寺分寺吾香拉康、萨玛扎寺等古老寺庙都分布此地,而且各具特色。通过不断开发旅游资源,四季吉祥村将为当地贫困户打通一条绿色环保的脱贫新路。

3. 搬迁效果

(1) 水、电、路三通改善移民生产生活条件,产业项目和旅游消费带动脱贫增收

四季吉祥村在引导搬迁户有序入住的同时,安排净土健康产业园、奶牛养殖场、有机肥加工厂等多种产业项目。这些产业项目不仅带动当地搬迁贫困户的就业,也从整体上完善四季吉祥村的基础设施状况,极大改善村民的生产生活条件。以往在高山高寒地区经常遇到的停水停电、道路不通的问题,已不再成为搬迁群众的困扰。在此基础上,四季吉祥村充分开发旅游资源,打造"民宿+景区"的旅游线路和"四品"的消费模式。游客在景区观光游玩后,可以回到四季吉祥村的藏式民宿休息,充分体验民族风情和地域特色。以藏中药材为主的药品,以及食品、饰品、化妆品等"四品"则是四季吉祥村重点推出的四类消费产品。随着游客的逐渐增多,以产业项目为基础,旅游开发和消费经济将在脱贫增收方面起到更加重要的作用。

(2) 着力保障民生,有效解决搬迁贫困户上学、就医难题

在民生问题方面,四季吉祥村在争取各级各部门扶贫惠民政策支持的同时,最大限度地为搬迁贫困户提供生活保障和民生服务。对于待业在家的大学生,四季吉祥村通过与曲水净土公司的沟通协商,及时解决他们的就业问题。从各乡镇搬到四季吉祥村的村民子女,需要转入才纳乡中心小学就读。四季吉祥村党支部会同乡小学妥善沟通,决定由村委会副主任带领学生家长轮流接送学生上放学,并由村务监督委员会进行监督。在医疗卫生方面,四季吉祥村在村内医务室的基础上,新增上门医疗服务。村镇医师主动上门,为行动不便的搬迁贫困户送医送药。村委会还定期举办医疗义诊、卫生知识宣传讲座等活动,在解决搬迁村民看病难问题的同时,不断提高群众的健康意识,促进良好身心健康素质的养成。

(3) 承办大型展销会和节日庆典,丰富搬迁群众的业余生活

在四季吉祥村,村委会和驻村工作队连续举办多项活动,并积极承办大型展销会和节日庆典。既丰富群众的业余生活,也为来自不同乡镇的搬迁户提供相互结识,加深融合的机会。在2017年初举办的才纳乡第一届仲孜文化艺术节暨物资展销会

上,来自拉萨、山南及曲水县各地的 6 万余名群众观看了开幕式文艺演出。在为期五天的展销会中,区、市、县及群众演出团队进行精彩的表演。县内外商家也积极参与,参展商家达到 120 余个,销售额达 100 余万元。在展会期间,村委会和驻村工作队共同组织了临时巡逻队和志愿者队,在维持展会秩序,保持场地环境卫生方面发挥重要作用。

典型案例 4-2　四季吉祥村助力搬迁贫困户脱贫致富

> 居住在四季吉祥村的德庆一家,原本生活在才纳乡才纳村。家中共有 5 口人,包括 1 名残疾人、1 名幼儿,全家大部分的生活开支要靠政府扶持来解决。自启动精准扶贫工作以来,通过精准识别,发现德庆一家不仅房屋地处偏远,年久失修,而且人均纯收入在国家贫困标准以下。因此按照程序将其纳入建档立卡贫困户中,并搬迁安置到才纳乡四季吉祥村。
>
> 搬迁后,生活环境发生了巨大的变化,激励了他们的进取心,改变了"等、靠、要"国家政策的思想观念。德庆在村里开起了自己的小茶馆,因经营得当,月收入达 3000 元。德庆家的其他人也在才纳净土产业园找到了工作,全家每月的收入可达 6000 余元。像德庆一家通过易地搬迁实现脱贫摘帽的贫困户,在四季吉祥村还有很多。他们在政府的帮助和自身的努力下,真正实现了搬得出、稳得住、能致富。

4. 可能存在的问题与风险

(1) 移房难移地,部分搬迁户仍需返乡种地维持生计

搬迁到四季吉祥村的贫困户,原本是分散居住在曲水县五乡一镇的农牧民,并且以农民居多。这些农民在四季吉祥村周边并没有属于自身的、可耕种的土地。而原有的土地一部分经过县里的土地流转,交由负责相关事务的公司统一经营。一部分土地仍由农户自主耕种,这些土地大多贫瘠,零散分布在高山高寒地区。保留土地的农民每天会往返于两地之间,白天到土地里劳动,晚上回到搬迁新区居住。在四季吉祥村,共有十余户村民存在返乡种地的情况。这一方面反映出长期依靠耕种为生的农民,难以在短时间内适应"有房无地"的生活;另一方面也暴露出易地扶贫搬迁工程存在的问题:一是在搬迁户原有土地的处理上,并未做到全部土地统一流转、统一经营,导致部分农户搬迁后两地奔波;二是配套产业项目所提供的就业岗位缺乏针对贫困户的精准性,职业技能培训也未能有效跟进,导致搬迁贫困户面

对众多的就业岗位不愿做不会做。

（2）针对扶贫资金和配套产业投资的监管有待加强

在易地扶贫搬迁的过程中，扶贫资金主要用于安置房和基础设施的建设，以及配套产业项目的投资。在四季吉祥村，安置房和基础设施建设都已初具规模，未来主要的资金使用方向是配套产业项目的投资，但是针对投资资金的监管机制却并不完善。同三有村已建成的配套产业项目类似，四季吉祥村目前正投资兴建以奶牛养殖和特色作物种植为主的产业项目。在曲水有限的地域范围内，大规模建设相似的产业项目是否合理，产品的销路问题能否得到解决，是否存在过度投资或重复投资的情况等，这些问题应当在项目投产之前经过充分的调研和论证。否则一旦投资失当，也许表面上会解决一部分就业问题，但实际却会带来较低的经营效率，并造成扶贫资金的大量浪费，甚至助长贪污挪用资金款项的非法行为。

（四）简要总结

总体而言，曲水县围绕两个搬迁新村，开展了大量有关扶贫开发的工作。无论是三有村还是四季吉祥村，都通过严格的地质勘测，将自然灾害对移民的威胁程度降到了最低。两地的规划建设工作也相对充分，房屋整洁一新、错落有致，确保所有搬迁户都能入住相应户型的住房。大规模配套产业项目，为村民提供了更多的就业机会和致富门路等。曲水县的易地扶贫搬迁工作总体上是卓有成效的，其中部分扶贫模式更成为易地扶贫搬迁工作中的亮点，在自治区甚至全国其他地区得到宣传和推广。

1. 曲水县易地扶贫搬迁的亮点

优势产业先行，项目集中配套，是三有村易地扶贫搬迁工作中的突出亮点。作为全区首个易地搬迁安置点，在易地搬迁工作启动伊始，三有村的配套产业项目就已初具规模。在原有种养殖习惯的基础上，三有村重点发展藏鸡、奶牛的养殖和藏中药材等特色作物的种植，并且相继成立三大合作社，采取"公司+合作社+农户"的经营模式。通过产销分开，贫困户只需要做好养殖或种植工作，销售问题则完全由净土公司解决，生产效率得到极大的提高，劳动收入也因此变得更加稳定。而在四季吉祥村，旅游资源则是扶贫工作的重要突破口。旅游扶贫与易地扶贫搬迁相结合，正是四季吉祥村扶贫工作的亮点所在。就其自身特点而言，四季吉祥村"四季"分明，在房屋建造上融入旅游的元素，春、夏、秋、冬四种颜色的房屋整齐划一，另有专门用于接待游客的藏式民宿。村子周边除秀色才纳国家AAA级景区外，还有雄色寺等多处古建筑遗址。以旅游开发带动脱贫致富，四季吉祥村为易地扶贫搬迁的传统模式注入一股新的活力。

2. 曲水县易地扶贫搬迁取得的效果

易地扶贫搬迁改善贫困户的居住条件，为其提供了良好的生产生活环境。首先水、电、路三通有效解决以往水电匮乏、道路不通的情况。随着配套产业项目陆续建成投产，搬迁群众会有更多的就业机会，搬迁新村的基础设施条件也将会更加完善。移动支付、在线消费通过互联网的引入极大便利了搬迁户的日常生活。另外，民生问题向来是致贫返贫的重要根源。自易地扶贫搬迁以来，曲水县向两个搬迁新村投入大量资金，在保证搬迁户平稳入住的基础上，着力解决搬迁群众的就医和上学问题。通过建设村内医务室和村干部负责搬迁户子女的上学事宜，搬迁群众不再有看病难、上学难的担忧，搬迁后的生活变得更加稳定和安心。在村委会和驻村工作队的组织协调下，搬迁新村还会定期举办展销会和节日庆典等活动，在吸引游客参观、引入外部消费的同时，也在丰富群众业余生活、促进搬迁户团结一心方面起到重要作用。

3. 曲水县易地扶贫搬迁存在的突出问题

从曲水县的实际情况来看，有关易地扶贫搬迁的一般问题和个别问题同时存在。其中，一般问题体现在帮扶工作不实，扶贫的精准性有待提高。无论是抽调驻村的干部，还是负责结对帮扶的干部，都应当调整扶贫思路，向"造血"式的扶贫模式转变，以认真负责的工作态度和先进高效的工作方法做好易地搬迁的后续工作，为贫困户早日脱贫致富出谋划策。其次针对扶贫资金的使用，尤其是配套产业项目的投资仍缺乏有效的监督机制。配套产业项目的效益不会随着规模的扩大而持续增加，过度投资和重复投资不仅会浪费扶贫资金，还会给贪污挪用公款的行为以可乘之机，因此加强监管势在必行。在个别问题方面，三有村的问题在于户均人口较少，存在部分房屋空置的现象；而在四季吉祥村，仍有少数搬迁户返乡种地以维持生计，反映了曲水县在搬迁户生产生活的转移接续问题上还有很大的完善空间。

四、曲水县易地扶贫搬迁问题的对策建议

为解决曲水县易地扶贫搬迁中存在的问题，不仅要求全县上下步伐一致、协调配合，更要灵活调整扶贫思路，在扶贫脱贫的精准性上下功夫。实际上，易地扶贫搬迁的后续工作千头万绪，而任何一环的工作疏漏都会给扶贫进程带来不同程度的影响。因此，要合理区分不同类型的问题，结合问题的具体性质和特点对症下药。对于易地扶贫搬迁过程中的一般性问题，应当吸收其他地区的先进经验，树立攻坚

克难、去除贫困顽疾的信心；对于曲水县各安置点出现的个别问题，要大胆探索、勇于创新，在因地制宜的基础上，努力摸索出具有曲水特色的精准扶贫模式。

1. 压实帮扶工作责任，努力提高扶贫工作的精准性

帮扶工作涉及驻村干部和结对帮扶干部两个群体，因此提高扶贫工作的精准性也要从两个方面入手。首先要加强对驻村干部队伍的建设，严把选人用人关。驻村工作队原本是为了解决易地搬迁的燃眉之急，缓解短期内繁重的工作负担，在易地搬迁后逐渐演变为一种常态化机制，其在基层所起的作用已经成为村委会的重要补充。因此落实好驻村工作的责任，关系搬迁群众的生活质量和脱贫进程。另一方面要提高结对帮扶的工作水平，变"输血"为"造血"。在走访慰问贫困户时，结对帮扶的干部不仅要留下资金物品，更要为贫困户留下脱贫致富的门路和建议。引导贫困户走上适合自己的脱贫致富路，提高扶贫工作的精准性，让脱贫致富成为贫困户的内在追求和生活动力。

2. 建立并完善扶贫资金监管机制，严防资金滥用和贪污挪用

贫困地区最需要扶贫资金的支持，但若缺乏完善的监管机制，贫困群众往往难以享受到扶贫资金的作用。在曲水县的易地扶贫搬迁过程中，两个搬迁新村不仅会有县级财政的支持，还会得到自治区甚至国家的扶贫优惠政策，以及来自其他省份对口援藏的物资支持。因此，只有建立并完善相应的资金监管机制，才能为精准扶贫工作保驾护航。在易地搬迁的后续工作中，配套产业项目是扶贫资金的重点投入方向。为了使资金得到高效利用，应将配套产业项目的类型和投资的规模水平纳入监管范畴，避免大规模无序投产造成地区产业布局的混乱，让滥用误用和贪污挪用扶贫资金的现象不再发生。

3. 做好易地搬迁的前期调研，明确搬迁范围和移民规模

"边移民、边安置"是全国易地扶贫搬迁比较普遍的问题之一。为了在短时间内完成易地搬迁工作，部分地区未经过前期调研和人数统计，便直接开工建设移民安置点，由此造成大量的房屋空置。而三有村是自治区首个易地扶贫搬迁的安置点，经过前期的调研统计阶段，在房屋空置问题上并不严重，但仍存在户均人口较少，搬迁安置点"人气"不高的问题，可见前期调研和规划工作的质量极易影响易地搬迁的总体效果。对于已经建成的搬迁安置点来说，可采取的补救措施在于：一是暂停建设新的搬迁安置点，将待安置的贫困户转移至已建成安置点的空置房屋；二是合理调整空置房屋的用途，有条件的可转为经营商铺，仓储用房等。

4. 广泛开展职业技能培训，引导搬迁户在配套产业园区工作

农民返乡种地是长期耕种生活下的惯性定律，但显然已不适应搬迁新区的工作生态。要说服贫困户在搬迁新区找到适合自己的工作岗位，做好就业意向调查，并相应组织职业技能培训，让贫困户了解新的工作内容和工作方式。对于搬迁户的原有土地，要在合理流转农户土地的前提下，集中集约经营连片土地，改善作物种植方式和规模。达到相应标准的土地可以纳入产业园区的规划中；未达标的土地，尤其是高山高寒地区较为贫瘠的土地，应当坚持生态安全的原则，积极采取保护措施，避免过度开发。总的原则是引导贫困户在配套产业园区就近工作，让贫困户在安置点住得下、稳得住、能致富。

五、曲水县脱贫案例总结与启示

（一）案例总结

曲水县坚持"政府引导、群众自愿、积极稳妥、保障基本"的原则，以"搬得出、稳得住、能发展、可致富"为目标，以"四个提前"即"搬迁点选址定位提前谋、党的建设提前进、产业带动提前做、发展目标提前定"为先驱，以达嘎乡三有村和才纳乡四季吉祥村为双核心，以易地扶贫搬迁示范点、城乡一体化建设示范点、小康示范村建设示范点、和谐美丽乡村示范点、精神文明建设示范点为方向，综合考虑水土资源条件、基础设施条件与城镇化进程，处理好搬迁与脱贫的关系，处理好搬迁前、搬迁中、搬迁后的关系，处理好精准识别搬迁对象和尊重群众意愿的关系，处理好搬得出与能致富的关系。曲水县易地扶贫搬迁这一成功案例在拉萨市乃至全区范围内具有较好的经验借鉴和较高的推广价值。

（二）案例启示

1. 政府引导，群众自愿，正确处理精准识别搬迁对象和尊重群众意愿的关系

在精准扶贫工作中往往实行就地、就近脱贫，一是已有的基础设施提供了生产生活基础，便于操作，节约资源；二是部分贫困人口长期生活在迁出区域，安土重迁的思想深入人心。因此，若不能坚持群众自愿原则，往往会导致前期"搬不出"问题，搬迁工作推进困难，也会导致后期"留不住"问题，搬迁后仍返回迁出区域生产生活。在精准识别搬迁对象方面，曲水县按照"户申请、村初核、乡复核、县审定"的程序，精准选定符合条件的搬迁户分别作为达嘎新村和才纳新村的搬迁对象。同时在充分调研和尊重群众意愿的基础上，立足本地资源条件和环境承载能力，重视做好群众的动员宣传工作，就易地扶贫搬迁的政策、安置点的条件、搬迁的安排包括时间、进程等，搬迁后的生产生活对群众进行了详细的讲解和说明，赢得了群众的认可与支持。

2. 科学规划搬迁前、搬迁中、搬迁后的全过程，促进城乡一体化发展

易地扶贫搬迁是一项长期的、系统的、复杂的工程，搬迁前、中、后任何一个环节出现问题均有可能导致整体易地扶贫搬迁工作的失败，牵一发而动全身，也就无法顺利帮扶贫困人口如期脱贫。在搬迁前，曲水县在精准识别对象的基础上，精准选址，依托达嘎乡、才纳乡交通便利、人口聚集、有产业基础的优势，选取达嘎乡曲水火车站、才纳乡五香拉康所在地作为搬迁安置点，精准规划，对搬迁点为居住区、生活区、商业区、产业区等都做详细规划，精心设计房屋。在搬迁中，积极落实推进，统筹配套设施，两个搬迁点建设项目仅用了3~4个月就完成了建设任务，达嘎乡三有村成为自治区第一个实现搬迁入住的项目，搬迁群众分批入住，有条不紊地进行生产生活。在搬迁后，依据现有产业基础、资源禀赋和群众意愿，按照既定的产业发展规划，将藏鸡奶牛养殖、特色种植、三产服务、劳务输出作为四大支柱，做好易地搬迁和群众增收的有效衔接。重要的是，达嘎乡三有村和才纳乡四季吉祥村自搬迁之初，就被确立为"易地扶贫搬迁示范点、城乡一体化建设示范点、小康示范村建设示范点、和谐美丽乡村示范点、精神文明建设示范点"，综合的发展、准确的定位、较高的起点不仅有利于打造易地扶贫搬迁的样板，同时也进一步优化市域城镇空间布局，强化城市辐射带动作用，促进城乡一体化发展。

3. 建立易地扶贫搬迁与产业发展双轮驱动的长效机制，真正帮扶群众实现脱贫致富

习近平总书记指出，"只有扶出产业，才算扶贫扶到家"。只有坚持发展产业，才能有效带动群众脱贫致富，才是长久的"造血"之计。曲水县通过建立易地扶贫搬迁与产业发展双轮驱动的长效机制，在建设安置房的同时对产业配套统筹做出安排。一是以合作社引领产业发展；二是以"公司+基地+农户"形成扶贫产业链；三是以新型城镇化建设助力产业扶贫，积极打造旅游小镇，大力发展商铺、家庭旅馆、农家乐等具有本地农牧民特色的旅游产业；四是着力打造一区三园就业洼地，依托曲水县一区三园，即雅江工业区、净土健康产业园、净鑫动物保护园、聂当光伏产业园。以上不仅有利于通过易地扶贫搬迁和产业发展双轮驱动带动群众脱贫致富，也能吸纳更多贫困户实现就业，有利于安置点的长期稳定发展。

4. 严字当头，严格识别、选址、推进与监督，明确主体责任、落实到人

精准扶贫的深入推进离不开"严格"两字，尤其是易地扶贫搬迁工作。只有严格识别、选址、推进与监督，明确主体责任，落实到人，才能确保易地扶贫搬迁及其配套政策不打折扣的落实，才能真正解除搬迁对象的后顾之忧，让他们搬的放心、搬的满意。曲水县在易地扶贫搬迁工作中，通过严格识别搬迁对象、严格进行安置点选址、严格控制住房面积和标准，严格配套建设基础设施、邀请30名搬迁户群众代表全程参与施工监管，严格保证安置点住房质量。同时，由分管住建的副县长担任建设责任人，长期驻点监督推进建设进度，由扶贫办负责搬迁后的产业配套和就业落实，多部门上下联动，集中优惠政策、过硬技术、充足资金等优势资源保证易地扶贫搬迁的顺利完成，真正帮扶贫困群众"搬得下、留得住、有事干、有钱挣"。

5. 党建扶贫提前展开，健全基层组织，动员全面参与

曲水县易地扶贫搬迁取得的成功离不开党的坚强领导核心作用，也离不开党建扶贫的提前展开。曲水县把健全基层组织放在首位，从易地扶贫搬迁之初，便立即批准建立两个搬迁新村临时党支部，由基层工作经验丰富的优秀科级干部担任支部书记，充分发挥党支部在动员群众搬迁、产业配套建设、制订新村发展规划、推进群众增收奔小康等工作中的影响力、凝聚力与号召力。与此同时，深入广大贫困群众中去，通过详细宣传党和国家的相关扶贫政策，使中央、自治区的脱贫攻坚政策深入人心，让广大群众切切实实地感受到以习近平同志为核心的党中央的关怀与恩情。通过把"我要脱贫、自力更生、勤劳致富"等观念教育贯穿到搬迁工作中去，也让贫困群众充分认识到摆脱贫困不仅是党和国家的任务，更是自己家庭为追求更好的生活水平所应努力奋斗的，从而更加积极、更加主动地去接受现代观念，热爱生活，勤劳致富。通过按照"逐户摸底、分类梳理、精准培训、有的放矢"的原则，开展种植业、养殖业等实用技术培训，提高搬迁群众的素质技能，具备应有的务农、务工能力。通过动员全社会力量参与扶贫工作，发动机关干部、企事业单位、武警部队官兵等参与捐赠活动，为搬迁贫困户添置家用太阳灶、煤气灶、煤气罐、床上用品等生产生活用品，是一次有益的社会动员，营造人人关心、人人支持、人人参与的良好舆论氛围。

第五章　电商扶贫：新疆"喀什维吉达尼模式"和湖北"建始模式"

电商扶贫是国务院扶贫办确定的扶贫十大工程之一，是在我国农村电商发展的基础上对农村扶贫开发的一种创新，是我国"互联网+"战略在扶贫领域的一种新应用，是我国进入深度贫困扶贫攻坚阶段的一种大胆尝试。电商扶贫是动员政府、电商、贫困户和社会参与者，依托贫困地区逐渐完善的相关基础设施，建立电子商务系统支撑体系，提升贫困地区贫困户的现代电子商务运营能力，推动自身特色产品与服务的电商化，带动非农就业，增加农民收入，减少贫困户消费支出，推动农村贫困户的现代化转型，实现长效消贫。电商扶贫不是贫困治理的万能灵药，也不可能对所有贫困地区的贫困人口都有效果，但电商扶贫是现代扶贫治理的必然趋势，是贫困农村现代化转型的重要平台与载体。经过近年不同贫困地区的实践，证明电商扶贫是一种扶贫的有效手段，取得许多区域性的成功模式，但其中也存在多重困难，深度贫困地区多在革命老区、民族地区和边疆地区，区域性的贫困特征多表现为：地域自然环境恶劣、生态脆弱，能力贫困严重，生活空间狭窄、远离中心和物流通道，严重的货币贫困，这些贫困的原因致使贫困地区形成固化的贫困的生产生活循环体系，贫困外壳最为坚硬。农村电商的发展要与农村的电商生态系统和支撑体系配合发展才能成功，而要在深度贫困地区取得成效必须建立一套灵活长效的机制，这样才能使电商扶贫精准化、系统化、长效化。

一、电商扶贫的缘起和运行机制

（一）国家和地方政府的政策支持是电商扶贫快速发展的缘起

1. 国家层面支持农村电商发展

电商扶贫是我国农村电子商务发展到一定阶段而形成的新的扶贫方式，是扶贫进入深度贫困攻坚阶段的新尝试和新路径。2010年和2012年中央一号文件中强调了农村电子商务的重要性，在2014年中央一号文件中又指出构建农村电子商务平台，加快农产品进城的迫切性。从2015年开始，国家层面涉及农村电子商务的政策层出不穷力度巨大，也表现出国家发展农村电商、进行电商扶贫的决心。（见表5-1）

表5-1　2014—2016年国家层面涉农村电商发展的政策汇总

发布时间	发布单位及文件名
2014年2月27日	商务部等13部门《关于进一步加强农产品市场体系建设的指导意见》
2015年1月9日	中华全国供销合作总社《关于加快推进电子商务发展的意见》（供销经字〔2015〕1号）
2015年2月1日	中共中央、国务院《关于加大改革创新力度加快农业现代化建设的若干意见》（中发〔2015〕1号）
2015年2月16日	交通运输部、农业部、供销合作总社、国家邮政局《关于协同推进农村物流健康发展　加快服务农业现代化的若干意见》（交运发〔2015〕25号）
2015年4月2日	中共中央、国务院《关于深化供销合作社综合改革的决定》（中发〔2015〕11号）
2015年4月7日	共青团中央办公厅、商务部《关于实施农村青年电商培育工程的通知》（中青办联发〔2015〕5号）
2015年5月7日	国务院办公厅《关于大力发展电子商务加快培育经济新动力的意见》（国发〔2015〕24号）
2015年6月2日	财政部关于印发《农业综合开发推进农业适度规模经营的指导意见》的通知（财发〔2015〕12号）
2015年7月4日	国务院《关于积极推进"互联网+"行动的指导意见》（国发〔2015〕40号）
2015年8月7日	国务院办公厅《关于加快转变农业发展方式的意见》（国办发〔2015〕59号）
2015年8月21日	商务部等19部门《关于加快发展农村电子商务的意见》（商建发〔2015〕306号）
2015年8月31日	商务部等10部委印发《全国农产品市场体系发展规划》
2015年9月6日	农业部、国家发展改革委、商务部印发《推进农业电子商务发展行动计划》
2015年9月29日	国务院办公厅《关于推进线上线下互动加快商贸流通创新发展转型升级的意见》（国办发〔2015〕72号）
2015年11月9日	国务院办公厅《关于促进农村电子商务加快发展的指导意见》（国办发〔2015〕78号）
2015年11月29日	中共中央、国务院《关于打赢脱贫攻坚战的决定》
2015年12月31日	中共中央、国务院《关于落实发展新理念加快农业现代化 实现全面小康目标的若干意见》（2016年中央一号文件）
2016年1月11日	农业部办公厅《关于印发农业电子商务试点方案的通知》（农办市〔2015〕1号）

续表

发布时间	发布单位及文件名
2016年1月18日	农业部《关于扎实做好2016年农业农村经济工作的意见》(农发〔2016〕1号)
2016年3月17日	商务部等六部门《关于印发全国电子商务物流发展专项规划（2016—2020）的通知》(商流通发〔2016〕85号)
2016年4月21日	国务院办公厅《关于深入实施"互联网+流通"行动计划的意见》(国办发〔2016〕24号)
2016年6月6日	农业部、国家发展改革委、中央网信办等8部门联合印发《"互联网+"现代农业三年行动实施方案》(农市发〔2015〕2号)
2016年10月29日	中央网信办、国家发展改革委、扶贫办联合印发《网络扶贫行动计划》
2016年11月23日	国务院扶贫开发领导小组办公室、国家发展改革委、农业部等16部门联合出台《关于促进电商精准扶贫的指导意见》(国开办发〔2016〕40号)

2. 国家层面支持电商扶贫发展

2011年起，国内学者开始呼吁进行电商扶贫，2014年国务院扶贫办印发《刘永富主任在全国贫困村旅游扶贫试点座谈会上的讲话》中，明确提出把"电商扶贫工程"列为2015年精准扶贫的十大工程之一。2015年11月印发的《中共中央国务院关于打赢脱贫攻坚战的决定》明确指出"加大'互联网+'扶贫力度。完善电信普遍服务补偿机制，加快推进宽带网络覆盖贫困村。实施电商扶贫工程。加快贫困地区物流配送体系的建设，支持邮政、供销合作等系统在贫困村建立服务网点。支持电商企业拓展农村业务，加强贫困地区农产品网上销售平台建设。加强贫困地区农村电商人才培训。对贫困家庭开设网店给予资费补助、小额信贷等支持。开展互联网为民便民服务，提升贫困地区农村互联网金融服务水平，扩大信息进村入户覆盖面。"

2015年5月，国家扶贫办宣布在甘肃陇南启动电商扶贫试点。2015年9月，国务院扶贫办与苏宁集团签署全国农村电商扶贫战略合作协议，在100多个贫困县开展"双百示范行动"。2015年10月，国务院扶贫办在北京举办"2015年减贫与发展高层论坛"电商扶贫论坛。2015年11月，国务院扶贫办联合苏宁启动第二轮电商扶贫试点，计划3年内18个省（区、市）的104个贫困县开展电商扶贫实验。2016年1月，国务院扶贫办与京东签订战略合作协议，双方将共同构建"产业扶贫、创业扶贫、用工扶贫"三大模式，在全国832个贫困县中选择200个县作为电商扶贫县，直接或间接帮助200万建档立卡贫困人口实现稳定脱贫。2016年5月，由财政部、商务部、国务院扶贫办三家首次联合下发通知，电子商务进农村综合示范的国家级贫困县占比不低于50%。2016年11月4日，国务院扶贫办等中央16个部门连个引发了《关于促进电商精准扶贫的指导意见》(以下简称《意见》),以如此多的中央单位合作的规模,表明中央电商扶贫的关注。《意见》中明确了"加快实施电商精准扶贫工程,逐步实现对有条件贫困地区的三重全覆盖:一是对有条件的贫困县实现电子商务进农村综合示范全覆盖;二是对有条件发展电子商务的贫困村实现电商扶贫全覆盖;三是第三方电商平台对有条件的贫困县实现电商扶贫全覆盖。贫困县形成较为完善的电商扶贫行政推进、公共服务、配套政策、网货供应、物流配送、质量标准、产品溯源、人才培养等体系。到2020年在贫困村建设电商扶贫站点6万个以上,占全国贫困村50%左右;扶持电商扶贫示范网店4万家以上;贫困县农村电商年销售额比2016年翻两番以上的总体目标。体现了电商扶贫在农村精准扶贫体系中的综合性和整合性效应。

3. 民族地区地方政府支持农村电商与电商扶贫发展的政策

民族地区八省区在农村电商发展比较滞后,依据中共中央、国务院印发的《中共中央国务院关于打赢脱贫攻坚战的决定》中关于"互联网+"扶贫的指示,相继制定了农村电商发展的政策(见表5-2),并依据《关于促进电商精准扶贫的指导意见》,正积极制定本省区的电商精准扶贫的实施方案。以贵州为例,贵州省为深入贯彻落实省委、省政府《关于坚决打赢扶贫攻坚战确保同步全面建成小康社会的决定》等文件精神,把电子商务纳入扶贫开发工作,探索贫困村精准扶贫新路径、新模式,特制定本方案。确定"以56个国家级、省级电子商务进农村综合示范县为重点区域,以9000个贫困村为重点对象,1970个少数民族特困地区和65个人口数量较少民族贫困村为精准扶贫对象,以持续增加贫困群众收入为核心,扎实抓好党政推动、市场运作、基础配套、协会牵引、试点示范等工作。从2015年到2017年,建设一批农村电子商务服务站和网点;支持涉农企业开展网上经营,孵化一批农村电子商务企业;培育一批农村电子商务能人;打造一批适合互联网销售的农产品品牌;建设建立贫困村公共服务联盟体系,为贫困户实现创业就业提供平台;健全农村物流快递配送网络,降低商品流通成本。贫困户能通过电子商务销售自产产品、购买生产生活资料;力争到2020年,打造1000个农产品销售特色网店,建设村级电子商务服务站10000个,村级电子商务服务点覆盖率达到90%。全省贫困地区基本普及电子商务应用,实现信息网络建设和4G网络全覆盖。农村电商交易额年均增长30%以上,电商脱贫10万人"的工作目标。

表5-2 民族八省区支持农村电商发展的政策汇总

民族八省区	政策名称
内蒙古	《内蒙古自治区加快电子商务发展的若干政策规定》
宁夏	《宁夏回族自治区人民政府办公厅关于实施农村电子商务筑梦计划的意见》
西藏	《2016年西藏扶贫攻坚实施方案》
新疆	《新疆维吾尔自治区关于深入推进农村电子商务工作的指导意见》
广西	广西壮族自治区人民政府办公厅关于印发《2015—2017年全区农村电子商务工作实施方案》的通知
青海	《青海省加快电子商务发展的政策措施》
云南	《云南省人民政府关于促进电子商务及跨境电子商务发展的实施意见》
贵州	《贵州省人民政府关于大力发展电子商务的实施意见》

（二）电商扶贫的运行机制

电商扶贫是我国精准扶贫社会参与式扶贫的典型代表，其运行的内在机制中主体是"电商+农户（贫困户）"，政府起到引导、辅助和整体支持的作用。贫困户利用电商平台和电商运营主体，以较低的交易成本获得无限的市场空间和市场信息，出售自身特色的产品，增加货币收入，节省消费支出，起到扶贫的效应，提升获得感；电商可以通过"消费品下乡"和"农产品+旅游服务"上行获得非城市的庞大消费市场和供给资源，建立农村电商生态体系和数据信息系统；政府借助社会参与式扶贫的方式增加扶贫能力，提升政府精准扶贫的整体效能，实现能力互补。贫困户、电商和政府三者之间在电商扶贫的全领域和全过程中，都发挥其自身的作用，共同作用于精准扶贫的公益事业，但同时也存在现实和潜在的风险。

二、民族地区电商扶贫面临的挑战

（一）电商扶贫的观念风险

电商扶贫以农村电商发展为契机，也是政府精准扶贫的重要抓手，但由于是新事物，政府和电商对电商扶贫上的观念风险逐渐显现。政府层面上对于电商的系统性认识不清，认为只要农产品上网，在电商平台上建立地方馆，划地电商产业园就是实现电商扶贫，但忽略电商的竞争本质和发展系统，小规模的电商销售不能解决农村贫困的根本问题，电商扶贫是改造升级农村，实现现代化转变的新路径。重点在于构建系统，形成地方品牌，保障各个环节的效能提升。从电商层面来讲，一是电商商品下乡，减少了农村的消费和生产支出，是消费扶贫的一种形式，但不能把农村当作消费品倾销场；二是农村电商中重要的是人才培养，需要赋能草根，鼓励草根创业，忽略综合电商人才的培养是电商扶贫可持续发展的大忌；三是要充分理解农村电商的弱势，确保辅助提升贫困村电商的网商竞争力。

（二）电商扶贫基础薄弱的系统性风险

电商扶贫是我国互联网时代带来的创新性扶贫手段，电商扶贫需要有现代的系统作为支撑和平台，而这正是农村系统所欠缺的，并且构建难度较大。近年来，国内的阿里（C2C）、京东（B2C）、苏宁（O2O）等超级电商开始大规模开展电商下乡，构建农村电商系统，也是国家"互联网+"战略在农村特殊空间的综合运用。以阿里研究院2016年农村电商报告可以看出，我国农村电商发展速度呈几何速度前进，2009年全国仅有淘宝村3个，2016年已有淘宝村1311个，淘宝镇由2014年19个发展至2016年135个，年销售量百万元以上的淘宝村的网商11000个。但发展很不平衡，民族地区电商发展基础更加薄弱、速度较慢，2016年淘宝村分布在全国18个省区，但主要集中在浙江（506个）、广东（262个）、江苏（201个）、山东（108个）、福建（107个）、河北（91个），而东北有5个，而民族地区仅有2个，宁夏和云南各1个。

由于民族地区农村电商的基础薄弱，电商扶贫的系统风险突出，是发展的重点。从总体来看，农村电商系统中关键的要素包括基础设施与物流通道、电商人才、产品特色与品牌构建、资金融通、制度规范等。

1. 基础设施问题

一是网络宽带覆盖率有待提高，宽带下乡的速度有待提升，电商起源于互联网，但在部分电商扶贫项目实施地区，网络供给并不与需求相匹配，特别是贫困山区的网络服务相对较为落后；二是特色农产品存放周期短，物流速度依赖于交通环境，许多贫困地区到城市的道路不通或者路况不佳等问题都会影响农产品的长期销售；三是物流服务站点少且规范性不强，线上销售非常重要的一环就是完成将产品从生产者传递到消费者的过程，物流的"最后一公里"是制约电商发展的重要难题之一，销售和购买产品都受到物流的限制，线上销售的业绩很大一部分取决于物流质量、快递送达的速度、快递人员的素质以及产品在快递过程，直接影响用户体验。

2. 电商人才和技术知识匮乏问题

贫困农村的农民生存与发展能力的传统性，对电商平台的学习接受能力的有限性，以及对政府部门推行电商工作的依赖性，农村电商发展甚至脱离农民的实际利益需求，对电子商务的接触时间短，操作水平低，整体的网上销售的各环节都会存在技术上的问题，更不能从理论知识上对农产品的开发进行创新，农村大学生人才的外流，培训条件设施的不健全。要进行整个电商项目需要大量人才，规划、生产、销售、网络等各方面的人才匮乏对于电商扶贫来说是一个不可忽视的问题。

3. 特色有竞争力的产品与品牌问题

随着电子商务的发展，农户网上销售产品的规模日益扩大，各大农民网商开始争相效仿成功案例，农产品的生产销售也变得随波逐流，农户线上销售的产品类型增多，规模扩大，但由于贫困地区农业产业化水平较低，创新和研发意识的缺乏销售同种产品的商家大量涌现，且存在价格严重不一、评价好坏参半等情况，再加上与电商模式相伴而生的刷信誉等网络乱象，削弱了产品质量的可信度，这种规范度严重低下的情况导致产品泛滥，从而导致顾客无法有效区别产品品质，不仅损害贫困地区的品牌利益，对当地的资源也是一种过度的开发和浪费。不能因地制宜和品牌创新，不利于电商扶贫的长久发展。

4. 资金融通问题

资金、电商和物流是电子商务行业发展的"三驾马车"，近年来电商的快速发展以及一些贫困地区电商扶贫获得的巨大成功，使很多贫困地区有意效仿，但是电商扶贫是一个非常庞杂的系统工程，一旦启动则牵一发而动全身，需要多领域、多部门合作协调，最根本的就是大量项目所需的启动资金和后续资金，资金链一旦断裂，不仅项目会被搁置，投入的资金也将不复回流。所以，面对融资困难问题，很多有条件开展电商扶贫项目的贫困地区也难免望而却步。

（三）电商扶贫非精准化的风险

电商的商是核心，在商言商，电商扶贫要尊重电商发展的规律和市场的逻辑，一方面，电商扶贫的公益性不是无限的而是有盈利和品牌形象的底线；另一方面，贫困户能力的脆弱性与电商平台现代化运营需要能力的复杂性相比差距较大，在电商的供给者竞争中具有极大地排斥性，进而电商扶贫会产生非精准化风险，探究根源如下。

一是资源与能力风险，贫困户由于生产能力低，所拥有的自有资源相对较少，甚至生产的农产品仅够或不够本身生活所需，根本无法进行剩余商品的货币转化，究其原因与其致贫原因高度重合，有的是因为生病、残疾或者先天的体力智力障碍，有的是因为灾害或者供养子女读书，有的教育水平较低导致素质技能低下，更有甚者是天生懒惰不愿劳作等，因致贫原因各有不同，自身能力相差很大，对绝大部分贫困户而言不是有东西卖不出去，而是没有东西可卖或是生产的产品根本不适合、没有竞争力在网上进行销售，庞大的网上消费市场没有实际价值。

二是空间风险，贫困户多分布在山区、老区、边境地区等自然条件恶劣，地理结构破碎，居住特别分散，社会基础薄弱的偏僻地区，大都交通不便，公共服务水平滞后，而生鲜农产品对运输条件，时效性要求较高，空间风险带来物流成本的增加和运输的通畅。

三是规模风险，贫困户的生产主要以小规模和分散为特征，规模效益无从谈起，单独依靠贫困户触网是无法保证网商对供给者规模的要求，并且造成交易成本增加，成本收益模式无法可持续。

四是质量风险，贫困户由于传统的生产方式导致农产品标准化程度低，贫困户获得了从种苗到肥料（饲料），从技术到资金的支持，大多贫困户拥有待销的产品。然而，他们所提供的农产品无品牌无包装，产品生产无法追溯，产品质量无法保证，很难依靠自身能力获得相关农产品认证，并导致无法进入大型电商平台，例如淘宝或天猫不准没有 QS 认证的农产品进入网店，大大影响农产品在线销售的竞争力，网销难度大。另外，生鲜农产品物流过程中对保温保鲜，冷藏冷冻等运输条件要求严格，广大农户尤其是贫困户更不具备这样的条件，这无疑增加贫困户农产品网销的难度。

五是资金与人才风险，农村电商扶贫也需要贫困户有一定的资本投入和专门的电商运营人才，和人们一般理解不同的是，农村电商扶贫并不是美丽的幻想，不是只要产品上网就会有大量的消费者关注和购买，而需要专业的网络营销和推广，贫困地区的特色农产品需要进行大量的包装推广，进行地理品牌建设，在浩如烟海的网络中，通过一定场景设定，成功吸引消费者点击，并转化成为成交量，需要大量的货币与非货币的投入，这需要政府和企业的参与，然而，由于农村电商扶贫投资大而见效慢，投资风险较大，靠贫困户投资是不现实的路径，必须引导社会投资者进入，这就需要政府长期孵化，加大政策的协调支持，吸纳企业大量参与，从而将贫困户培育成懂技术的电商人。

综上所述，由于电商供给者竞争的排斥性容易产生农村电商的马太效应，农业条件好的农户越来越富，而贫困户却没有获得感，并没有在电商扶贫的机制中脱贫。

三、新疆"喀什维吉达尼模式"

"维吉达尼"（vizdan）在维吾尔语中是"良心"的意思，就像他名字的含义一样，它是一个新疆喀什专门销售特色农产品的电商品牌，秉承着"差的果实不给"的产品信念为它积累了大量的忠实消费者。维吉达尼团队是由援疆社工、志愿者和维吾尔返乡大学生联合组成的，自 2012 年 3 月 21 日成立之初就以"公益为初心"，帮助南疆农户销售优质的绿色农产品，团队坚持与农户共享品牌利润，增加农户的收入。喀什是非常贫困的地区，贫困原因复杂叠加，其中农产品滞销一直困扰着喀什农户，团队通过社会化营销和构建电商品牌，发起组织农民合作社，建立维吉达尼标准，赋能农户，坚持传统自然农法种植，将纯天然、无添加、无公害的新疆美味农产品传递给心怀善念和珍视食物的人们手中，借此建立生产者与消费者的信任，帮助新疆的贫困农户增收，成为互联网时代下的"新农人"，促进民族团结。2016年底，维吉达尼已有固定用户近10万人，农民合作社在全疆拥有3000多户合作农户，团队创始人刘敬文则希望在未来3~5年覆盖3万户。

（一）以公益为初心，通过社会化营销和电商平台打造电商品牌

喀什地处新疆南疆四地州，三面环山一面打开，自然条件优越，地广人稀，当地农民依然采用自然农法种植和储存农产品，生产出来的绿色农产品和干果自然健康、生态有机、质量上乘，但由于喀什交通不便、远离优质农产品消费的市场、信息不对称，农产品经常滞销，农民收入增长缓慢，甚至造成贫困。如何解决新疆特色农产品和市场的矛盾，个体农户很难仅靠自己的力量解决这个难题。

1. 公益助农扶贫初心的由来

刘敬文2011年7月以社工身份参与喀什一个残疾人培训项目，主要的工作是到维吾尔家庭去探访，了解他们家庭的情况，由于大部分残疾人家庭都在农村，所以经常下乡探访，当时项目成员有社工陈军军、志愿者张萍，还有维吾尔志愿者麦合穆提·吐尔逊。在与当地农民的沟通中了解到：喀什地广人稀、交通不便、农户分布很散，都是穆斯林，以维吾尔族为主，由于文化互信的问题，让很多商家望而却步，他们宁愿在乌鲁木齐等交通相对便捷、农产品种植集中的地方从事贸易生意。当时当地的农户，主要是通过两种方式销售干果，一种是劳动力比较少的家庭会等着当地商贩上门收购，由于当地商贩的渠道也并不畅通，收购价经常偏低，农民有时候宁愿留着干果到第二年，也不愿意贱价卖掉。另一种是直接拉到当地巴扎（维语市场的意思）销售，由于本地市场需求仍然相当有限，销售渠道也并不畅通。

随着刘敬文团队的深入了解，发现大部分维吾尔农户保留相当多自然农法和储存方式，很少使用化肥和农药。在他们眼里，这些都是真主赐予他们的食物，要珍惜和感恩，绝不会对食物做违背良心的事。当团队成员看到许多农户都面对高品质的农产品却只能滞销在家，无法卖出去，无力改变家庭的拮据状态，都产生了帮助农户卖干果的公益想法。最优先考虑的就是利用现代营销的工具——互联网。

2. 品牌先行，运用社交媒体、社群创建和众筹等社会化营销新模式和电商综合平台提升品牌价值

团队的公益性初心成了团队的核心价值观，创业伊始，虽然团队成员都是兼职状态，但团队采取品牌化运营的做法，当时刘敬文问维吾尔志愿者麦合穆提·吐尔逊，用维语"良心"怎么说，他说："Vizdan。"翻译了一下，最后选了"维吉达尼"这个音译名字作为网店的名字和对外宣称的名片。

一个星期的时间，团队收购试销的干果、拍照、在网上开一家小店，一切准备完毕。由于缺乏启动资金，农户吐尔逊江甚至把自家的 300 公斤核桃直接拉过来，主动答应暂时赊账。淘宝店开起来了，主要通过我的个人微博进行营销，不到一个月，吐尔逊江家 300 公斤核桃卖掉了，更多的农户找上门来。网店面临销售瓶颈。为了解决小淘宝店的销售瓶颈，刘敬文当时唯一想到的办法就是去微博上找人帮忙。我筛选了一批大 V，条件是：第一本身有卖货的经验。第二粉丝至少 10 万人以上。然后通过自己的微博私信求助，发送了几十条私信，收到最实质的回复是老榕先生的回复。

当时，老榕的微博约有 27 万粉丝，他和他的 6688 商城的同事被维吉达尼寄去的样品的质量吓到了，决定跟我们合作，有了他的助阵，同时得到姚晨、周鸿祎等名人微博转发，刚刚成立的维吉达尼知名度迅速提升，销售马上飙升。销售一旦上升，之前的物流仓储模式就遭到挑战，从喀什发货，新疆的物流快递速度无法配合电子商务客户对时间的要求，很多下了单的客户在等了五天以后就退货，甚至有客户嘲笑我们是不是用毛驴在送货。作为电商界的元老，老榕先生建议改为在北京发货，每个月预估订单提前在喀什将货品发往北京合作仓库。

由于销售非常理想，农户们希望团队继续帮忙卖自家的农产品，同时老榕先生也给了一个很重要的提醒和数据支持，他年后让客服回访了 200 位客户，只问一个问题，如果年后还有新疆干果，你们还愿意买吗？90% 的客户表示愿意再买。"重复购买率是商业上衡量一个事情是否可以持续下去最重要的指标。"

2012 年 3 月 21 日，刘敬文、麦合穆提·吐尔逊、陈军军、张萍、向君在喀什的一阳咖啡进行了维吉达尼的创业会议，提出以企业组织商业化运作喀什农户的干果的想法，喀什维吉达尼电子商务有限公司开始起航。2015 年维吉达尼产品的销售平台由原来的淘宝、6688 商城拓展到天猫和京东，公司进入快速发展的通道。（见表 5-3）

表5-3 维吉达尼的三个发展阶段①

发展阶段	时间	主要目标	沟通媒介	销售媒介	经营管理策略与方法
起步阶段	2011年	帮助农户销售滞销产品	微博	淘宝	树立品牌、故事营销,提升口碑影响力
创业阶段	2012年	市场营销	微信、微博	淘宝、6688商城	基于情感管理的品牌与客户维护:情感溯源、社群众筹
稳定发展阶段	2013年至今	着眼长远发展	微信、微博	淘宝、6688商城、天猫、京东	基于社群组织与情感管理的品牌与客户维护:农户合作社管理等

(二)以品牌为基础,通过专业合作社建立供应链体系

维吉达尼初步品牌内涵的定位:以网络销售为龙头,打造并建立"维吉达尼"品牌;围绕"良心"的品牌理念,组织农户成立合作社,帮助农户学习成长、互助提高,并带动农户参与合作社治理;向消费者提供高品质、"良心"、"有温度"的产品,并将这种"温度"在农户与消费者之间传递。

基于维吉达尼的品牌定位,构建供应链体系,实现有序高效发展。2012年底,喀什兰干乡维吉达尼农民专业合作社成立,成为供应链建设的重要一环,对团队来讲,保护农民的利益是公益的初心,让合作农户分享企业的利润,这才是维吉达尼事业的意义所在,也是可持续的关键,但是,这不能依靠道德,必须在事业的架构上做出保证。维吉达尼借鉴国内外先进农业产销组织的管理经验,结合新疆实际情况探索农民合作社的管理新模式。

合作社对合作农户进行新农业技术和电子商务在内的现代营销方式的培训。目前合作社的成员已经覆盖到喀什周边地区,线上销售的品种已达27种,包括红枣、杏干、雪菊、葡萄干、蜂蜜、艾特莱斯桌旗等。为更好地对接和管理农户,在合作社的框架下,维吉达尼对品类销量较大、成员较多的社区按不同产品品类设立了采购互助组,并建立了社区联络人制度提高效率。并计划在未来,在新疆更大的范围倡导组建合作社联盟。维吉达尼提供采购标准和技术支持,合作开发农产品,建立奖励机制等。

维吉达尼借助社工们采用农村社会工作的方法,给每个农户建立农户档案。档案记录的内容包括农户的基本信息、农户故事、探访记录、采购记录、质量评估等信息。目前,维吉达尼合作社利用参与式的农村发展工具,让农民和消费者参与到

---

① 王向东,高红冰. 电商消贫:贫困地区发展的中国新模式[M]. 北京:商务印书馆,2016:153-161.

生产标准和产品标准的建立当中。基于安全食品这个基础，制定出一个符合生态农业规律，符合农户生产经验的生产标准，符合农业的实际和消费者的认知的产品标准，构建"维吉达尼"标准。

（三）以情怀为纽带，通过鲜活的人与事沟通生产者与消费者

维吉达尼创立之初就公益为初心，关注情怀，把冰冷的生鲜农产品人格化，故事化，把"有温度"农产品送到千里之外的消费者手中，通过微信、微博等社交平台构建起生产者和消费者的社群，融合线上与线下互动推进。维吉达尼把新疆农民、生态农业和农产品塑造一个媒体故事，传递的是真实与良心，让所有的客户一边长知识一边充满参与感去享用新疆天然农产品。

具体来讲，维吉达尼为合作农户建立了详尽的农户档案，并且将农户档案和农户故事写成不同角度的微博，2012年7月，喀什兰干乡和阿克陶巴仁乡合作农户的杏子成熟，8月，几千公斤的杏干制作完毕，本来杏干在内地的知名度并不高，团队以农户实名制作了几条微博，在老榕的转发助力下，同时得到姚晨、王利芬、徐小平、宁财神、牛文文等名人微博转发，刚刚成立的维吉达尼知名度迅速提升，创造了单周销售杏干5吨的"奇迹"。

在客户体验上，维吉达尼非常注重打通客户与农户之间的交流。每一份产品里我们都会附上一张小卡片，里面是农户的一张照片和一句温暖的话"这袋干果是我种的，我也喜欢吃，希望您也喜欢。"同时加上农户维语的签名。

在营销的过程中，维吉达尼不仅提升销售数量，而且也实现情感上的互动和沟通，很多客户收到农户签名的卡片以后感觉非常温暖，有些甚至消解对新疆的误解，有不少客户都说，希望能够把当地的明信片寄回来给农户，于是发起"给农户寄明信片"的活动，得到粉丝们热情的支持，有来自纽约巴黎的客户给新疆合作农户寄信，农户们看到万里之外寄回来的明信片，也感觉自己的劳动得到很大的尊重。很多客户现在能够说出农户的名字和家里的情况，而农户也能感受到客户对他们的劳动的尊重，造就了一个很独特温暖的社群。

打开维吉达尼的微信和微博和京东、天猫，会发现很多栏目跟销售其实没有太大关系，但是正是这些栏目为粉丝们提供了一种与农户沟通的渠道，了解新疆的渠道，如我们有个栏目叫每周学维语，就吸引了不少对维语很好奇的粉丝订阅。

维吉达尼将产品故事化，可以让产品生产者和购买者形成一个有共同价值观、有温情的社区。他们不再仅仅是"买卖关系"，而是一种情感上的互助、共鸣关系。通过功能性依附加情感性依附，获得有着强黏性的长期用户。

（四）以电商扶贫为契机，通过贫困户增收脱贫促进民族团结

维吉达尼秉承着公益的初心，借助电商平台，发挥社会参与扶贫的功效，积极通过产品和故事传递善念、增加农户的收入，增进民族相互理解和信任。提升电商扶贫的精准化，企业通过合作社的建设，与农户接触最为直接，最为了解农户的真实情况，扶助更加精细。

在维吉达尼微信社群里，许多网友表达了他们对维吉达尼的喜爱与对新疆的理解："支持维吉达尼！维吉达尼用自己的行动和努力，在新疆这个多民族聚居的地区，借助新疆的产品优势和淳朴的风土人情，推进民族大团结。"

四、湖北"建始模式"

建始县位于湖北省西部，地属恩施州，属于武陵山集中连片特困地区，是国家级贫困县。全县共有10个乡镇、368个村。近年来，建始县大力推进"互联网＋"农村电商发展，确定"以销代产、以产促业、以业脱贫"的农村电商发展思路。到2016年，建始县已拥有2个县级电商运营和体验中心，10个乡镇示范店和服务中心，800多个村级电商服务站，电商快递物流企业达18家。培育出淘实惠、邮乐购、裕农电商3大本地电商平台，同时京东恩施馆、淘宝天猫店、微店、微商等主流电商平台相继进入，培育了金辰电子商务公司、骄旭电子商务公司等本土专业化电商企业，可以说已初步形成"互联网＋"农村电商的新业态。2016年，通过代买代卖、线上线下、融合互推，全县工业消费品电商下行营销额2.15亿元，猕猴桃、红提、空心李、土豆、芋荷梗、土猪腊肉、菜油等20余类农产品上行网络营销额1.27亿元，全县约1.6万贫困人口从中增收，取得了较为显著的经济效益。目前建始县"互联网＋"农村电商已进入一个良性健康的发展通道，在助推农村经济结构转型与产业升级、精准扶贫与脱贫方面，扮演极为重要的角色，起到关键作用。因此分析建始县"互联网＋"农村电商产业发展的路径探索及其成效，具有重要的意义。

（一）借助"互联网＋"，助推传统农业企业转型电商营销，逆向带动产业扶贫

区域内传统农业企业的产品营销渠道主要是通过线下批发、终端零售展开，市场宽度广度都较低，特别是对于边远贫困地区，再好的农产品也只能是"藏在深山人未识"，局限于一个规模小、消费能力低的小区域市场，这样的经营模式往往只能维持企业自身的生存，更谈不上能够对接扶贫，助力脱贫。但是，互联网的超越

物理边界性能够很好地延展农产品的市场范围,互联网上消费者购买能力与需求规模能够很好地引致企业突破规模瓶颈,做大做强产品,从而具有实力反向吸纳贫困户进入产业链,通过订单等方式,为企业提供标准化农产品,以此带动贫困户脱贫。因此,传统农业企业转型电商营销是推动互联网扶贫的重要方式。以建始县为例,2016年开始推进农业生产企业转型发展电商营销,当年有35家农业企业涉足网络营销,当年营销额即超过5000万元。其中涌现出食达好现代农业公司、米工坊食品公司、晓姚农夫食品公司等电商转型代表企业。

具体而言,食达好现代农业公司在线主营腊味系列产品,2016年先后投入资金50余万元,改造包装设计,重新策划宣传方案,开发适宜网销的对口产品,组建了自己的电商营销团队,开办网上企业旗舰店,与淘实惠、京东恩施馆、中通优选等一批实力电商运营团队建立了直供关系,走出"全媒体、多渠道"营销之路,涉足首年网络销售额就超过300余万元。受网络销售规模的带动,公司对原料的需求量大幅增加,2017年公司通过养殖专业合作社,与100户建档立卡贫困户对接养殖黑山猪,公司通过提供仔猪,防疫服务等,发展订单养殖,公司负责回购,以"保底价+市场"价双价保障模式,确保贫困户能够从养殖中获取稳定的收益,助力贫困户脱贫。

(二)构建以"互联网+"为主环节的电商产业链,稳固产业形态,强化竞争力

互联网扶贫,简单地通过电商平台、微店等进行农产品的销售来扶贫是最初级的形态,扶贫成效也不稳固。打通从生产、加工、互联网营销的链条,建设以"互联网+"为主环节的电商产业链,通过电商对接产业链前端的生产加工环节,形成种植(养殖)基础货源,打造溯源、分级、包装供应链,组建策划、推广、营销团队,才能成体系地对接贫困村,从而打造基于电商产业链的前端产业,吸引贫困户进入产业链,并带动就业创业,拉动产业发展,以此促进脱贫,并形成稳固的产业扶贫形态。建始县在推进电商扶贫过程中,积极打造电商产业链,取得了良好的成效。围绕建始县具有特色优势的土豆、柑橘、猕猴桃、甜柿、空心李、红提、景阳鸡等生鲜农产品,打造电商产业链,通过在贫困村建设网货供应基地,组建专业合作社,对接淘实惠电商、京东恩施馆、邮乐购等电商公司及平台,建立直采直销关系,打造基于优势特色农产品的电商产业链,促进电商扶贫。

以淘实惠电商公司为例,该公司在长梁乡马子峡贫困村建立基于景阳鸡的电商产业链,在前端,淘实惠通过为贫困户垫付鸡苗款,提供启动资金,协助成立养殖专业合作社,与合作社签订鸡和鸡蛋销售协议,建立网货直供基地。养殖专业合作

社负责贫困户养鸡的技术协助和饲养标准监督执行，负责代淘实惠电商公司回收鸡和鸡蛋。淘实惠公司利用自身在互联网营销端的专业力量，通过需求反馈机制，设计产品包装，进行互联网营销推介，将景阳鸡的产地环境、优良品质通过互联网平台向潜在的高消费群体推介，获取目标客户，通过冷链快递运输将产品送达以长三角、珠三角为主的消费受众，且价格远高于本地市场价格。在这样一条电商产业链中，农户（以贫困户为主）、专业合作社、互联网电商公司在产业链条进行分工与合作，形成一条稳定的以互联网为主环节的电商产业链，降低产业风险，同时提高产业收益，贫困户从中能够获取更高更稳定的收益。以骄旭电子商务公司为例，该公司正助力打造"农夫腊味"腊肉制品的电商产业链，这条供应链由"养殖—加工—包装策划—营销"四个环节组成，由加工商与营销商组成股份制两极，养殖专业合作社、大户与加工商协议，按饲养规范控制饲料使用、饲养品种、饲养时间等，加工企业负责按品类、规格进行贴牌生产，营销团队负责品牌注册、策划和市场营销，四个环节自然形成品质保证和质量可追溯体系。这类路径对于精准扶贫与精准脱贫而言具有显著的可持续性。

（三）利用互联网平台，倒逼推进区域农产品公共品牌的培育

农产品的产需具有明显的信息不对称特性，这一问题解决不好，容易导致优质农产品陷入"柠檬市场"的困境，不能实现优质优价，损害生产者利益。而品牌对于降低信息不对称程度、实现产品价值提升都具有明显的正向作用。因此，培育基于本地优质有特色农产品的公共品牌，通过互联网平台的宣传推介，成为被网络消费者认可的品牌产品，将会产生巨大的需求黏性，大大提高消费者的忠诚度，有助于形成稳定的消费群体。在互联网营销时代，品牌更是电商的核心，没有品牌产品，电商营销只能是零散的、小规模，也无法通过互联网电商营销助推精准扶贫。建始县属于湖北省恩施州，该地域最大的品牌资源是硒，但消费市场对硒的认知度和接受度还不高，同时建始县属于山地冷凉地区，农产品生长周期长、品质好，生长环境天然绿色、无污染。基于上述特定，建始县政府、电商协会、电商企业等通过互联网平台的信息传播效应，大力推介硒的价值，以及建始农产品的绿色、优质、健康特性，打造建始农产品的地域公共品牌概念。同时，选取有代表性的建始茶叶、猕猴桃、土家腊肉等，着力培育地域产品品牌，以此促进建始农产品的网络营销，促进"电商+产业"联动扶贫。例如，以淘实惠电商公司为主体打造"建始猕猴桃"品牌。淘实惠与长梁乡河坪村等五个贫困村签订猕猴桃产销协议，从冬管施肥、采花授粉、打枝疏果、防涝防旱等专业管理技术入手，提高猕猴桃品质和商品化率。从通村物流、临时存储、包装设计、质量追溯、分级定价入手，建立猕猴桃

标准供应链。从品牌注册、方案策划、推广渠道整合、售后体系入手，打"绿色富硒"牌，走"扶贫购物"路，用优质供应链换口碑、育品牌。以骄旭电商公司为主体打造"农夫腊味"腊肉品牌。云、贵、川、渝、鄂、湘是腊肉系列产品的主产区，也是主要消费对象集中的地区，恩施腊肉系品牌排位远远不及上述地区。骄旭电商公司通过市场分析，决定摆脱地域束缚，运作培育"腊味农夫"全域化品牌，以冲销前期恩施腊肉品牌排位靠后的现状，争取更广阔范围内的消费者。目前，骄旭电商公司已注册品牌商标，完成供应链整合股份制改造，申请主推渠道天猫专营馆，在京东商城、天猫商城专推"腊味农夫"品牌的建始腊肉系列产品，通过品牌打造反向推进上游产业的发展，助力脱贫攻坚。

（四）"互联网＋众筹"方式助推本地优质生鲜农产品的销售

众筹是目前正兴起的一种借助互联网平台进行农产品营销的商业形态。在产品成熟上市前，通过互联网众筹，第一，电商企业可以利用提前获取的资金和订单，与生产者建立买卖合同，解决生产者销售问题，稳定生产者的预期；第二，实现提前获取订单量、集中采摘、统一发货、降低物流成本等，能够很好地化解生鲜农产品上市流通时间短、冷链储存条件不够、产品供应分散等问题；第三，众筹具有宣传扩散效应，能够诱导互联网消费者通过电商平台购买同类农产品，具有显著的溢出效应。建始县在促进农产品营销方面，充分利用互联网众筹的上述效应，多方面解决本地优质农产品的营销问题。例如，2016年9月，建始县绮丽果业合作社红提产量预增，原有的销售渠道不能满足销售需要，建始淘实惠电商公司与京东恩施馆电商运营通过"京东众筹"平台，发起建始红提众筹项目，共预售1000余份红提，预售额5万余元。同时，通过众筹的宣传造势，产生明显的互联网需求溢出效应，建始红提在京东恩施馆销量开始猛增，单月单品销售10万元，以此开辟一个新的线上市场；同年10月，淘实惠、邮乐购、圆通电商等20多家本县淘宝店，以近似众筹（预订购）的方式，在淘宝平台上开展"提前下单、集中采摘、现场发货"的营销活动，帮助长梁乡百股水村营销甜柿2万斤，一改过去该村甜柿时常发生滞销问题，重建村民发展好甜柿产业的信心；同年11月，建始县猕猴桃出现滞销迹象，淘实惠联合京东恩施馆、圆通电商、中通优选等电商企业，根据滞销品种、产量和货源分布情况，确定"统一收储、统一包装、统一价格、零利润"和"现场采摘、现场发货"相结合的联合营销模式，经过一个月的努力，仅淘实惠、圆通电商众筹销售量就超过40万斤，取得了显著的成效。同时，互联网电商营销带动了线下社会其他力量的收购，最终将一场建始猕猴桃滞销危机平稳化解。以此可以看出，借助于互联网众筹模式，对于促进生鲜农产品生产、营销形成良性的互联机制，避免出现滞销卖难、丰产不丰收等伤害上游生产者的现象发生，助力产业脱贫、精准扶贫具有明显的正向作用。

（五）利用互联网的规模消费效应，逆向推动农产品生产的标准化、组织化

农产品通过互联网平台营销，由于受众群体多集中于长三角、珠三角等城市群，一旦突破消费者对品质和信任的门槛，很容易形成规模消费效应，反馈到电商产业链上，就要求农产品供给端有足够的可标准化的农产品，基于资源配置的经济利益导向，就会逆向推动农产品生产模式的改变，从过去零散的、小规模的、非标准化的生产行为转变为具有组织性、标准性及适度规模性的生产行为，从而满足电商产业链上对标准化农产品的需求。以建始县淘实惠电商平台销售猕猴桃为例，2016年，淘实惠公司通过从种植户手中收购猕猴桃，进行分级包装转换为标准化商品，通过平台在互联网上营销，取得巨大成功，消费者反馈建始猕猴桃品质好、口感好。2017年，公司通过网上众筹、网上预售、预订等方式，获得了近百万斤的订单量，如此规模的需求量，让公司始料未及，甚至后来不敢再接订单。为了满足互联网消费农产品标准化，公司开始于猕猴桃种植集中乡镇的种植大户、合作社进行对接，建立订单模式，通过电商企业定标准，合作社组织农户按标准进行生产、提供打枝疏果等技术服务，农户按照收购标准种植猕猴桃的标准化、组织化生产模式，以满足互联网终端消费者的需求。正因如此，通过互联网对农产品的消费，对于农业的标准化、组织化具有很好的助推作用，助推农业产业升级。

五、案例启示及电商扶贫的发展方向

我们要注意两个问题，一是努力推动贫困户适应电商发展的生态系统，能够有能力参与网络销售，形成可持续的竞争力；二是电商和政府要针对贫困户的特殊性，制定专门的特殊的精准引导路径，让农村电商的发展普惠到更多的贫困户。

（一）贫困山区农业产业化、组织化程度低，要构建以专业化分工与主体协作的农产品电商产业链

贫困地区农业产业化水平、组织化程度低，成为农产品互联网电商链条中瓶颈环节。应该将农产品从生产到营销的各环节进行组织化分工合作改造。通过各主体之间的分工与协作，打通农产品生产、加工、营销、消费的链条，实现全产业链价值的提高，并带动贫困户的增收。比如与贫困户建立订单养殖、订单种植模式，通过统一生产资料配置、统一生产管理方法、统一产品质量标准、统一技术服务等一

系列近似标准化的制度安排,将小农户的小规模零散生产纳入一个统一的标准体系内,这样众多的小规模贫困户能够生产出品种同一、标准统一、质量统一的农产品,为下一环节的农产品加工企业或直接的电商企业的流通提供可以符合市场需求的标准化、规模化的原材料或终端消费品,实现小规模贫困户与企业、与大市场的直接对接。

(二)要缩小工业品下行与农产品上行之间的逆差,确保农村电商服务农村经济发展

工业品下行、农产品上行是农村电商发展的两个重要方面,这两个方面是相互促进的。大量的工业品下行,能够培养新的农村消费习惯,在"便捷实惠"方面给老百姓带来"节约开支"的福利。工业品下行体量达到一定规模后,会吸引快递物流企业业务下沉,通村物流问题就会等到解决。通村物流解决好了,农产品出村"最初一公里"也就解决了,电商创业、农产品上行就具备了可能性。但是,农村电商市场的买卖逆差是一个不可忽视的大问题。以建始县为例,初步统计,2016年,全县电商平台工业品下行与农产品上行比例为2∶1,但主要农村电商平台下行上行比例超过4∶1。只有工业品下行的农村电商是掠夺式的电商,对农村产业发展没有帮助,必须缩小一上一下之间的逆差,这既是农村电商的重点也是难点。针对商业模式的逐利性,政府及部门要引导农村电商服务企业参与农产品上行,在电商考核和政策支持上,对农产品上行给予极大倾斜。

(三)农村电商平台要为县域商贸流通业转型提供条件,实现线上与线下融合发展

农村电商平台服务商贸流通业的线上线下转型,让商贸流通企业通过电商平台去普及、服务农村市场,通过网络平台把市场终端建立在村上,在一个县域内实现"线上线下"融合发展,既能满足农村市场"便捷实惠"的需要,又能抵御电商对实体的冲击,还能保证农村电商消费的数据、税收等保留在当地,形成商贸流通企业依托电商拓展市场、电商平台依靠商贸流通企业丰富平台产品的良性循环。

(四)农村电商要拓展生产、生活服务类业务布局,提高农村居民的参与感、获得感

利用互联网,推进智慧生活进农村是农村电商发展中继工业品下行、农产品上行之外的第三大块业务,包括信息服务、缴费服务、购票服务、农资服务、乡村旅游推介服务及小额金融服务。以上业务的推广普及,能够让老百姓更加广泛地参与到农村电商的应用中来,切实解决生产、生活中的一些不便和困难。农资下乡和小

额金融服务是农村生产生活服务类电商的核心。农资营销具有季节集中性，对物流体系要求低，需求稳定，通过电商平台建立厂家与农户的直供关系，能够节约中间环节大量的转运、仓储费用，实现利润共享。农村小额金融服务在农村有巨大的市场需求。诸如小额取款服务、自助存款业务、小额信贷业务等。通过在电商服务站布局自助金融服务终端一体机的形式，能够很好地满足农民居民的这类金融服务需求。

（五）农产品上行品牌创建要先行，没有品牌的电商营销和电商创业不可持续

有分析统计，多数淘宝店和微店是没有盈利的，根本原因就在于营销的产品是分散的、低端的，甚或产品形象、推介口径是杂乱的。产品形象展示千奇百怪，文案策划五花八门，随意性大，这对产品品牌创建是有负面作用的。品牌创建要有企业"大象起舞"，以产业龙头企业为主体，政府及相关部门积极参与、大力支持，从品控到溯源，从生产到销售，建立系列规范和标准，实现产品形象、包装、宣传口径"三统一"。要引导各电商企业、生产企业、专业合作社求同存异，改变"各自为政、分散作战"的现状，围绕"三统一"的品牌目标，共同打造地域共用品牌。同时，转换思维，着眼于消费者所需要、所接受、所关注的方面，寻求共鸣，培育共识，为品牌形成打基础。电商团队、个体创业者集中力量借助第三方知名互联网电商平台做营销推广宣传。

（六）加大农村电商人才队伍建设，注重培育本地电商人才

农村电商人才缺乏是共性问题。电商应用在县域刚刚起步，意识、氛围都还不足以吸引更多的创业者参与进来。物流不配套成本高，各类电商运营服务不配套，农产品上行推广难度大，赚钱效应还不明显，也是制约电商人才队伍发展壮大的因素。解决电商人才问题，一方面要加大公共资源投入，提供电商培训服务；另一方面要注重本地电商人才的回流和优秀电商团队的引进，使他们成为电商起步初期的中坚力量，特别是要注重培育本地电商人才，这类电商人才对家乡熟悉、有情怀，更能够为家乡农村电商的发展倾注精力，是本地农村电商的中坚力量。以建始骄旭电子商务公司创办人为例，回乡创业之初，缺资金、缺平台，团队留不住，而县邮政分公司拥有平台、场地、资金、物流等优势，缺乏运营维护人才，政府在撮合双方实行优势互补、资源对接后，共同设立邮政建始电子商务运营服务中心，负责运营京东恩施馆、1号店恩施馆、邮乐网建始馆，2016年平台合计销售额近500万元。

(七)以打通"农产品出村最初一公里"为目标,综合利用既有资源,因势利导逐步推进农村电商物流体系建设

农村电商物流制约农村电商的发展,但县村物流的布局只能因势利导,不可盲目投资、急于求成来建设三级体系。当前上下的流量都还很小,还不足以支撑一个完整体系的运行。综合运用既有的邮政网络、村村通客车、商贸流通企业物流车等低成本地逐步打通是较好的选择,随着消费流量上升,农村物流体系便会水到渠成。农村电商物流中,下行和上行物流是一个体系,但有本质区别,下行物流打通并不代表上行物流畅通。下行物流只是一个送达的环节,专送、转送、代送都是可以实现的。但上行物流程序多,涉及称重、安检、打包、填单、付费等诸多环节很难通过代理来完成,能够就近设点来完成上述环节才算是上行物流通畅,才算真正解决"农产品上行最初一公里"的问题。所以政策支持村级物流体系建设,重点应该放在农产品上行体系上,下行体系应该发挥市场主体作用逐步推进。

第六章 光伏扶贫：宁夏"闽宁模式"

光伏扶贫工程是有效促进贫困户增收和贫困村集体经济收入增长、实现精准扶贫的重要途径之一。宁夏回族自治区银川市永宁县闽宁镇是由闽宁两省区共同建设的一个东西扶贫协作示范工程，近年来，围绕精准脱贫，按照"一城两园"的发展战略，规划建设闽宁产业城和闽宁扶贫产业园，确定特色种植、特色养殖、光伏、旅游、劳务"五大产业"，以产业为龙头，全力推进闽宁镇开发建设，强力推进产业扶贫，把"干沙滩变成金沙滩"，其中光伏扶贫在精准扶贫上效果显著，走出了"政府+企业+就业"的致富之路，其经验值得借鉴和推广。

一、闽宁协作的背景

（一）闽宁镇基本情况

闽宁镇原为闽宁村，1997年4月，在闽宁对口协作第二次联席会议期间，时任福建省委副书记习近平同志在宁夏考察时提出，由闽宁两省区共同建设一个东西扶贫协作示范工程。2000年，经宁夏自治区政府批准，按照属地管理原则，将西吉、海原两县的吊庄移民划入闽宁村，成立闽宁镇。

闽宁镇位于贺兰山东麓，是宁夏自治区银川市永宁县下辖的一个乡镇级行政单位，全镇面积56平方公里，闽宁镇下辖6个村民居委会86个村民小组，户籍人口8870户、4.4万人，户均5口人，其中回族人口占83%，约3.65万人，农业人口43662人，城镇人口338人。

闽宁镇是"移民吊庄"的典型，自永宁县扶贫开发以来，永宁县共安置移民4328户、1.78万人，其中生态移民2128户、9300人，劳务移民2200户、8500人，主要集中安置在闽宁镇。1997年，闽宁镇搬迁移民1000户、4850人，"十二五"期间，搬迁移民2433户、12080人，其中生态移民1987户、10515人，劳务移民446

户、1565 人。截至目前，全镇共有自发移民 3297 户、13651 人。

2013 年底，闽宁镇有建档立卡贫困户 1537 户、6511 人，截至 2016 年，1411 户、6144 人已成功脱贫，现有贫困人口 76 户、376 人（2016 年新增建档立卡户 54 户，原建档立卡户 22 户）。

2016 年 7 月 19 日，习近平总书记专程到闽宁镇考察指导工作，先后到闽宁新镇区、原隆村光伏农业科技大棚进行视察。为落实习近平总书记考察时关于精准扶贫的重要指示精神，闽宁镇结合县委安排和发展实际，制定了闽宁镇贯彻习近平总书记来宁视察重要讲话精神全面打造闽宁协作移民扶贫富裕小康示范镇方案，推动扶贫产业的发展，加快贫困户脱贫致富步伐。

（二）闽宁协作扶贫的机制

扶贫不是短期的、简单的、行政手段式的资金支持，而应是"造血式"扶贫，只有这样，才能彻底脱贫，扶贫首先要一个地区产业发展、经济发展，而最紧要的是生产资料资本（基础设施建设）、人力资本与技术支持（见图 6-1）。在这样的理念指引下，政府设计闽宁协作扶贫的具体运行机制，通过加强生产资料资本、提升人力资本为产业发展打下坚实基础，切实实现脱真贫、真脱贫的扶贫任务与目标。

1. 加强基础设施科学建设，改善民生、吸引企业投资

基础设施建设是改善民生、吸引企业投资以促进经济发展的基础，为推动闽宁镇科学发展、跨越发展，福建省建设厅安排福州设计院、泉州古建筑设计院帮助闽宁镇编修经济社会发展规划和新镇区建设规划，全面指导闽宁镇建设工作。

按照规划，永宁镇投资 25.5 亿元完成老镇区道路、绿化、供排水改造提升、中型灌水区节水改造、贺兰山东麓防洪、110 国道改造提升等一批重点基础设施建设工程。围绕建设葡萄小镇、旅游小镇，强化基础配套、完成新镇区景观绿化等 4 项工程，新增绿化面积 28.9 万平方米。

闽宁第二十次联席会议明确福建省级财政安排闽宁协作发展资金 8000 万元，计划重点实施八大类项目，其中两项涉及基础设施建设，一是支持闽宁两省区结对帮扶县（市、区）在宁夏中南部 9 县（区）和永宁县闽宁镇投资建设闽宁示范村 42 个；已落实 6313 万元，实施帮扶项目 101 项，援助宁夏中南部 9 县（区）和永宁县闽宁镇建设一批基础设施、特色产业及教育、卫生等社会事业发展项目。二是支持永宁、西吉、隆德 3 个县闽宁产业园入园生产企业技术升级改造、员工培训，推动闽宁产业园快速发展。

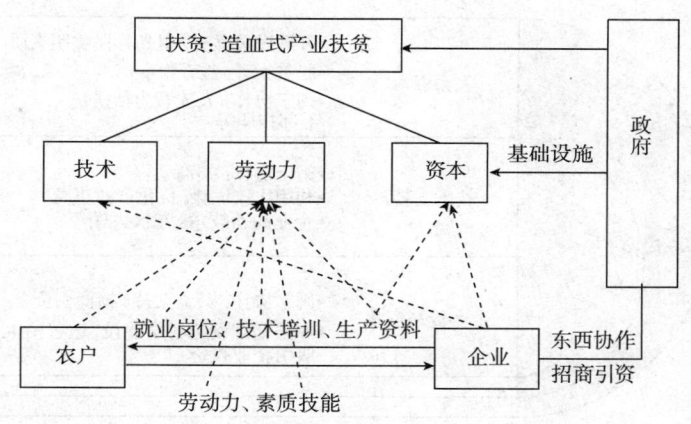

图 6-1 闽宁协作扶贫示意

2. 加强人才交流技术合作，提升人力资本，促进产业发展

闽宁对口帮扶，充分利用永宁县与福建漳州台商投资区、闽宁镇与角美镇、原隆等 6 个村与角美镇吴宅村等 6 个村结对帮扶的渠道和平台，深化村与村、镇与镇、县与县的交流合作。一是加强干部交流，坚持互派干部挂职交流，实现镇村两级干部互派挂职，深化闽宁两地人才、技术、产业等多领域交流合作；二是组织镇村两级优秀干部、宗教人士、致富带头人到蓉中培训基地培训学习，提升眼界、拓展思路；三是深化"宁闽协作"、"宁鲁协作"、"宁沪协作"、"宁苏协作"等领域，做大做强闽宁镇域经济，推动闽宁合作再上新台阶；四是加快推进"一城两园"建设，加强重点项目跟踪服务，积极协调解决困难和问题，促使项目投产达效。

闽宁第二十次联席会议计划实施的八大类项目都是在为产业发展积累生产资本和人力资本，为产业发展进行战略规划布局，积极引导适合本地的特色产业发展。"村级扶贫车间"试点项目、"院校+企业+合作社+农户"的产学研项目发展模式、闽宁镇福宁村现代设施农业示范园资产收益扶贫试点等项目，都是闽宁协作扶贫形式的积极尝试和创新。

（三）闽宁协作扶贫的具体实践

在上述扶贫理念和机制的作用下，闽宁协作的具体实践（见图 6-2）可以归结为以下几点：

1. 精准识别，分类到位，建档到位

闽宁镇按照村民自报、村组摸排、镇里入户、县里复核的程序，2016 年识别确认贫困户 76 户、367 人，占全县贫困人口的 90%。针对贫困户主要是因病、因学、因残和缺资金、缺技术、缺劳力等致贫原因（其中，因病 38 人，占 9%；因学 142

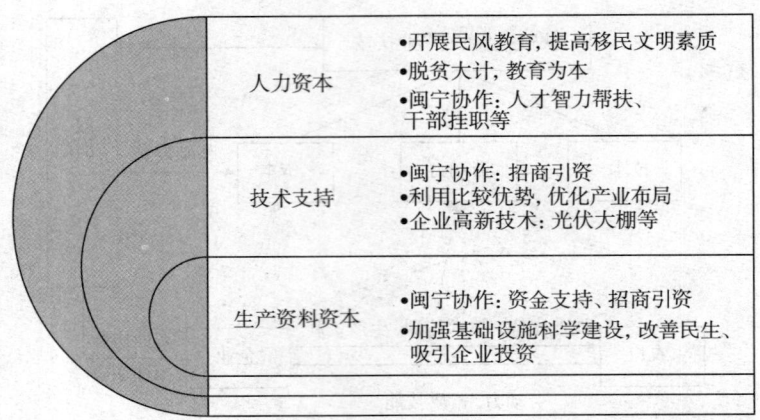

图6-2 闽宁镇扶贫机制与实践过程示意图

人,占34%;因老、因残,缺乏劳动能力97人,占23%;因子女多64人,占15%;因缺资金、缺技术83人,占19%),闽宁镇坚持分类指导,突出"对症下药",实施产业扶持脱贫措施的84人,教育保障脱贫措施的142人,劳务输出脱贫措施的83人,金融脱贫服务脱贫措施的79人,社会兜底脱贫措施的135人,切实把脱贫措施精准落实到每一个贫困户、每一名贫困群众。

同时,闽宁镇按照"县有存档、镇有总账、村有台账、户有表册"的销号式管理模式,对367名贫困对象,建立纸质档案、电子档案,实行动态管理、常态监督,切实提高脱贫攻坚的精准度。

2. 由上自下,多层次结对帮扶

一是闽宁结对帮扶。福建省先后通过资金支持、产业协作、干部挂职帮扶等措施,帮助支持闽宁镇发展。先后组织闽宁镇6个村"两委"班子51人至福建省参观学习、派驻干部到闽宁镇挂职帮扶、协助闽宁镇引进福建企业5家入驻园区,捐助3000万元支持闽宁镇建设第二小学。

二是县处级干部包村帮扶。由20名县处级干部对全县贫困户所在的村进行"一对一"包村帮扶,选派业务骨干组成驻村工作队,重点抓基层组织建设、民风民俗、信访维稳、平安创建等工作,坚持任务不完成不脱钩。

三是科级干部包户帮扶。由91名科级干部"一对一"包户帮扶,重点贫困村由县直各部门科级干部集中包户帮扶,其他村由所在乡镇领导负责帮扶,帮助找准致富路子,协调落实各项脱贫措施,帮助解决突出困难和问题,确保精准脱贫各项政策落地生根。

四是社会包人帮扶。由56家企业"一对一"包人帮扶,发挥企业带动就业、促进群众增收、推动经济社会发展的重要作用，引导辖区内工业、物流、建筑等企业及专业合作社积极承担社会责任，鼓励各企业设置爱心工作岗位，吸纳和安置贫困人口上岗工作，为贫困群众缴纳养老保险（个人承担部分由全县脱贫基金缴纳），帮助解决后顾之忧。

通过以上措施，做到了自上而下，有层次的结对扶贫，各层次间相互互补，形成良好的扶贫工作格局。

3. 因地制宜，科学合理优化产业布局

闽宁镇充分发挥比较优势，稳步发展特色种植、养殖、劳务、园区四大产业，坚持"四大主导产业"为主，其他特色产业为辅，因地制宜，推进第一、第二、第三产业融合发展。因贫困户普遍素质技能较低，因此闽宁镇大力发展第一产业，利用宁夏地区的自然优势，通过土地流转的方式，科学地引进以光伏农业、葡萄酒、红树莓种植产业等为代表的、符合本地劳动者素质技能的特色农业。

在葡萄酒产业中，闽宁镇将移民群众的耕地在自愿的基础上流转给企业集中经营，将移民从相对贫瘠的土地上解放出来，引进龙头企业，集中发展葡萄产业1800亩，带动闽宁镇原隆村就业950余人，人均年劳务收入1.8万元。原隆村移民在德龙葡萄基地就业3000人。

在盛景光伏科技园区，项目一期占地1450亩，建设588栋光伏农业科技大棚，实施花卉、茶叶、食用菌、有机蔬菜和蚯蚓、蝎子特种养殖，为415户贫困户每年发放土地流转费1500元，直接带动就业350多人，人均年劳务收入超过2.5万元。光伏农业以工业补农业，实现了第一、第二产业的融合发展。

闽宁镇同时重点发展劳务产业，闽宁镇有适龄劳动人口2.2万人，推进劳务输出组织化，建成宁夏生态移民创业就业示范基地和闽宁镇移民创业就业服务中心，每年举办各种创业、技能培训。

4. 开展民风教育，提高移民文明素质

扶贫不是计划式的、"拍脑袋"的扶贫，在少数民族地区往往有不同的财富观、幸福观和人生观。闽宁镇在抓好各项服务管理工作的同时，始终坚持从"扶志、扶贫、扶智、扶风"入手，开展以"诚信"、"感恩"、"勤劳致富"为主题的精神文明和文化体育实践系列活动，在村部设立道德积分榜，按照友爱互助、爱岗敬业、孝亲敬老、诚实守信、健康生活五项指标认真开展评星定级和评选工作，积极树立典型。农户的思想观念得到进一步的解放，城乡居民呈现了朝气蓬勃、积极向上的精神风貌。良好的民风、居民素质的提升必然会带来经济的稳步发展。

5. 脱贫大计，教育为本

扶贫的根本解决途径在于贫困户劳动素质技能的提高，从农民到产业工人、到创业者是一次进步，但这样的进步还远远不够。十年树木，百年树人，闽宁镇投入2.3亿元，建设了闽宁二中、角美小学、新镇区幼儿园等二十多个教育设施项目，新增108名教师编制；投入1477万元，对贫困家庭中小学进行救助。积极争取国网宁夏电力公司，投入100万元助学金实施精准助学工程，彻底解决了144名贫困学生的后顾之忧；并对原隆小学、幼儿园的特困教师进行补贴。

二、光伏产业扶贫的运行机制

（一）充分发挥本地自然条件优势，优化产业布局

在闽宁协作的大背景下，闽宁镇充分发挥本地土地、阳光自然条件，稳步发展特色种植、养殖、劳务、园区四大产业，推进第一、第二、第三产业融合发展。因贫困户普遍素质技能较低，因此闽宁镇大力发展第一产业，利用宁夏地区的自然优势，通过土地流转的方式，科学的引进了以光伏农业为代表的，符合本地劳动者素质技能的特色农业。

在盛景光伏科技园区，项目一期占地1450亩，建设了588栋光伏农业科技大棚，实施了花卉、茶叶、食用菌、有机蔬菜和蚯蚓、蝎子特种养殖，为415户贫困户每年发放土地流转费1500元，直接带动就业350多人，人均年劳务收入超过2.5万元。光伏农业以工业补农业，实现了第一、第二产业的融合发展。

（二）贫困农户参与机制

产业扶贫的一个难点是如何让贫困农户参与其中，是"造血"扶贫，而不是"输血"扶贫。经济效益是带动农民生产积极性的最大动力，"农民—产业工人—创业者"这一角色逐级提升的扶贫链条以及可观的收益极大地带动农民的生产学习积极性。以市场机制为导向、以尊重农户的自主选择权为前提，引进带着项目和技术的龙头企业或者合作社（以及其他类型的经济组织），建立起贫困农户与新型农业经营主体的利益联结机制。企业与农户之间的关系如图6-3所示。

（三）"三位一体"产业扶贫

原隆村是永宁县最大的生态移民村，安置了来自固原市的14个村组10515人。移民之后要有产业支撑，有了产业才可持续，才能脱贫致富。针对当地移民区的脱贫攻坚工作，光伏大棚创新以特色种植业、养殖业和转移就业为主题的"三位一

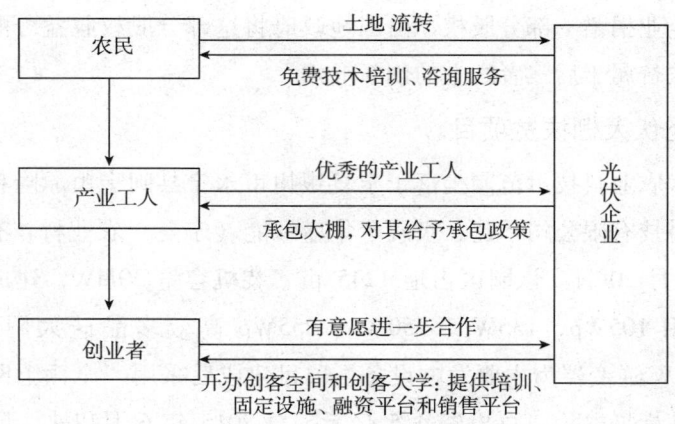

图 6-3 闽宁镇光伏大棚企业与农户之间的关系

体"产业扶贫模式。企业通过技术培训平台和优惠政策,为农民提供农业产业工人、承包人等岗位,引导农民进入园区农业车间,向产业工人转型。同时,具备劳动能力的贫困户大多可以承包大棚自己进行种植、养殖。同时,村民将土地流转后,依托原隆村昌盛光伏科技大棚,原隆村实施大棚分红脱贫工程,通过整合扶贫资金,与昌盛公司入股合作建设日光设施大棚,使全镇 76 户贫困户连续 3 年获得经营分红,每户每年分红 10000 元。

(四)"创客大学"做好素质技能的持续提升

在达到一定成效、条件允许后,光伏大棚企业设立专项创业资金,在园区平台上进行技能培训,以保证劳务移民有一技之长、每家每户有一个人实现稳定就业,为移民户提供资金支持,创业增收,以多种方式实现增收。进而开办农业创客空间和创客大学,对有意愿的贫困户进行培训,注入金融支持,探索成立合资公司,帮助村民实现从产业工人到承包户,再由承包户到创业者的转变。

三、光伏产业扶贫的模式

从各地的实践来看,光伏精准扶贫主要有 4 种类型:一是户用光伏发电扶贫。利用贫困户屋顶或院落空地建设的 3 千~5 千瓦的发电系统,产权和收益均归贫困户所有。二是村级光伏电站扶贫。以村集体为建设主体,利用村集体的土地建设 100 千至 300 千瓦的小型电站,产权归村集体所有,收益由村集体、贫困户按比例分配,其中贫困户的收益占比在 60% 以上。三是光伏大棚扶贫。利用农业大棚等现代农业设施现有支架建设的光伏电站,产权归投资企业和贫困户共有。四是光伏地面电站扶贫。利用荒山荒坡建设 10 兆瓦以上的大型地面光伏电站,产权归投资企业所有，之后企业捐赠一部分股权，由当地政府将这部分股权收益分配给贫困户。闽宁镇的光伏扶贫属于后三者之上的创新形式。

（一）光伏大棚扶贫项目

宁夏光伏农业科技示范园坐落于宁夏银川市永宁县闽宁镇原隆村，由青岛昌盛日电太阳能科技有限公司承建，隶属于华盛绿能（宁夏）农业科技有限公司，成立于2014年9月20日。该园区占地1245亩，装机容量30MW，建成农业设施大棚588栋，采用105Wp、135Wp、250Wp、255Wp高效多晶硅太阳能电池组件和500KW、25KW逆变器为主要发电设备，项目建成后采用"全额上网"模式，执行当地光伏电站标杆电价，总投资4.5亿元。自2015年6月以来，园区以农业设施大棚为依托，进行产业布局。经过一年努力，园区形成以花卉、茶叶种植产业为重点，以蚯蚓、蝎子特种养殖为亮点，以食用菌、有机蔬菜种植为抓手的产业布局。

1. 扶贫模式：政府+企业+就业

自园区建成以来，在各级政府的大力下，园区创造性地将光伏农业和精准扶贫结合起来，逐步形成政府引导、企业搭台，农户唱戏的扶贫模式，为加快原隆村生态移民脱贫致富步伐做出积极贡献。

政府引导。一是政府给予政策性补贴，助力企业发展，帮助企业做大做强；二是给予企业配套基础设施，如园区道路，水利设施；三是搭建企业和生态移民之间的桥梁，将精准脱贫工作落到实处。精准识别贫困户，由政府给企业推荐生活有困难的移民到园区进行打工，企业解决生活困难移民就业问题，帮助生活困难移民脱贫致富。

企业搭台。一是企业为生态移民提供就业岗位，免费为移民提供技术培训、咨询服务，让移民由农民向产业工人转变；二是提供创业平台，由企业提供设施大棚，采取减租、免租的方式鼓励生态移民到园区进行创业，让移民由产业工人向个体老板转变。

农户唱戏。作为脱贫致富的主体——贫困户，企业给予正向引导，企业提供技术培训、创业平台。贫困户可以在园区进行创业，也可以选择园区成熟产业进行个体承包，通过产业扶贫，达到脱贫致富的目的。

2. 光伏大棚扶贫的具体做法

（1）光伏企业的具体做法

华盛绿能（宁夏）农业科技有限公司于2016年5月在永宁县闽宁镇扶贫产业园建成年产300万包的多品种菌包加工产，依托宁夏光伏农业科技示范园建成的88

栋食用菌种植大棚，携手永宁县扶贫办共同开展食用菌产业扶贫项目，具体实施方案如下：

①提供质量品质优良的食用菌菌包。菌包价格为6元/包，前期菌包投入由华盛绿能（宁夏）农业科技有限公司垫付，菌包投入在承包户的销售款中扣除。

②提供技术指导与服务。

③以固定价格回收贫困户产出产品。一级香菇回收价格5.5元/斤，二级香菇回收价格4元/斤，三级香菇回收价格2元/斤，由企业承担市场风险。

④由华盛绿能（宁夏）农业科技有限公司引导生态移民成立食用菌种植合作社，培训合作社成员掌握食用菌种植技术和销售渠道，2~3年后，生态移民可以通过自己的合作组织进行食用菌的种植和销售，华盛绿能（宁夏）农业有限公司以优厚的条件鼓励生态移民在宁夏光伏农业科技示范园内承包创业。

（2）永宁县扶贫办的具体做法

①每个菌包补助2元，该资金直接补给企业，待贫困户掌握种植技术，销售渠道后，政府将不需再给补助，以贷款担保的方式，给予当地村民产业支持。

②积极为该扶贫项目争取扶贫资金。

③监督、指导华盛绿能（宁夏）农业科技有限公司开展精准扶贫工作。

（3）贫困户持续增收的来源

①土地租金收入：园区租赁原隆村生态移民土地，每年给原隆村上缴土地租金，生态移民可以获得土地租金收益。2014—2015年，每亩每年上缴小麦400斤，自2016年开始，每年每亩上缴小麦500斤，以后每5年上浮5%。

②务工收入：园区为原隆村生态移民提供就业岗位。日常情况下，园区可提供就业岗位100人左右，在农忙季节，可提供就业岗位500个，每人每天工资70~100元，移民通过务工可获得工资性收益。

③承包收入：生态移民由产业工人向个体老板转变后，就可承包园区的农业设施大棚，可获得承包性收益。

④托底分红：针对部分贫困户丧失劳动能力，园区每年给丧失劳动能力的76户贫困户托底分红10000元，保障贫困户正常生活。

（4）精准扶贫模式下的效益测算

假设每人承包管理1亩的食用菌、生产时间6个月，以1个大棚为例做投入与产出分析。（见表6-1）

表6-1 食用菌大棚的投入产出分析

栽种面积	棚体面积（亩）	棚内容量（包）	总成本（元）	总销售额（元）	总利润（元）	单包利润（元/包）
地栽	1	7000	42000	56700	14700	2.1

资料来源：华盛绿能（宁夏）农业科技有限公司提供。

3. 贫困户在光伏大棚扶贫中的角色转换

在光伏大棚扶贫模式中，原隆村生态移民只需要积极配合做到：（1）积极学习生产技术；（2）按技术员要求进行香菇日常管理；（3）按要求将产品进行质量分级。

如图6-4所示，贫困农户在光伏大棚扶贫模式中经历三个阶段：

第一阶段：雇工——产业工人。闽宁镇政村民将土地流转获得租金收入后，企业免费为移民提供技术培训、咨询服务，使农户具备基本的种植技术及生产经营意识；让移民由农民向产业工人转变，让移民可以选择就近进入光伏产业园区打工，成为农业产业工人，计时工：70~80元/天；计件工80~100元/天，每人月收入约2500元。2015年带动原隆村劳务收入300余万元，2016年带动村民劳务收入800万元，预计解决400~500人就业。2017年预计解决就业人数600人，村民劳务收入1000万元。

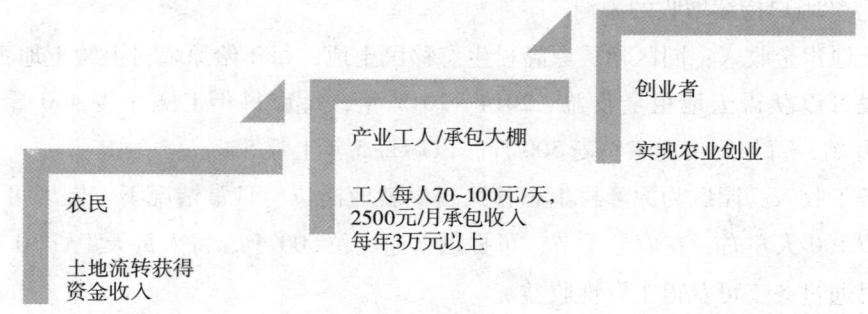

图6-4 闽宁镇光伏大棚扶贫过程农民角色转换三阶段示意

第二阶段：产业工人——承包户。挑选优秀的产业工人作为培养对象，对其给予优惠承包政策，企业提供免费大棚，赊销生产物资，合同价格保底收购，多劳多得，提高农户的责任心、积极性及效益；农户承包大棚，承包收入在每户3万元以上。移民返租倒包大棚200多栋，年收入5万多元，农户可承包的大棚：食用菌、花卉、蚯蚓、蝎子等都可在公司管技术包销售条件下进行承包。以食用菌为例，每栋大棚一年生产两批，每栋大棚共计生产2万棒，每棒利润2~3元，每户全年（生产期8个月）每栋大棚收入4万~6万元。

第三阶段：承包户——创业者。昌盛日电开办农业创客空间和创客大学，有意愿进一步与昌盛日电合作的贫困户可以加入到创客行列中来，接受昌盛日电的培训，公司提供固定设施、融资平台和销售平台，承包户以合作社或个人与公司成立合资公司实现农业创业，帮助村民实现从产业工人到承包户再到创业者的"三级跳"。目前，园区内已有微景观多肉植物、黑枸杞育苗、农业观光、采摘园、红豆杉盆景、有机蔬菜配送、活体菜配送等多个创客项目。

从农民到产业工人、创业者的三级跳，使贫困农户具备可持续发展能力，真正实现扶贫减贫的目标和任务，使农户真正走上富裕之路、小康之路。

闽宁镇政府与宁夏华盛绿能农业科技有限公司签订脱贫协议，依托原隆村昌盛光伏科技大棚园区，通过"政府＋企业＋贫困户"合作模式，实现79户贫困户"一户一栋大棚"。连续三年内，企业免费给予每户贫困户一栋种植棚使用，由企业给予贫困户每户1万元/年的托管兜底分红，有劳动能力的贫困户在大棚打工，可获得不低于2万元/年的打工收入，同时，昌盛公司对贫困户进行技术培训和销售指导，贫困户具备生产技能后实行承包创业收入不低于4万元/年，真正转变农户的生产方式，实现贫困农户的持续增收。

案例6-1 贫困农户承包大棚致富路

> 翟芳兄，女，汉族，36岁，家中7口人（其中公婆均为残疾人，丈夫在附近葡萄园打零工，三个孩子正在读书），现住闽宁镇原隆村九组二排14号，原籍隆德县山河乡，于2014年6月移民到原隆村。家庭生活贫困，在老家耕种15亩山坡地，靠天吃饭，家庭收入解决基本的吃饭问题，无其他经济收入。
>
> 移民原隆村后，2015年在中粮葡萄酒厂务工，2016年初，经过精准识别，确定为建档立卡贫困户，经原隆村推荐，成为华盛绿能（宁夏）农业科技有限公司产业工人，在光伏农业示范园务工，每月固定收入2100元。承包之后丈夫与她一起管理一栋可摆放13000菌包的食用菌种植棚，年收入达到50000元以上。

光伏大棚脱贫模式总结：闽宁镇采用"光伏大棚"模式提高了土地利用率，促进了农民再就业，也提高了贫困户的收入。首先，"光伏大棚"不占用地面，也不会改变土地使用性质，能有效节约土地资源，可以在向阳面和背阴面根据不同的光照条件配置以对光照要求不同的植物，在一定的土地空间上，光伏农业大棚实现了农业作物经济效益和能源发电效益的"双赢"。其次，村民可以选择就近进入光伏产业园区打工，成为农业产业工人，可以解决一部分农民的就业，有能力者可承包大棚获得更多的收入，也可实现农业创业。通过产业扶贫这种模式，从"输血式"扶贫转变到"造血式"扶贫，让贫困户自己动起来，用产业政策调动大家积极性，产业工人，多劳多得，懒人不干活就拿不到钱。

（二）屋顶光伏扶贫项目

根据自治区扶贫办、发展改革委于2015年5月7日印发的《关于组织开展2015年度光伏扶贫试点工作的通知》（宁扶贫办发〔2015〕84号）文件精神，永宁县闽宁镇原隆村5MWp光伏扶贫项目由永宁县中科嘉业电力有限公司全额垫资建设完成，项目规划投资总额：4250万元（暂按8.5元/W进行计算，具体以最终决算为准），实际投资总额为4500万元。

该项目于2015年8月开始筹建，中科嘉业电力有限公司主要在闽宁镇原隆村移民新村，项目总投资4585万元，对已建成的1635栋移民房屋进行改建，将光伏发电设备安装于每个住户屋顶，总光伏发电系统装机容量为5MW，生产运行期25年。每户为3060KW，涉及的贫困户数788户，采用255Wp高效多晶硅太阳能电池组件和50KW逆变器为主要发电设备，项目建成后采用"全额上网"模式，执行当地光伏电站标杆电价0.9元KW/h。项目已于2016年6月30日并网发电。截至2016年，项目累计发电183万度。因未纳入国家可再生能源电价补助目录，目前仅享受0.2595元/度的当地燃煤机组电价补贴，正在积极申报第七批国家可再生能源电价补助。同时，整合资金500万元投入永宁县汇发村镇银行作为原隆村光伏产业发展担保金，原隆村入股资金80万元。

屋顶光伏扶贫项目总结：本项目首年发电量为750万kWh，发电收入约为675万元，电站年收益为576万元。项目建成后既解决了当地村民的用电，又能给当地村民带来可观的经济收入。该项目已向1603户农户支付了300元/户的租赁费，共计48.09万元，并向原隆村老年饭桌捐赠现金1万元，向原隆村小学捐赠现金1万元。中科嘉业每年给付屋顶光伏分红资金75万元，分红持续20年共1500万元，分红资金用于村集体经济收入和建档立卡贫困户发展使用。

（三）光伏小镇（电站）扶贫项目

闽宁镇振发光伏小镇由振发新能源集团实施，分为原隆村精准扶贫光伏项目、"光伏+养殖基地"项目、公共设施光伏项目、光伏产业园项目。原隆村精准扶贫光伏项目总规模20兆瓦，通过"企业担保+扶贫户+政府贴息"的模式建设2000

户光伏扶贫项目，由银川市扶贫办、银川市妇女联合会为扶贫户提供每户10万元妇女创业贴息贷款，用于扶持光伏扶贫项目。一期建设200套，总投资5000万元。目前，已完成场平、道路硬化和停车场建设，生产管理用房正在建设中，200套10兆瓦光伏项目于2016年5月25日前并网发电。项目的实施保证扶贫户5年内每年收入不低于1万元，25年内总收入不低于20万元。二期投资2亿元，建设1800套，届时原隆村将实现2000户光伏扶贫项目全覆盖，计划2016年底完成。

2016年，为确保闽宁镇76户建档立卡贫困户全面脱贫，振发能源集团有限公司在光伏小镇项目中为76户每户贷款10万元建设光伏电站，每户年分红1万元。该项目于2016年6月30日建成并网，截至2017年7月31日，已并网发电433.2万KW/h，结算发电收入112.4154万元，结算电价为0.2595元/度。该项目已向1603户农户支付两年屋顶租赁费100万元，向原隆村老年饭桌捐赠现金1万元，向原隆村小学捐赠现金1万元，待国家可再生能源补贴到位后，再履行扶贫捐赠60万元/年。

该项目有效地带动建档立卡贫困户经济增收，减少本地区二氧化硫、二氧化碳及碳粉尘排放，增加再生能源比例，有助于本地区能源结构的改善和低碳环保型社会建设，探索出"政策引导、政府推动、市场化运作、银行护航、农户受益"的"原隆村光伏扶贫模式"，不仅解决融资难的问题，也解决项目20年运营期的维护和管理的问题，使项目的扶贫效益得到了保障，为"十三五"期间以村级光伏扶贫电站为主的光伏扶贫项目建设奠定了基础。

振发新能源集团还将在园艺村万亩草畜基地建设总投资5亿元，总规模60兆瓦，占地1000亩的光伏养殖项目；在永宁县农村学校、卫生院、敬老院、村部等公共设施建设分布式发电站，解决公共设施冬季采暖、日常用电等需求，使光伏产业成为脱贫增收的"动力引擎"。

光伏电站脱贫模式总结：振发光伏小镇建设项目第一期工程竣工投入使用是"公司担保+农户贷款+政府贴息"模式，是在"光伏扶贫"领域的有益探索。农民不仅可以自己使用这些电能，也可将多余的电量卖给国家电网，实现了扶贫开发、新能源利用和节能减排三者结合，既符合国家清洁低碳能源发展战略，又符合精准扶贫、精准脱贫战略，有利于促进贫困人口稳收增收。

四、光伏产业扶贫的成效

光伏扶贫使传统农业升级到现代农业，转变农民的观念和生产方式，创造就业机会，实现土地增值和贫困农户持续增收，可以总结为以下几个方面：

（一）贫困人口收入大幅增长

案例6-2　参与式扶贫，农民变技术工人

邵东礼，男，58岁，家有三口人，原住地隆德县山河乡地湾村。在2012年5月，借助国家"十二五"生态移民政策，全家搬迁到永宁县闽宁镇原隆村北区一排8号居住，从原来那个不适宜人类居住的山区，搬进政府建设的生态移民村，搬入新环境，在政府帮助下，在就医、住房、孩子上学等方面有了很大改观，但家庭收入没有增加，反而搬迁后家庭日常开销加大，本就有很多欠款的负担，让家里的生活更加迷茫，在隆德老家，种植10亩山地，虽然靠天吃饭，但是基本可以解决温饱，然而在原隆村如果无收入来源，全家只能依靠政府扶持。

2014年10月，昌盛公司如春雨般落地到原隆村，一个个太阳能电池板、设施大棚如雨后春笋般从光秃秃的戈壁滩上崛地而起，邵东礼有幸成为昌盛公司建设园区的一员，从园区建设大棚、电路安装、水路铺设到农业生产，一直参与其中，付出了很多心血。在此过程中邵东礼月收入从每月1800元上涨到每月3000元，同时掌握基本农业生产、水路、电路维修技术，成为光伏园区不可或缺的员工。家庭方面：不仅还清欠款，困扰了老伴多年的疾病，经过努力也治好了，并在邵东礼下班后的帮助下，也可以独立经营一个小熟肉店，家庭收入得到保障，日子过得红红火火。2017年初，邵东礼又给儿子购买一辆10万元左右的车，在昌盛的带领下，邵东礼自信地说，"三年内可以给儿子建一套砖房，让儿子成家，全家过上小康生活"。

闽宁协作背景下的光伏产业扶贫项目，带动村民劳务收入大幅增长。十二五"期间，闽宁镇各项社会事业都有长足的发展，逐步形成"种葡萄、养黄牛、出劳务、建园区"四大产业格局，人均纯收入由2011年的3549元增长至2015年的10350元，群众生产生活条件明显改善，脱贫致富能力显著增强。其中，昌盛日电总流转亩数10000亩，规划200兆瓦。项目全部建成后，可创造4000～5000个就业岗位，使原隆村群众每年获得土地流转收入500万元，实现劳务收入1.3亿元。截至2017年5月，昌盛日电已并网发电量6630.35万KW·h，已结算发电收入1446.59万元。

农户收益大幅增长。①农民获得资产性收益：土地租金400斤小麦/亩（472元/亩，2017年以后为500斤小麦/亩，2019年之后每五年增长5%），项目总占地

2083.3亩，每年土地租金收益98.3万元左右，且逐年增长。②村民获得工资性收益：雇用村民入园工作，每人月收入2100~3000元。项目已为原隆村解决500~600人就业。③建档立卡贫困户获得托底分红收益：对于原隆村76户建档立卡贫困户，通过"政府+企业+贫困户"的合作模式，企业连续三年免费给予每户贫困户一栋种植棚使用，并由企业给予每户贫困户1万元/年托管收入分红，托底分红三年。

（二）移民精神风貌大为改观

闽宁镇坚持从"扶志、扶贫、扶智、扶风"入手，开展精神文明和文化体育系列活动，形成了积极向上、和睦向善的良好民风。光伏产业扶贫项目集产业扶贫与资产收益扶贫于一身，使移民参与学习的积极性明显提高，劳动素质和劳动技能普遍提升，青壮年纷纷外出打工，老年和妇女经常参加各村环境卫生综合整治工作，建设美丽乡村。曾经的上访户也不再上访，外出打工，移民收入显著提高的同时，精神风貌大为改观。

案例6-3　致富女强人——刘小耐

> 刘小耐，女，今年37岁，汉族，家有六口人，夫妻俩还有70多岁的父母和上小学的儿女，原住地隆德县观堡乡观堡村，全家主要依靠种地勉强维持生活，靠天吃饭，偶尔到银川打工，生活环境恶劣不说，几乎没有什么家庭收入。
>
> 在2014年6月，借助国家"十二五"生态移民政策，全家搬迁到永宁县闽宁镇原隆村居住，夫妻俩闲置在家，2015年初，在昌盛公司农业生产种植招工期间，刘小耐进入公司，通过培训成为产业工人，随着公司发展，刘小耐从月收入1800元到现在月收入近3000元，成为昌盛光伏园区十几位用工管理员的其中一位，是园区农业生产近500人中的领头人。
>
> 其丈夫在昌盛公司的帮助下，学习厨艺后，在银川饭店当厨师。家庭收入从原来不足万元，现在收入突破10万元。在昌盛公司的帮助下，以园区为单位成立妇联组织，在公司和妇联的统一培训、指导下，刘小耐学习很多知识、掌握花卉、蔬菜、食用菌等生产技术，从个人思想见识、家庭生活水平、妇女地位等方面都有很明显提高，2017年刘小耐主动报名学习考取机动车驾驶证，她表示参加光伏产业园区的工作带给她的是质变，从内到外的巨变。

（三）光农互补产业发展良好

截至2016年底，闽宁镇全镇农村经济总量达到3.2亿元，工业总值3.3亿元，光伏发电31兆瓦。后期会实现光伏板下种植油牡丹、光伏板下养殖业等项目，自然资源和高科技农业技术相结合，充分发挥光伏产业自身特有的优势。

在种植业方面。各类作物种植总面积10.12万亩，其中，农作物播种面积3.4万亩；农业经济作物种植面积6.72万亩，葡萄6.2万亩，其中企业种植5万亩，农户种植1.2万亩，枸杞2450亩，红树莓2700亩。在养殖业方面，牛羊存栏总量46487头，年销售总额达到1.7亿元。在商务服务业中，全镇共有私家车3000余量，平均每百户拥有34辆。在招商引资方面，共落地企业32家，建成投产12家，概算总投资61亿元。

盛景光伏科技有限公司免费为每户贫困户提供一栋种植棚，企业给予每户每年1万元托底分红，在大棚打工至少能获得一年2万元的收入。振发光伏小镇建设项目为每户贫困户建设10千瓦的分布式光伏电站，每户每年享受分红1万元。筹集善款539万元，成立脱贫产业发展基金，为无劳动能力的贫困群众一次性缴纳养老保险。闽宁镇新建养老院，全镇3748名50岁以上的老人受到关怀。

（四）农户劳动素质和技能显著提升

在闽宁协作的大平台下，光伏企业和农户建立起良好的合作关系，不仅有企业的免费培训，还有扶贫办等政府部门召开建档立卡贫困人口对口帮扶座谈会，围绕劳务协作、技能培训、人力资源服务等工作达成了11条合作意向，进一步完善劳动力转移就业和培训的有关政策，在劳动力信息共享、组织劳务输出、推进人才交流合作等方面有更新的进展。每年举办各种创业、技能培训90期4300次以上，共培育劳务派遣公司12家，劳务经纪人56人，平均每年开展各类培训2万人次，2015年输出劳动力9026人，人均劳务输出收入11430元，农户劳动素质和劳动技能得到显著提升。

五、光伏产业扶贫可能存在的风险及对策

（一）光伏产业发展可能存在的风险

随着光伏产业扶贫深度推进，产业发展可能并不稳定，从而蕴含一些风险。在现实中产业的不稳定性及风险表现在两个方面：

一是政府政策改变的风险。如民营企业发电能否并到国家电网中出售，存在一定的政策风险，如果不能并网售电则发出的电就很难出售。例如上述振发能源集团电站扶贫项目，存在的主要问题是光伏补贴未能及时到位，导致扶贫捐赠相应款项无法发放。闽宁镇正在积极协助企业申报第七批国家可再生能源电价补助，也将密

切关注国家能源局、发改委发布关于纳入补贴范围的各项政策，协助企业争取早日纳入国家可再生能源电价补助目录。光伏产业到目前还是个严重依赖国家补贴生存的行业，光伏扶贫属于政策性投资，有金融配套政策支持，建设电站资金可获得中长期优惠利率贷款，与其他商业性电站不具可比性，还要考虑如果没有优惠利率，光伏产业扶贫项目的可持续性发展问题。

二是光伏产能过剩竞争加剧的风险。在全国范围内，光伏产能过剩是客观现实，竞争风险加剧。永宁县目前引进 12 家光伏企业，有 3 家光伏扶贫企业，利用光伏产业扶贫成本并不低廉，如何利用高端前沿的农业科学技术和光伏产业相结合是光伏产业扶贫的重点和难点，是光伏产业扶贫地位实质性提升的关键。同时，光伏扶贫企业最好是行业内的龙头企业，具备完善的产业链，在微笑曲线的两端实力雄厚，才能保证有足够的实力带动贫困户的可持续发展，才能实现农户和龙头企业的双赢。

在光伏产业技术高端前沿、装机规模化、管理专业化和效益上台阶的要求下，警惕新一轮工业垃圾向光伏扶贫项目倾倒。光伏扶贫项目技术和装备水平及投资强度应高于光伏商业电站项目和领跑者基地。坚决杜绝低端、过时的光伏产品流入扶贫电站。优质的电站组件、品质高效的光伏发电集成系统才是长效扶贫期 20 年的保证。

具体来讲，光伏扶贫仍然存在许多问题，如村级电站的收益分配问题，如何监管？如何让农户受益？光伏电站的安全问题如何处理？光伏扶贫是一项民生工程，是资产收益减贫的一种方式，切忌让光伏扶贫一窝蜂上马，电站建了，厂家领钱了，之后没有人管了，避免资源浪费。

（二）扶贫产业园雇工监督问题与用工风险

光伏产业园区在发展的过程中需要雇佣大量的劳动力。这虽然可以增加贫困户的劳动收入，但是增加了项目失败的风险。雇佣劳动存在道德风险。由于贫困农户并不能够获得所有的生产剩余，并且农业项目中的劳动监督困难或者监督的成本高，极易产生道德风险。不同的农业产业项目，面临的用工管理风险是不同的。在集体劳动的情况下，很容易出现消极怠工、缺乏效率的现象。

（三）对策建议

对于政策改变风险，一是要时时紧盯政策变化信号，关注政策走向；二是可以依据光伏发电兴建自己的用电企业，自产自用，降低风险；三是密切关注行业最新动向，积极进行产业升级优化，在扶贫的同时紧抓经济效益；四是建立有效的奖惩机制以进行雇工监督，对积极工作的，给予一定的奖赏，对消极怠工的，给予一定的惩罚；五是建立健全劳动素养和技能培训机制，为企业的长远发展培养人力资本。

六、光伏产业扶贫的经验与启示

为了实现2020年我国全面脱贫的目标，增强贫困户的自我发展能力，是实现贫困农户减贫脱贫的根本，尽管闽宁协作背景下的光伏产业扶贫仍然在持续推进中，但是已经取得可喜的成效，有些经验值得学习和借鉴，对我们光伏产业扶贫未来的工作有所启迪。

（一）发挥比较优势、因地适宜发展产业是脱贫的有效途径

要从根本上改变贫困户落后面貌，加快发展，就要找到适宜贫困户就业的、能在市场经济体制中有比较优势的产业。闽宁镇技术、资本稀缺而劳动力相对密集，劳动力素质偏低，故而引进光伏大棚扶贫，日照充足、沙地再利用，调整了产业结构、优化产业布局，选取适宜自身发展的产业，取得了骄人的成绩。

同时，顶层设计的产业发展具有前瞻性。青岛昌盛日电太阳能科技股份有限公司是中国领先的光伏农业产业园区投资运营服务商，总部位于青岛。作为中国光伏设施农业的领导者，昌盛日电具备项目投资开发、规划设计、工程管理、电站运维、光伏农业产业园区建设及运营一站式作业能力。集团拥有300余项技术专利、总部园区占地面积700余亩，建设并培养专业管理团队及工程技术生产人才1000余人。

只有充分利用本地的比较优势、因地制宜、选择前瞻性的产业，发挥后发优势才是实现光伏产业扶贫的有效途径。

（二）完善的基础设施建设是产业发展的前提

"若要富，先修路"，这句话包含的朴素哲理就是完善的基础设施是经济发展的前提。闽宁镇在发展产业的同时积极进行科学的基础设施建设，将基础设施建设看作最根本的生产资料资本，闽宁镇新镇区规划建筑面积2257亩，发展定位为打造"文化＋休闲＋商业＋生态＋居住"五位一体的闽南风情小镇和葡萄酒小镇。新镇区绿化景观等4项工程全面完工，新增绿化面积28.9万平方米，镇区排水管网改造、污水处理站等基础配套工程全面完成，公共汽车站及服务设施主体完工，129栋城市棚户区改造安置楼竣工，建成10万平方米闽南风情特色商业街区，成功创建国家级生态乡镇。

完善的基础设施不仅包含硬件条件，也包括教育、文化、医疗、金融服务等软

环境，闽宁镇新建的闽宁二中、二小建成交付使用，新镇区幼儿园、闽宁敬老院主体完工。新镇区丝路红酒总部、红酒博物馆开工建设。只有完善的基础设施才是产业发展、经济发展的前提。

（三）企业与贫困户的双赢是脱贫的基础

原隆村光伏产业扶贫的成功在于政府并未像以往一样直接插手扶贫事宜，而是规划合适的产业、引进了合适的企业来发展经济，解决扶贫问题。通过光伏大棚扶贫，一方面满足了企业需要土地和人力的需要，另一方面又解决了贫困户有扶贫资金没有致富项目、素质技能难以得到有效提高的双重问题，实现企业与贫困户的双赢。

光伏产业扶贫属于参与式扶贫，在光伏企业和贫困农户实现双赢的基础上，真正利用市场机制解决了移民农户的贫困问题，农户在光伏产业园区提升自身的劳动技能和劳动素质，增强了农户和家庭的自我发展能力，切切实实帮助农户走出贫困，走上小康之路。

（四）贫困户劳动素质的提升是脱贫的根本

扶贫的主体始终是贫困户，而贫困的根本在于由于各种原因造成的贫困户劳动素质技能偏低。短期的帮扶可能会使贫困户暂时的脱贫，但由帮扶脱贫的贫困户在失去扶贫政策后有很大的可能会再度返贫，在这个过程中，尤其是在民族地区，一是要大力宣传，使勤劳致富、学习致富的观念深入人心，深化社会主义核心价值观，解放思想；二是要考虑贫困的代际遗传，对贫困户及其子女提供教育保障，尤为重要的是女性受教育水平及家庭地位的提高，建立长期有效机制，积极进行素质技能培训。

（五）明晰责任，有层次的帮扶是关键

闽宁镇不仅在产业扶贫上狠下"功夫"，在实现扶贫脱贫的组织结构上也不断创新，探索建立了县领导"一对一"包村、科级干部"一对一"包户、企业"一对一"包人的"三个一对一"帮扶机制和"一户四牛一棚一电站"的精准脱贫模式，同时广泛动员社会各界人士筹集扶贫善款，形成了有层次、多主体的帮扶模式，各层次间由上自下的相互配合、相互补充，相互帮扶是脱贫的关键。

（六）科学合理的资产收益扶贫机制是脱贫的制度保障

扶贫首先要以产业发展为本，要选择本地优势特色产业、围绕贫困群众辐射带动强的产业来设计和实施资产收益扶贫项目。加强引导，强化风控，收益分配要兼顾各方利益，引导好的企业、合作社等主体参与资产收益扶贫，并承担项目经营的

主体责任。科学设计实施方案，加强风险管控，特别是防止系统性风险。完善资产收益扶贫机制，规范运行。资产收益扶贫的健康有序发展，需要完善的制度保障，包括公平合理的利益分配机制，协调顺畅、监督有力的项目管理机制和健全的监管制度体系。资产收益减贫可能是未来光伏产业扶贫以及其他产业扶贫被广泛采取的方式。

光伏扶贫是一项利国利民的阳光工程，宁夏光伏产业扶贫的闽宁协作经验值得在全国推广，尤其是光伏大棚扶贫项目。在光伏扶贫试点工作基础上，希望闽宁镇探索出适宜的光伏扶贫模式，成为光伏这一战略性新兴产业和扶贫工作结合的典范。

第七章 社会扶贫：贵州"丹寨模式"

一、社会扶贫的必要性与可行性

（一）在"精准扶贫"指导下的社会扶贫

2013年11月，习近平总书记在湖南湘西考察时首次提出"扶贫要实事求是，因地制宜。要精准扶贫，切忌喊口号，也不要定好高骛远的目标"。① 2015年1月，习近平总书记在云南考察时再一次强调"要以更加明确的目标、更加有力的举措、更加有效的行动，深入实施精准扶贫、精准脱贫，项目安排和资金使用都要提高精准度，扶到点上、根上，让贫困群众真正得到实惠"。② 在习近平总书记明确提出精准扶贫理念后，中央办公厅在2013年25号文《关于创新机制扎实推进农村扶贫开发工作的意见》中，将建立精准扶贫工作机制作为六项扶贫机制创新之一。③ 国务院扶贫办随后制定《建立精准扶贫工作机制实施方案》，在全国推行精准扶贫工作。

同时，《中国农村扶贫开发纲要（2011—2020）》中首次明确专项扶贫、行业扶贫、社会扶贫"三位一体"的工作格局。习近平总书记2015年6月18日在贵州召开部分省区市党委主要负责同志座谈会时也强调要切实强化社会合力，坚持多方力量、多种举措有机结合和互为支撑的"三位一体"大扶贫格局。这实际上是对扶贫主体的创新，从原先的政府主导转变为更多地吸收社会参与，将政府力量和社会资本形成有效合力，助推深度贫困地区的脱贫工作。

---

① 习近平赴湘西调研扶贫攻坚[EB/OL]. 中国共产党新闻网，[2013-11-04] http://cpc.people.com.cn/n/2013/1104/c64094-23421342.html.
② 习近平在云南考察工作时强调：坚决打好扶贫开发攻坚战[EB/OL]. 中国政府网，[2015-01-21] http://www.gov.cn/xinwen/2015-01/21/content_2807769.htm.
③ 中共中央办公厅国务院办公厅印发《关于创新机制扎实推进农村扶贫开发工作的意见》[EB/OL]. 新华网，[2014-01-25] http://www.gov.cn/gongbao/content/2014/content_2580976.htm.

然而，在现行标准之下，中国还有592个国家级贫困县（不含14个集中连片特困地区），至少7000万农村贫困人口。按照"十三五"规划，要在2020年之前实现农村贫困人口全部脱贫、所有贫困县摘帽并非易事。因而，脱贫攻坚被提升到前所未有的国家战略高度。习近平总书记在2015年减贫与发展高层论坛上强调，中国扶贫工作要注重六个精准，坚持分类施策，因人因地施策，因贫困原因施策，因贫困类型施策，通过扶持生产和就业发展一批，通过易地搬迁安置一批，通过生态保护脱贫一批，通过教育扶贫脱贫一批，通过低保政策兜底一批，广泛动员全社会力量参与扶贫。

也就是说，只有动员社会力量参与扶贫，才能有效地激活贫困县的资源条件，结合政府作为扶贫主体的核心作用，确保在2020年之前实现脱贫任务。

（二）社会扶贫的必要性：产业选择悖论与风险共担机制

针对我国贫困地区的分布和情况的不同，在党中央、国务院的大力部署下，形成一套行之有效的扶贫办法与相应模式，完成大部分的扶贫任务，保证多数贫困人口的脱贫问题。

然而，在目前的脱贫攻坚阶段，深度贫困地区的脱贫工作依然进展较为缓慢，现有扶贫模式并不能很好地覆盖深度贫困地区。对于直接给予资金扶持的扶贫类项目来说，主要难点在贫困瞄准上，即钱应该给谁而不该给谁，今年已经给的人明年是不是还应该给？如果没有科学的准入和退出机制，即便人均收入有所提升也并不意味着贫困人口的下降。如果不解决以上问题，扶贫工作就容易产生新的不公平。

而对于当下流行的产业扶贫来说，难在所谓的产业选择悖论，各贫困县由于行政区域较小，一般也不能自成一个完整的产业体系。如果只选择一个产业，市场前景广阔的产业始终是有限的，每个区域都希望发展这类朝阳产业，就会造成产业趋同的现象，最后的结果必然是带来恶性竞争。简言之，产业扶贫总是面临着选什么产业好，选错了怎么办的问题。同时，农民按计划进行生产，又由谁来承担市场其他方面的风险，即不赚钱甚至有所损失又怎么办？此外，农业生产本来就具有较大风险，即便是产业选择没有问题，面临诸如自然灾害等系统性风险时如何趋利避害也是一个十分困难的问题。

可见，如何在产业扶贫中加入风险共担机制，是一个亟待解决的扶贫难题。只有让扶贫主体和贫困户形成利益共同体和风险共担共同体，才能有效提升产业扶贫的效果。如果扶贫主体一直是单纯依靠政府，就无法与贫困户共担风险，无法让"扶出来的产业"真正走向市场化。因此，扶贫主体由政府主导向社会参与、企业参与的转变呼之欲出。

(三) 社会扶贫的可行性：从村镇走向县市的定点社会扶贫

扶贫工作除了政府作为主体外，还需要动员全社会的广泛力量，当前我国经济社会的发展态势，也可以为社会扶贫提供必要的资助，做出应有的贡献，这主要体现在部分企业在党的政策指引下，已经走向富裕的道路。"知党情、感党恩"是这部分企业的客观要求，也是这部分企业参与社会扶贫的内生动力。另外，在企业界中确有不少具备扶贫能力、愿意投身社会事业的人士，愿意拿出一部分财力、物力反哺社会，为扶贫事业贡献力量。

一直以来，党中央与国务院高度重视扶贫工作，也多次提倡社会扶贫，引导企业参与扶贫工作，已经出台不少有利于促进社会力量参与扶贫工作的政策。例如，2015年10月启动的"万企帮万村"精准扶贫行动，以民营企业为帮扶方，以建档立卡的贫困村为帮扶对象，以签约结对、村企共建为主要形式，得到广大民营企业的积极参与，受到社会各界的广泛关注，已营造出民营企业参与脱贫攻坚的浩大声势。"万企帮万村"行动号召民营企业因地制宜选择帮扶形式，在创新帮扶形式方面做出积极探索，不仅丰富民营企业扶贫的路径和方式，也为全国脱贫攻坚在思路上提供有益借鉴。可见，社会参与扶贫已经取得一定进展，各项专项行动的成功开展证明其是完全可行的。

同时，社会扶贫的模式也已经有多元化探索，除了"万企帮万村"的精准扶贫行动外，如云南省勐腊县河边村的扶贫经验也证明，由高等院校和公益组织参与到扶贫实践中是完全可行的。这说明社会扶贫项目在贫困地区瞄准方面完全可以达到精准扶贫的要求，也说明以村级为主的定点社会扶贫具备一定的推广价值。如果有相应的资金支持和相关实力，以乡镇、县市一级为单位的定点社会扶贫毫无疑问是值得尝试的。

二、"企业包县"模式在丹寨县的确立与运行机制

(一) 丹寨县基本情况

丹寨县位于贵州省东南部，隶属黔东南苗族侗族自治州。地处东经107°44′~108°08′、北纬26°05′~26°26′，东与雷山县接壤，南靠三都水族自治县，西与都匀市、麻江县交界，北抵凯里市。县境内多民族聚居，有苗族、水族、布依族等21个少数民族。辖区面积940平方公里，截至2013年总人口为17.2万人。

丹寨县境内地势东北高，西南低。最高点为东部的加配乡牛角山主峰，海拔1693米；最低点为县域东南部与三都水族自治县交界河口处，海拔370米，一般海

拔在700~1100米。地貌类型有4类，以低山地貌为主，中山、低中山、低山丘陵地貌次之。丹寨县境内属亚热带季风湿润气候区，山地气候特征明显，四季分明，夏无酷热，冬无严寒，夏季均温21℃~36℃，冬季均温2℃~7℃，年平均气温12.6℃~17.2℃，无霜期228~283天。平均降水量1259.7~1508.4毫米，为贵州省多雨县份之一，但降水时空分配不均。丹寨县境内有大小河流20条，年均径流量7.94亿立方米，其中往南注入柳江的河流有排调河、猴子河、鸡家河等11条，向北注入清水江的河流有南皋河、摆泥河等9条。

丹寨是一个以苗族为主多民族共同聚居的县。地处都柳江、清水江上游，融合都柳江系、清水江系苗族文化的特点，至今仍保留着古朴、浓郁、独特的民族风情，苗族、侗族、水族等世居民族在千年变迁和繁衍生息中，创造自己独特的文化。丹寨民族文化分布于全县七个乡镇，很多村寨富有特色的民族文化，是贵州乃至中国民族民间文化中的精品。锦鸡舞、芒筒芦笙舞、木（铜）鼓舞、给哈舞、板凳舞等民间传统舞蹈曾多次参加省、州及国家举办的艺术节比赛获得最高奖。民间工艺蜡染、古法造纸、剪纸、织锦、挑花、刺绣等独秀一方。

丹寨具有丰富的旅游资源，富有特色的自然景观有天下奇泉打鼓井；有千姿百态的彩色金瓜洞；有城郊万亩相映成趣的红、白、紫三色杜鹃；有素有黔东第一瀑的排廷瀑布；绿色宝库猫鼻岭森林公园；还有温柔多情的河流。同时，丹寨在漫长的历史发展进程中，还创造了各具特色、异彩纷呈的优秀民族文化。有历史建筑万寿宫；有距今一千五百多年的省级文物白皮纸（国画纸）作坊——石桥；有中国蜡染艺术之乡——排倒莫。贵州省人民政府已将苗族古瓢琴舞、翻鼓节、苗族历法、苗族百鸟衣、苗族芦笙词、四滴水芦笙制作技艺、苗族婚俗、苗族丧葬习俗等17项列为省级非物质文化遗产名录。苗族蜡染、古法造纸、苗族锦鸡舞、苗族贾理、苗族苗年、苗族服饰、苗族芒筒芦笙祭祀乐舞7个项目已被国务院列为国家级非物质文化遗产保护名录。

（二）丹寨县创新型扶贫模式："企业包县"的"政府+社会资本"扶贫

万达集团董事长王健林长期关注扶贫工作，在定点支持丹寨县以前，万达集团已经通过各种形式参与到扶贫工作中，但万达集团方面在长期参与扶贫过程中逐渐认识到，单纯的资金援助并不是真正意义的扶贫，王健林认为"捐钱很简单，万达也可以直接捐钱了事，但是这解决不了致贫的根本问题，钱没了效果也就没了"。他也坚信，万达不仅可以在商业世界中缔造辉煌，也能打一场扶贫攻坚的胜仗。因此，他推动研究一镇一策，甚至一村一策，争取帮助群众提前摆脱贫困。

贵州省丹寨县是典型的"政府+社会资本"的扶贫模式，这是一条吸收社会资本，针对深度贫困地区的旅游扶贫新路。面对丹寨县境内多民族聚居，贫困人口比例大的情况，国务院扶贫办与万达集团合作，对丹寨县进行多次考察论证后，制定适合丹寨县实际情况的由政府主导、社会参与的创新扶贫模式。力求通过市场手段，结合企业优势，通过产业扶贫带动全县经济转型，实现丹寨全面脱贫。最初，万达想要在丹寨"养猪"、"种茶"，然而，经过一年多的反复调研和专家论证发现，规模难以做大、效益难以持续，且不利于生态环保。于是，万达迅速调整思路，重新确立了长、中、短期相结合的以教育扶贫、旅游小镇和扶贫基金为核心的全新方案，并且从最初的10亿元投资规模增至15亿元，即由万达集团出资3亿元捐建万达职业技术学院，成立5亿元的丹寨扶贫专项基金，出资7亿元捐建一座旅游小镇，力争将其打造成为贵州著名旅游目的地。希望通过长期教育扶贫、中期产业扶贫和短期基金扶贫三大措施并举，使丹寨县2017年实现整体脱贫，使万达扶贫模式两年见到实际成效。

2017年7月，丹寨旅游小镇已经正式开业迎客，万达职业技术学院也已经正式落成启用。按照计划，贵州万达职业技术学院将结合社会需求、当地实际以及万达的特色，主要招收丹寨籍学生，实施好学科设置，尤其是加强服务业的职业教育，并且承诺毕业生中的50%进入万达集团就业。这种以教育扶贫来提高人口素质的方式，有利于培育当地人民致富的内生动力，打造政府、民营企业、致富带头人、贫困户为一体的脱贫攻坚统一战线，对深度贫困地区来说，是一条脱贫致富的创新之路。万达整县帮扶丹寨是中国民营企业扶贫模式的首创之举，对于引导社会力量参与脱贫攻坚具有重要意义。充分体现万达集团真心实意扶贫的宝贵精神，也全面展现万达的团队速度和强大执行力。万达集团整县帮扶丹寨，是企业参与精准扶贫的典型案例，广受社会好评。

（三）丹寨万达小镇运营模式

丹寨万达小镇是一个以非物质文化遗产、苗族侗族文化为内核，融商业、文化、休闲、旅游为一体，涵盖环湖慢跑道、千亩花田、鸟笼邮局、精品客栈、影院等众多文化旅游功能的度假景区。景区内引进了7个国家级非物质文化遗产项目和17个省级非物质文化遗产项目，包括石桥古法造纸、苗族锦鸡舞、苗族蜡染、芒筒芦笙祭祀乐等。同时，也引进一些大型企业入驻，如茅台集团在景区内设立"茅台生态文化体验中心"，依靠生态旅游开展体验式营销，更好地宣传生态农业文化及企业产品理念。

四大苗侗文化主题广场基本贯穿万达小镇的全部游览线路。尤公广场设有尤公博物馆，对于了解当地民族文化历史和风土人情极有帮助，广场上人流攒动歌舞喧天,有身着民族服装的演员进行民族舞表演,并与游客进行互动。前街是尤公街,尤公是苗族先祖、战神,丹寨显著标志之一,将尤公融入街区突出民族历史传承和文化特色,打造以尤公元素为核心的非物质文化街区;中街以餐饮娱乐休闲为主体,不仅有丹寨十大名菜、苗族原创音乐餐吧,还有万达影院、大玩家等大型娱乐场所,可在体验苗族热情洋溢的民风民俗的同时享受舒适的现代娱乐体验;苗街是以当地苗族特色健康产品包括苗药中药茶叶,原生态和特色食品为主题,引入丹寨当地村落六天为一次的赶集形式,让游客亲身体验苗族传统集市的热闹和繁华。

苗年广场是根据苗族同胞的民族节日进行设计创意和命名的,地面铺装采用牛头纹样拼花,从高空俯视,整个牛头纹样呈现梯形设计,庞大的牛头图案给人非常震撼的视觉效果,材质古朴的铺装材料也是来源当地,整个色调与小镇风格相辅相成。居住在雷公山西麓的丹寨和雷山等县的一部分苗族人民,每到农历冬月间,都要隆重欢度自己的民族节日——苗年,节日期间,他们会举行多种多样的富有民族特色的活动,如吹芦笙跳月、斗牛、赛马等,热闹非凡。

鼓楼广场感受苗族日常生活。鼓楼广场的鼓楼是侗族独特风格的建筑,鼓楼下端呈方形,四周设置长凳,是苗侗人民娱乐的好地方,每当炎炎夏日,男女老幼都会来此乘凉,寒冬腊月中间设置火塘,大家聚到这里围火,唱歌弹奏。特别是节日,村寨人民更是聚集这里,吹芦笙,对歌作乐。

锦鸡广场是舞蹈的海洋,锦鸡舞是苗族芦笙舞中别具一格的传统舞蹈,主要流行于苗族的一个支系——锦鸡苗族,锦鸡苗族通常喜穿锦鸡服饰,分布在丹寨和雷山的一部分地区。在芦笙伴奏下,身着锦鸡服饰的苗族姑娘双脚按芦笙曲调节奏变换出优美姿势,舞者步履轻盈,酷似锦鸡在行乐觅食。锦鸡舞象征凤凰来仪,有吉祥的征兆,体现了苗族妇女祈求民族富足的虔诚场面。

目前丹寨万达小镇不收取门票,以小镇内餐饮、住宿、手工艺品、特色产品、农产品等综合消费为主要旅游收入方式。在广场周边,有各式各样的特色商铺,其中一些与传统手工技艺相关,包括手工鸟笼、蜡染、造纸、纸伞、银器、酿酒等,其中蜡染、造纸等还能供游客亲自体验制作过程。同时,还有世界上最大的水车等景点坐落其中。

(四)万达集团对于丹寨扶贫的运营与评价体系

万达已经是中国最大的旅游公司,设计和运营旅游小镇是万达所长。从文旅规划设计院到线上、线下的旅游销售渠道,以及全国最大的旅游目的地,万达在旅游产业拥有独特的核心竞争力。万达希望能在丹寨县发挥全国最大旅游企业的自身优势,对万达小镇进行较长时间的经营,直至盈利,也希望能将其打造成贵州独具特色的民族旅游名片，带动丹寨县经济发展。

但是，丹寨万达小镇区别于万达以往文旅，其涉及区域发展、当地就业、产业联动等各方面，运营的复杂性更甚于万达原有业态。然而，运营对于小镇的发展来说至关重要，随着丹寨万达小镇内业态、场景的不断增多，众多产业和利益相关者错综复杂，万达需在各个方面寻找到适合小镇发展的运营方式。商户间的利益机制、社群型自组织管理模式、精细化管理，甚至商户团体荣辱观等各方面都成为游客体验升级的保障，成为获客和拉升游客停留时间的利器。万达方面为小镇做足了宣传，使丹寨万达小镇一经营业就引来众多目光，由120家组成的"媒体扶贫联盟"、"摩拜全国首个绿色骑行公益小镇"、与100多家旅行社签订合作协议等都为小镇的源源客流提供重要支撑。

万达集团确定与丹寨的扶贫合作后，便将对于丹寨的扶贫考核与万达集团的业绩挂钩，适用同样的评价体系。从确立合作后，在万达最重要的集团年会、半年会上，对待丹寨万达小镇的业务像对待万达旗下重要业务单元一样总结成绩、制订规划。

在未来阶段，万达还计划在贵州推行更大规模的扶贫计划。万达集团已经与贵州省签订战略合作协议，计划总投资600亿元，在贵州省建设万达文化旅游项目和10个以上的万达广场。这些投资项目全部建成后，预计将为贵州省增加10万个服务业就业岗位，每年缴纳数亿元税收。目前贵阳、六盘水、毕节等地万达广场已进入实施阶段，其他项目也将陆续开展。万达集团希望通过在丹寨县的试验，创新出可复制、可推广的企业扶贫新模式，为全国企业开展扶贫工作提供示范案例。

三、丹寨县"企业包县"社会扶贫效果

（一）有效带动农户脱贫

万达丹寨包县扶贫是在万达多年成功包乡扶贫经验基础上的又一次扶贫创新，力求通过市场手段，结合企业优势，通过产业扶贫带动全县经济转型，实现丹寨全面脱贫。

首先，产业发展。游客到丹寨的吃住行将至少带动丹寨县20个以上大类产业和50个以上子行业的发展。以丹寨住宿业为例，酒店建设将直接带动建筑、家具、纺织业、食品加工、农业、手工业、娱乐、园林、环保、教育培训、文化艺术、交通、通信、科技等行业的发展。

其次，提供了许多就业岗位。丹寨扶贫项目投入运行后，采用"政府+社会资

本+旅游产业"的模式,结合职业培训教育,推广"造血式"扶贫,可直接提供就业岗位3000个。以丹寨万达旅游小镇为例,可新增直接就业2000人,为旅游小镇直接提供配套服务的相关产业可带动4000人就业。此外,根据旅游投资与创造就业之间关系等计算方式,一个丹寨万达旅游小镇,可间接带动丹寨5万人就业。

最后,兜底扶贫。万达投入5亿元成立丹寨扶贫专项基金,在一期工程共扶持5年,每年收益为5000万元,专门用于丹寨兜底扶贫,旨在覆盖那些所有产业扶贫阳光照射不到的群体,分配给丹寨县特殊困难人群。首期5000万元扶贫基金收益已发放到丹寨县38272名特殊困难人群和贫困户手中,当年使丹寨贫困人口人均收入超过国家贫困线。[①]

万达集团包县帮扶丹寨后,结对帮扶丹寨县,打造了万达帮扶丹寨的样板工程,有效带动贫困群众脱贫致富,在贵州省扶贫开发工作成效考核中,丹寨县的综合指数排名由2014年的第23位上升到2016年的第2位,其中群众满意度全省排名第1位。

(二)社会效益突出

经过深入调研、专家研讨,根据丹寨特点,万达确定的长、中、短期相结合的教育、旅游产业、扶贫基金三结合的扶贫模式中的长期项目是指投资3亿元捐建贵州万达职业技术学院,该学院立足长远,通过教育提高丹寨人口素质,从根本上阻断贫困发生路径。

贵州省黔东南苗族侗族自治州已经明确贵州万达职业学院为黔东南州与丹寨县共建的州管高等职业技术学院,主要招收丹寨籍贫困家庭学生,规划用地面积300亩,总建筑面积5万平方米。整体校舍包括勤政楼、图书馆、教学楼、体育馆、宿舍楼、食堂等,共计10栋单体建筑,硬件达到国内一流职业大专院校水平。学院于2017年9月正式开学,共设置5个系:文化旅游管理系、机械设计与制造系、材料与能源系、电子信息系、财经系。学院专业设置针对万达业态和丹寨县发展需要,主要招收丹寨籍学生,每年计划招生700人,其中包括贫困家庭学生400人;三年预计招生达到2000人左右的规模,其中贫困家庭学生1200人。万达集团承诺每年择优录取50%毕业生到万达就业,从而实现"就业一人,脱贫一家"的目标。根据测算,万达职业学院每年招收当地学生700人,如按每个家庭3口人计算,每年可帮助丹寨2100人脱贫。同时,学院还将开展针对贫困户的技能培训,计划到2018年完成贫困户培训5000人。学院投入使用后将有力提升丹寨县职业教育水平,促

---

① 企业文化中心. 数说万达丹寨扶贫效果[J]. 万达月刊,2017(7).

进丹寨县贫困人口提升就业技能水平,加快脱贫步伐。

一般的扶贫工作本身并不具有外部性,因为只要做好贫困瞄准工作,无论是传统扶贫还是产业扶贫都仅仅是解决贫困户的生计问题,并没有考虑过其他的效益。兴办学校是"扶贫先扶智"的典型做法,其产生的正外部性不可估量,社会效益明显。

(三)旅游资源开发效果显著

丹寨县自身旅游资源并不丰富,在万达小镇落成前,前往丹寨的游客大多是到高要梯田观光。高要梯田位于贵州省丹寨县高要村,主要由一千多亩梯田景观组成,位于一座大山之上,顺着山势,层层叠叠,从山顶一直延伸至山脚。远观起来,梯田像一条条美丽的苗家腰带,以农耕文明装点着雄浑的大山。

丹寨万达小镇的建成则在高要梯田以外丰富了丹寨之旅。万达集团投资7亿元建设的丹寨万达旅游小镇,旨在带动全县旅游产业发展,增加大量就业岗位。丹寨万达旅游小镇占地400亩,建筑面积5万平方米。小镇建筑采用苗寨风格,引入丹寨特有的国家非物质遗产项目、民族手工艺、苗寨美食、苗医苗药等内容,并配套建设四星级万达锦华酒店、多家客栈、万达影城等,成为国内极具特色的综合旅游项目,直接拉动餐饮、住宿、手工艺品、农业等20个以上产业发展。

旅游资源具有集群效应,在旅游资源稀缺的丹寨县,通过建立万达小镇,与高要梯田等已有景点协同融为一体,有望依托全域旅游概念,开辟出长线游、精品游、自然+文化多元游等多种旅游路线,使丹寨成为贵州旅游的新亮点和风向标,不但能够吸引省内游客,更要在全国打出旗号,成为全国知名旅游景点。

(四)科技引领带动创新创业

丹寨万达小镇的游客服务中心有一块富有科技含量数字化互动展示大屏,可以自由切换不同视角内容,每位游客的行动路径、每家商户的经营数据、每场不同的活动演出,以及小镇的实时直播视频及游客来源等,都能显示得一清二楚。可以说是整个丹寨的数字大脑,这块屏幕背后的设备和大数据系统连接着丹寨成千上万的智能物联网硬件和万达众多的信息化系统,每分每秒都在处理海量的数据,利用大数据技术把实时数据进行自动分析处理和游客画像,数据可视化引擎可以高效完成最后的数据模型处理与可视化展示,不仅视觉效果震撼,操作也很智能化,实现了很多技术上的创新,在行业里绝无仅有。

在未来,丹寨数字大屏有望再进行升级,应用于更多的空间和场景,如经营数据和用户数据,可以扩展到商业智能和用户精准营销,与游客身上的智能设备形成交互，真正让游客感受到数字带来的乐趣。丹寨万达小镇的数字化体系现已成为行业标杆，数字化发展战略已成为万达集团的一个重要支点、一张新名片。

现代科技不仅仅出现在数字大屏中，还出现在丹寨万达小镇的各个角落，无论是影城荧幕还是摩拜单车，都体现了科技的力量。同时，通过在线预订的酒店和旅游套餐产品，能够更加便捷地实现游客与丹寨的零距离接触。依托现代科技，可以提升旅游业的科技含量，并带动创新创业发展。

四、丹寨县社会扶贫模式的潜在问题与对策

（一）"企业包县"模式的可复制性

"企业包县"模式得到社会各界的广泛认可，但其作为一种扶贫模式是否可以推广到全国仍存在疑问，如果破解其中的关键性问题，将其大力推广，则可以进一步拓展扶贫成果，提升扶贫质量。

"企业包县"扶贫模式与一般扶贫模式最大的不同是扶贫主体的变化，政府不再居于主体地位，非政府组织也不在其中发挥主要作用，而是通过政府等部门搭建平台，构建企业与贫困县之间的桥梁，由企业独立自主地与县政府对接，因地制宜制订发展规划，按照企业标准管控产业发展，并建立相应的管理和评估机制，提升扶贫的经济效益。

因此，如何保证扶贫主体与扶贫对象的匹配性，是"企业包县"模式的重大方向性问题。如果单纯由政府安排对接贫困县，容易造成"乱点鸳鸯谱"的现象，造成企业经营方向、特长与县域资源禀赋和已有产业发展匹配不当，这将严重影响企业参与扶贫的积极性，也无利于贫困问题的解决。然而，扶贫主体与扶贫对象的匹配机制问题，学界尚无研究，政府部门也无相应具体制度与文件等安排，工作开展起来多是以个案为主。无法建立更为广泛的匹配机制和普适性的工作方法，是目前"企业包县"模式面临的重大理论和现实挑战，也是影响其可复制性的根本问题。

在贵州省丹寨县的案例中，万达集团承担扶贫主体的职能，但其对于扶贫对象的搜寻是一个漫长而复杂的过程，充满不确定性。这个选择的过程缘起于2014年的扶贫工作座谈会，万达集团董事长王健林与国务院扶贫办主任刘永富在会上交流时，谈到整县扶贫的想法，即万达把一个县包下来做产业扶贫，重点在"授人以渔"，力争让90%以上的贫困户都能受益，并把帮扶目标锁定在贵州。国务院扶贫办对此项建议表示支持，向万达初步推荐了几个贵州省的贫困县，但这份共计7个贫困县的名单中并没有丹寨县。2014年9月17日，由万达集团党委书记高茜和国务院扶

贫办开发指导司副司长周宏文共同组建的联合调研组赴贵州麻江、平塘考察。丹寨县得知这一消息后，立即向省扶贫办领导汇报，请求把丹寨列入候选考察点。在省扶贫办的帮助下，经过商量，调研组同意考察麻江、平塘等县期间，顺道到丹寨考察。

丹寨县委、县政府经过了十分匆忙而紧张的材料准备后，做好调研接待工作，而在丹寨调研的当天晚上，根据万达方面的意见与要求，丹寨县将自身的先天优势和后天不足等更为详细的汇报材料，第一时间交给万达集团。考察组回到北京后，丹寨县坚持两三天给万达联络人打一个电话，了解万达方面的情况。这期间，按照万达要求，丹寨又准备了一些材料传给万达。2014年9月26日，万达集团召开帮扶贵州工作会议，通过集团全面比选，初步确定在贵州的帮扶县为丹寨县，并决定近期再到丹寨县进行深入调研。而在深度调研后，丹寨县委、县政府又再度到北京进行现场汇报，才最终就帮扶内容、项目、资金进行最终确认。2014年12月1日下午在贵阳，在省委、省政府主要领导的见证下，丹寨与万达集团正式签订《万达集团对口帮扶丹寨整县脱贫行动协议》。

行动的做出之所以如此艰难，主要是三方之间的信息不对称。企业参与扶贫的最大问题就是目标匹配，即寻找到适合其经营的特定产业发展的地点。同时，该地必须符合贫困帮扶的各种一般特征，如国家级贫困县。而目前的大型企业大多集中在中东部地区，与贫困县的分布情况偏差很大，也就自然而然地对于贫困地区的现状和资源禀赋条件缺乏了解。让其不断搜寻合适的目标，其成本较大，收益较低，企业的动机明显不足。但是，如果单纯依靠政府方面的指派，也显然无法完成匹配工作，一方面是国务院扶贫办和各地方扶贫部门对于我国贫困地区的情况虽然有一定宏观把握，但精确到企业投资层面的分析仍显缺乏，特别是针对某一行业的专门分析，既无先例，也不现实。因此他们无法给企业方一个完整的可行性报告，而只能是大致选择几个看似适合的贫困县让企业自行考察。在丹寨县的案例中，这种模式的运用贯穿全程。但是，最终企业的选择并没有在政府部门推荐的几个县当中，这再次说明政府对于某类或某个企业具体需要具备何种条件的区域仍把握不足，一切都是"摸着石头过河"。

破解此问题的唯一方案是最大限度地发挥贫困县自身的作用，扩大其自主选择权。在丹寨县的案例中，丹寨县委、县政府充分考虑到县域内的人文和自然资源，认为适合与万达集团的主营业务相结合，主动要求万达方面来县考察，随后又多次主动洽谈，力争促成合作。但这种情况也仅仅是个案，这一过程也耗费双方比较大的人力、物力、财力，仍然有待进一步优化提高。

因此，构建企业与贫困县之间的双向选择机制十分必要，也是有利于社会扶贫事业发展的创新性尝试。所谓双向选择机制，即有政府相关部门参与的企业与贫困县之间的匹配与选择策略。首先由政府负责搭建互通平台，出台相应政策鼓励和支持企业参与扶贫工作，然后根据意向企业的不同行业和地区等特征，将企业情况进行分类公示后，启动贫困县意向报送的流程，即意向合作的贫困县根据县域条件选择意向企业，并报送相关材料拟定合作模式与具体方案。随后，再将各贫困县报送的材料汇总到企业方，由企业方面根据自身经营情况考虑选定某种方案。此流程过后，企业和贫困县双方就可以正式商谈具体合作事宜。这样的机制将有利于增强双方的积极性，一方面，企业大大降低搜寻和匹配成本，如果贫困县报送的材料均不符合公司的情况，即便放弃机会也不会造成太大的沉没成本。另一方面，贫困县有了自主权，有望从企业发展中获得收益，使社会扶贫既有利于脱贫，又有利于当地产业发展。

（二）"丹寨模式"的可持续性

丹寨县的社会扶贫经验已经取得一定的成绩，但已有的成绩并不代表未来的收益。可以说，更大的挑战实际是在今后的很长一段时间，其前路绝非一片坦途。一个最简单的问题是，万达已经在丹寨投入约15亿元资金，而这些成本何时才能收回并产生收益？

从企业本身的投资效益来说，教育投资的回报率是较低的。一方面，社会上对于民办教育的权威性存在或多或少的怀疑；另一方面，民办教育主体确实在组织结构、师资配备和招生就业方面存在一定的困难。在丹寨的案例中，职业教育明显是为产业服务的，成为产业链的一部分，即生源的进入可能是多元化的，但出口是较为单一的，这就使万达职业技术学院在教育序列中的功能逐渐弱化了。尽管职业教育应该与市场接轨，但丹寨县的市场容量是有限的，短期内的订单式、包分配式的职业教育可以最大限度地助力产业发展，但从长期来看，学校的职能绝不是岗前培训班，如何既充分发挥教育的功能，又能从长期上对接产业，是必须要考虑的问题。

即便职业教育能够无缝对接产业，产业本身的可持续性也十分值得考量。丹寨万达小镇位于丹寨东湖畔，是一个以旅游度假为主的产业园区，以"体验式消费"为核心。但是，从交通区位来看，丹寨县的公共交通发展较为滞后，发展旅游业有"先天不足"的问题。丹寨县内既无机场，也无火车站，游客自主前往丹寨万达小镇并不十分容易。如果从全国各地抵达贵阳龙洞堡机场后，需要前往贵阳客运东站乘坐客车前往丹寨县，此线路每天仅有三班，车程为2.5小时左右，从安排交通衔接方面考虑较为不便。如果乘坐火车到达贵阳，必须要经由凯里（普速火车）或三都县（高铁动车）再转乘汽车后到达丹寨县，相对耗时较长，转乘次数较多，对自由行游客来讲时间成本较大,行程安排较为困难。

区位条件比较差的旅游区如果想要取得可持续发展,就必须依靠自身特色来吸引游客,但从已有经验来看,这类景区往往都是以自然景观为主,如喀纳斯、五大连池、九寨沟等,而单纯的人文景观则很难具备持续的竞争力。特别是近年来各地广泛开发旅游,形成不少人为设立的"古镇"、"小镇"、"风情街"等,风格并无不同,内容大同小异,时常令游客大呼上当。尽管丹寨万达小镇的模式并不在"仿古"或"异国风情",但是现代化设施与民族文化杂糅在一起,制约了其对于某种特点深度挖掘的能力。即,万达小镇是将村寨内的民族特色与县城内的现代设施相结合,而这都是贵州省,也是丹寨县已经具备的要素,只不过万达集团将其汇聚于小镇内,从而创新性难免不足,可持续性难以保证。

从实际经营情况来看,开业前四天丹寨万达小镇的客流达到了17.6万人次,总营业额440万元。对于初开业的小镇来说,客流量十分可观,但简单计算可知每名游客小镇内消费仅在25元左右,不但与预计的500~600元差距甚远,对比全国范围内其他类似的景区也处于极低的水平。例如,同样兼具特色文化和自然景观,定位于观光与度假的北京密云古北水镇,2014年开业年接待游客98万人,实现旅游收入1.97亿元,人均消费200元左右,至2016年,古水北镇游客量245万人,人均消费300元左右。除去180元门票,景区内二次消费从2014年的20元左右增加到120元左右。但以贵州省内及丹寨县域内的消费水平来看,能否实现这样的跨越式突破则十分成疑。

传统观光式的旅游正在随着消费升级被分层级的改变,简单的民俗展示和器物罗列将难以深刻触及游客需求,依托特色文化和自然禀赋开发更具体验性的内容必然是丹寨万达小镇下一阶段的重点。万达集团下属万达商业、文化集团、网络科技集团和金融集团。其中,万达文化集团是中国最大的文化企业,2017年上半年收入308亿元,包括影视产业、主题娱乐、儿童娱乐、体育产业、文旅规划院、圣汐游艇、字画收藏七个板块。万达影院、儿童娱乐类的艾米国际儿童文化体验中心已经落户丹寨万达小镇,大玩家和锦华酒店也属于万达旗下的业务体系,而主题娱乐公园、游艇和字画收藏等不适合在丹寨县发展。因此,依托万达集团的已有资源,影视、儿童娱乐、体育以及文化创意开发类的文旅项目是未来可能加入小镇场景中的内容。

五、丹寨案例的社会反响与推广价值

(一)丹寨案例的社会反响

万达对口扶贫丹寨的案例一经签订,便得到了社会的广泛好评。特别是在丹寨万达小镇开业之际，社会各界对其给予高度关注，以各种形式报道丹寨案例，并做出高度评价。

《人民日报》刊发评论《为脱贫攻坚找到凸透镜》，认为万达在丹寨的扶贫创新将成为各地学习的榜样，"丹寨的脱贫实践，最大的启示在于找到了聚焦社会力量的'凸透镜'。政府、民营企业、致富带头人、贫困户齐心协力，建立起脱贫攻坚的统一战线，开拓思路，大胆尝试，最终找准了适合自己的产业和脱贫路径。当更多地方觅得自己那面'凸透镜'，就能上演更多小寨故事，书写'云上丹寨'般的扶贫诗行。"①

《光明日报》发表文章《"云上丹寨"充满希冀》，认为万达以教育扶贫提高丹寨人口素质和致富能力，这是丹寨"拔穷根"的关键举措。"大连万达集团包县帮扶兴建的丹寨万达小镇和贵州万达职业技术学院启用，扶贫攻坚的文化力量在丹寨聚能蓄势，给这个位于苗岭腹地的国家级贫困县带来了深刻的变化。"②

《经济日报》刊发评论《产业扶贫需"工于细"、"成于实"》，认为脱贫攻坚越往后难度越大，越要压实责任、精准施策、过细工作。"扶贫开发贵在精准，重在普惠，成败之处在'细'与'实'。不搞大水漫灌、走马观花，专心致志做到精准滴灌、靶向治疗，用'绣花功夫'做好每一件实事，这才是丹寨实践对打赢脱贫攻坚战的重要启示意义。"③

《新华每日电讯》发表文章《创新扶贫模式，加快深度贫困地区脱贫》，认为"丹寨经验"的实质就在于，"企业包县、整体脱贫"模式为开发式扶贫、可持续扶贫打好基础。这种顾长远的扶贫模式，能发挥"造血"功能，用真扶贫、扶真贫不断提升贫困群众的获得感。这种新型扶贫模式，也有助于完善社会扶贫机制，为其他企业参与扶贫工作提供示范案例。④

2017年7月8日的新闻联播也介绍了万达集团在贵州丹寨县"企业包县、整体脱贫"的扶贫进展。并点评道："贵州省级包县扶贫项目近日在丹寨县投入运行，项目采用'政府+社会资本+旅游产业'模式，结合职业培训教育，推广"造血式"扶贫，可直接提供就业岗位3000个，带动近1.4万人脱贫。"

集中而广泛的社会反响是丹寨县社会扶贫成就的一个缩影，既是对丹寨县扶贫成果的肯定，也是对引入社会资本参与扶贫和对企业包县扶贫新模式的肯定。可以

---

① 盛玉雷. 为脱贫攻坚找到凸透镜[N]. 人民日报,2017-07-07.
② 钟超,吕慎. "云上丹寨"充满希冀[N]. 光明日报,2017-07-07.
③ 辛安. 产业扶贫需"工于细""成于实"[N]. 经济日报,2017-07-06.
④ 易艳刚. 创新扶贫模式,加快深度贫困地区脱贫[N]. 新华每日电讯,2017-07-06.

看到，社会上对于丹寨案例主要是从精准扶贫、产业扶贫等方面切入，给予高度评价。

（二）丹寨案例的推广价值

万达集团针对丹寨县的包县扶贫是中国扶贫模式的重大创新，因此获得"2016年国家首届脱贫攻坚奖创新奖"，形成万达扶贫新的品牌。丹寨万达旅游小镇和万达职业技术学院在短短一年的时间里全部建成，万达扶贫专项基金也如期发放到丹寨贫困群众手中，扶贫工作从签订到落实的效率很高，速度喜人。而万达集团也承诺负责到底，实现旅游小镇的稳定经营，把旅游小镇打造成贵州乃至全国知名的旅游目的地，将职业学院办成贵州知名职业学院，推动丹寨不仅脱贫而且致富。

习近平总书记2017年6月在主持召开深度贫困地区脱贫攻坚座谈会时指出：新增脱贫攻坚资金主要用于深度贫困地区，新增脱贫攻坚项目主要布局于深度贫困地区，新增脱贫攻坚举措主要集中于深度贫困地区。而无论是资金、项目还是举措，都是在扶贫主体上做文章。丹寨模式充分体现我国在深度贫困治理上的扶贫主体创新，从政府包办式的"输血式"扶贫向社会参与型的"造血式"扶贫、开发型扶贫转变，这种"企业包县、整体脱贫"模式既为可持续扶贫打好基础，又有助于完善社会扶贫机制，为其他企业参与扶贫工作提供示范案例。可以说，丹寨的社会扶贫模式具备很高的推广价值。

从丹寨万达小镇的具体营运模式来说，丹寨模式给其他地区发展旅游扶贫提出了一条新路。小镇经营以万达集团为依托，开展"旅游+"模式，已经涉及影视、儿童娱乐两个主项，未来可以拓展"旅游+影视"和"旅游+体育"等创新模式，实现经营模式的升级。

"旅游+影视"模式在丹寨已经有了尝试，导演袁卫东成为丹寨万达小镇轮值镇长后，大力拓展思路，将影视元素融入丹寨万达小镇，如在小镇鼓楼广场的万达影城免费点映，将精美的丹寨非遗手工艺品带到新片《父子雄兵》的首映式上，准备拍摄微纪录片《我眼中的丹寨》等。影视产业前期投资较大，但丹寨所拥有的资源禀赋无可替代，因此在选题和布景等方面进行适当倾斜，实现影视与旅游的双赢是十分现实的，也是值得推广到全国范围内的。特别是我国部分贫困县虽然经济发展较为滞后，但是自然资源丰富，适合"旅游+影视"模式的发展。

万达集团在体育行业已经有不少存量投资，目前万达拥有铁人三项、"中国杯"国际足球锦标赛、环广西公路自行车赛、小轮车世锦赛、2019年篮球世锦赛等资源，虽然丹寨万达小镇内没有体育场馆，但是考虑到小镇周边优越的自然资源禀赋，一些不需要场馆的体育赛事（如自行车、马拉松、竞走等）可以考虑在丹寨举办。

推广旅游景点和体育赛事的结合是近年来的新方向，而全民健身方兴未艾，体育产业市场广阔，以其作为案例进行推广具备极强的可操作性。

丹寨模式作为一种社会扶贫的新尝试值得向全国进行推广，但是丹寨模式的推广并不是无条件的，也不是普适的，其推广的前提条件是解决企业和贫困县的双向匹配的问题，同时必须保证主要项目的可持续性。并不是说任何企业都适合搞包县扶贫，也不是任何企业参与的扶贫只要建设一个旅游小镇就可以万事大吉，丹寨模式的推广重点在于号召更多有能力参与到扶贫工作中的企业加入社会扶贫的队伍中来，在推广经验的同时，更要注重前期调研和论证工作在扶贫实践中的重要性。

第八章 教育扶贫：新疆"叶城模式"

一、教育贫困是导致贫困的主要原因之一

"扶贫先扶智，治贫先治愚"，贫困既有物质贫穷方面的，也有精神方面的，而精神扶贫比解决物质扶贫更加艰巨。贫困地区特别是民族贫困地区，教育落后、愚昧、安于现状、观念保守是导致农民长期贫困的原因之一。美国经济学家舒尔茨认为：经济发展主要取决于人的质量，人力资本是经济增长的主要源泉，而人力资本与教育密切相关；美国人类学家奥斯卡·刘易斯（Oscar Lewis）认为，贫困文化会发生代际传递；阿马蒂亚·森在其"可行能力"理论中提出，贫困的最大原因是能力贫困，其中包括接受教育、参与社区社会活动的机会等。"愚"是导致贫穷落后的主要根源，思想观念落后、受教育机会少等都是贫困人口保持贫困、难以脱贫的重要因素。

（一）教育贫困与教育扶贫

贫困，人们最先关注的是物质方面的贫困，随着对贫困问题的进一步研究，人们开始关注贫困人口的行为和能力；到了20世纪90年代，人们对贫困的理解更加深入，世界银行在1990年《年世界发展报告》中指出贫困是"缺少达到最低生活水准的能力"，同时认为："衡量生活水准不仅要考虑家庭的收入和人均支出，还应包括医疗卫生、预期寿命、教育、公共产品的获得情况等社会福利以及政治权力方面的内容"。由此可见，贫困不仅是经济落后的表现，还表现为社会发展、文化教育方面的落后，尤其是教育贫困，既是贫困的结果，也是导致贫困的重要原因。

"教育贫困"的概念，目前学界还没有统一的定义。在已有的研究中，从受教育者方面，有学者认为，教育贫困是指由于家庭经济条件和观念等原因，适龄儿童或

青少年无法完成九年义务教育①，表现为辍学或失学；从教育资源来看，存在教育资源不足、质量低下等现象，即师资、教育投入、基础设施等低于国家或地区的平均水平。从教育贫困的内涵来看，教育贫困既涉及经济方面的范畴，也包括社会、文化、教育、政治、参与等方面的贫困②。

教育扶贫，是人们在承认教育具有反贫困功能，即通过教育提高贫困人口的文化素质和技能，改变贫困人口的价值观念、思维定式以及生活习惯的基础上提出的，通过提高当地人口的文化素质以促进当地的经济文化发展，并最终摆脱贫困的一种扶贫方式。扶贫方式一般是针对贫困地区的贫困人群进行教育投入，使贫困人口能够得到所需要的教育机会，掌握脱贫致富的知识和技能，最终达到脱贫的目标。国内外学者们分别从经济学、社会学、教育学等视角对教育扶贫进行理论研究。美国人类学家奥斯卡·刘易斯认为，穷人因其独特的生活、居住方式，形成了一种脱离社会主流文化的贫困亚文化，并且这种亚文化通过"圈内"交往而得到加强，并世代相传，进而维持着贫困的生活。只有通过教育改变贫困人口的落后观念，引导他们形成积极的生产生活方式，才能摆脱贫困。瑞典经济学家缪尔达尔认为，贫困存在循环积累的因果关系，即导致贫困的某一因素的变化，会引起贫困的进一步变化，这一变化反过来又强化了前一因素的变化，最后导致社会经济过程朝更加贫困的方向变化发展，从而形成循环累积的发展趋势。因此，通过改善贫困人口的教育状况，可以推动经济增长，阻断贫困的恶性循环，打破贫困的代际传递，从而形成一个良性的因果循环。美国济学家舒尔茨（T. W. Schultz）提出了"人力资本理论"，该理论认为，经济的发展取决于人的质量，即知识、技能、健康状况的总和；教育和职业培训是人力资本形成的重要渠道，人力资本投资是经济增长的主要源泉；人力资本投资是效益最佳的投资③。他认为，贫困地区之所以落后，主要原因是缺乏人力资本。因此加强教育投资，对贫困地区人力资本的形成、经济社会的发展和永久脱贫具有重要的意义。国内学者李祥、曾瑜等通过对民族地区教育精准扶贫的内在机理研究，认为民族地区的教育精准扶贫应从教育资源的供给、教育权力的运用、教育发展权利保障三个方面进行④，以实现民族地区的教育在发展规模、结构、质量和效益等方面得到改善。还有学者认为教育对优化社会结构、促进权利分配公平方

---

① 牛利华. 教育贫困与反教育贫困[J]. 学术研究,2006(5):121-124.
② 徐肇俊,李正元. 教育贫困概念辨析[J] 辽宁教育研究,2006(6).
③ 舒尔茨的人力资本理论[EB/OL]. http://mzj.klmy.gov.cn/.
④ 李祥,曾瑜,宋璞. 民族地区教育精准扶贫内在机理与机制创新[J]. 广西社会科学,2017(2):201-207.

面具有明显的推动作用①。

（二）民族地区教育贫困的状况

我国民族地区由于受自然、生态、历史、宗教、文化等多重因素的影响，经济社会发展缓慢，教育资源短缺，教育基础设施落后，学生入学率低，人力资本素质不高，存在人口素质低—导致收入低—经济发展缓慢—低教育投入—低人口素质的恶性循环。

1. 教育资源短缺，教学条件落后

民族地区由于自然环境恶劣，居住分散，交通条件差，办学难度大，教育投入成本更大。同时，由于经济发展落后，自身财力薄弱，教育基础设施与师资投入得不到保障，而教育投入的不足进一步导致办学条件落后。民族地区教育指标如生师比、生均建筑面积、生均仪器设备，学生文化活动场所等都远远低于全国平均水平，以2015年为例，全国高中阶段、初中阶段和小学阶段生师比平均为14.01、12.41和17.05，云南分别为15.20、15.29和16.80；贵州分别为19.59、18.31和18.59；宁夏分别为16.17、15.11和17.98②，全部低于全国平均水平、重庆分别为15.92:1、12.71:1和17.44:1③，明显低于比全国平均水平。另外，部分地区还存在教育基础设施陈旧、老化，办学条件有待改善和提高。其次，由于条件差、工资待遇低，教师数量与质量均不能满足教育需求。以新疆为例，2015年新疆中等职业教育学校平均生师比为21.2:1，"双师型"教师比例为30.66%，低于全国平均水平（40%）近10个百分点。尤其是南疆四地州，师资数量短缺与流失并存，严重制约着新疆中等职业教育的发展④。

2. 学生入学率低度

民族地区贫困人口由于受传统观念及宗教等多方面的影响，加上大中专业学生就业难等问题，接受教育的愿望较低。如在接受高中阶段教育方面，民族地区与其他地区相比，还存在较大的差距。以2012年数据为例，全国高中阶段毛入学率达为85%，但在集中连片特困地区的680个县中，还有33个县毛入学率低于70%，另外，有83个县甚至没有高中学校。偏远的民族落后地区水平更低，2013年，云南省红河州少数民族占比高的南部6县，高中阶段毛入学率仅为37.1%⑤。从初中毕

---

① 李兴旺,朱超.教育扶贫理论研究综述[J].科教导刊,2017(下):6–10.
② 各级学校生师比分省情况[EB/OL].教育部网站,http://old.moe.gov.cn//publicfiles/business.
③ 数据来自2015年云南省教育事业发展统计公报.
④ 新疆教育发展现状、问题与战略措施[EB/OL].http://www.360doc.com/.
⑤ 马云馨.社会保障绿皮书:中国社会保障发展报告(2017)[M].北京:社科文献出版社,2017.

业生升学率统计，2013 年，全国还有新疆、西藏、广西、云南、贵州 5 个省区低于 80%，其中西藏低于 70%[①]。

3. 双语教育薄弱

一是双语教学师资力量不足。"双语教师"短缺，教师数量不足，水平参差不齐。尤其是在偏远的农村，有些选派的教学人员为非专业教师，一年一派，教师流动性大，缺乏授课经验，教学理论知识欠缺，教学方法、教学模式以及授课内容达不到双语教学的质量要求，教学效果欠佳。二是双语环境较差。以新疆南疆为例，由于南疆语言学习环境较差，会汉语的不多，一个村子里只有极少数的村干部会讲汉语，村民全部用维语交流，学生缺乏讲汉语的语言环境，加之家长对双语教育的重要性认识不足，学生只在课上讲，学校成为学生讲汉语的主要场所，普通话水平难以提高。

二、新疆叶城县教育扶贫的案例

（一）新疆南疆地区致贫因素及现状分析

新疆特别是南疆四地州，贫困人口高度聚集，贫困程度深、问题突出，致贫因素复杂而特殊，就南疆四地州而言，贫困原因主要有以下几个方面：

1. 区域整体贫困严重

经过多年脱贫攻坚，新疆的贫困人口主要集中在南疆四地州。目前，南疆四地州贫困村 1639 个，占全疆贫困村总数的 94.03%；覆盖的贫困人口达到 111.95 万人，占全区贫困人口总数的 92.08%；贫困发生率 15.04%，仍高于全国平均水平，且 99.66% 的农村贫困人口为少数民族。"档"外人口精准识别后，贫困人口规模还将增加，还有相当部分长期生活在边境一线、担负守边任务的贫困边民，脱贫成本高、难度大。

2. 自然环境恶劣

南疆四地州深居祖国大地腹地，地处塔克拉玛干沙漠西南边缘，远离大中城市，地理环境相对封闭，属典型的干旱荒漠绿洲生态环境。沙漠戈壁占总面积的 90% 以上，不到 10% 的绿洲承载全疆 44% 的人口，可耕地等生产资料人均占有率低，发展空间有限，加之风沙肆虐，自然灾害多发频发，生存环境恶劣，生产条件极差。

---

① 朱益民. 普及高中阶段教育的精准发力[N]. 中国教育报, 2017－04－07.

3. 经济发展滞后

南疆四地州农村道路、水利、通信等基础设施建设尤其落后，基本公共服务水平低。城市发展动力不足，城镇化率26%，吸纳人口、辐射农村能力不强。自改革开放以来，南疆四地州地区生产总值虽然增长了37倍，但人均GDP从全疆平均水平的70.1%下降到42.6%，城乡居民人均可支配从全疆平均水平的91%下降到81%，2016年度，南疆四地州农村居民人均可支配收入7868元，分别占35个贫困县的农村居民人均可支配收入8055元的97.7%，占全疆农村居民人均可支配收入10180元的77.3%。

4. 语言障碍突出

南疆四地州有维吾尔族、柯尔克孜族、塔吉克族、汉族等30多个民族成分，2016年底，少数民族人口922万人，占四地州总人口的91.2%。在四地州111.95万贫困人口中，农村少数民族贫困人口比例高达99.66%。由于接受文化教育程度低，掌握运用语言水平低，劳动力转移就业难度极大。

5. 反恐维稳形势严峻

四地州周边与印度、巴基斯坦、阿富汗、吉尔吉斯斯坦、塔吉克斯坦、哈萨克斯坦6国接壤，处在反恐维稳第一线，境外"三股势力"渗透严重，境内宗教氛围浓厚，呈现境外有种子、国内有土壤、网上有市场。极端宗教思想欺骗和蒙蔽群众，部分群众不思发展，影响贫困人口摆脱贫困、发家致富的步伐。

（二）叶城县萨依巴格乡贫困特征与教育扶贫概况

萨依巴格乡是一个典型的南疆贫困乡，四季干旱，风沙暴烈，是新疆自治区扶贫开发重点乡，距离叶县城15公里，全乡辖21个行政村，91个村民小组，人口19091人，村民98%以上为维吾尔族，宗教氛围浓厚。村民收入以核桃为主，核桃产业是村民的支柱产业，收成受自然气候影响较大。

2014年前，全乡贫困发生率达80%左右，其中致贫原因除自然条件因素外，愚昧、传统观念以及宗教原因等也是贫困的主要因素。以萨依巴格乡巴什托格拉勒（15）村为例，全村没有小学和中学，有3座清真寺，学生需到乡里上学。村民100%为维吾尔族，不会汉语，全部以维语交流，宗教氛围浓，环境封闭，思想较为保守，85%的村民接近文盲；亲近结婚率约占30%，而亲近结婚所生的病残儿童导致家里贫困的也占有相当的比例；超生现象非常普遍，80%以上的家庭生有3孩以上，有的家庭甚至育有五六个孩子，使几乎无经济来源的家庭负担更加沉重；此外，由于长期受宗教意识形态的影响，农民将主要精力投入做礼拜中，而不是从事农业生产，对农业生产既无耕种传统也无意识和愿望，即使是主产业——核桃产业，也没有利用科学知识进行剪枝、嫁接等，完全靠天吃饭。尤其是部分被极端宗教思想欺骗和蒙蔽的群众更是不思发展，对社会稳定和脱贫致富具有较大的影响和潜在的破坏性。文化素质的低下、思维模式的一成不变、观念的落后以及封闭的地理环境和社交圈，使村民对长期的贫困状态浑然不觉、已然习惯，安于现状的思想十分严重。村民没有能力也不愿让孩子接受学校教育，儿童辍学率达60%左右。已经实现脱贫的人口中，因病、因灾、因意外等原因极易反贫。由此可见，萨依巴格乡的贫困除客观因素外，落后的思想观念导致的人的能力贫困也是长期致贫的重要原因。在这样的背景下，要想真正脱贫，解决"两不愁（不愁吃、不愁穿）、三保障（医疗、教育和住房保障）"问题，必须从教育入手，进行思想观念的转变。

从2014年开始，随着中央"精准扶贫"战略的实施，新疆自治区"访惠聚"（访民情，惠民生，聚民心）活动的开展，以及新疆教育厅组织实施的自治区教育扶贫专项行动，萨依巴格乡巴什托格拉勒（15）村在"访惠聚"驻村工作的帮助下，通过创办民族团结学校，开展双语教育，剩余劳动力转移培训，结对帮扶等方式，帮助村民转变思想观念，从思想上脱贫，取得显著成效，为精准扶贫、全面脱贫打好基础。他们以"民族团结学校"为载体，经过一年的努力，使该村达到了脱贫标准，摘掉了贫困帽子，是一个教育扶贫的典型案例。

目前萨依巴格乡有1所中学，5所小学，新建幼儿园21个。巴什托格拉勒（15）村有学前儿童46名，新建幼儿园1所，中小学生264名，全部接受学校教育；全村278户、1217人，其中建档立卡贫困户75户，共计244人，贫困率下降到27%。

1. 创办"民族团结学校"，普及科学知识

中央高度重视新疆工作，将"依法治疆、团结稳疆、长期建疆"作为治疆方略，"社会稳定和长治久安"作为新疆工作的总目标。自治区党委为落实中央的要求，从2014年起，在全疆开展"访惠聚"活动，即分期分批派机关干部到全疆各村和社区，集中进行"访民情、惠民生、聚民心"工作。

2016年，巴什托格拉勒（15）驻村工作队积极争取外援，呼吁全国各地爱心人士支持学校建设，募集了近百台计算机，联合国家民委民族团结杂志社，于2016年7月5日在村里创建了全疆第一所"民族团结学校"。这所公益性的培训学校从村民的实际需要出发，以工作队成员为教员，利用农闲时间或周末，在大力宣传党的民族宗教政策以及民族区域自治法、自治区民族团结进步工作条例、自治区宗教事务条例等法律法规的同时，系统地传授双语、法律、科技、卫生等方面的知识和技能。工作队自编教材，从培训村"两委"干部和村警务室人员入手，让他们学习汉语；

再培训村民，主要是青少年，使村民提高与外界沟通能力。这一举动为村民出售当地农产品（主要是核桃），去除宗教极端化等，都有十分重要的意义，对于村民而言，不仅有利于"富口袋"，更有利于"富脑袋"，为他们转变观念，增强内生动力，走上全面小康之路，成为具有现代意识的新疆人提供动能。

治贫先治愚，扶贫先扶智，"治愚"和"扶智"的根本手段是发展教育。驻村工作组将学校作为民族团结的平台和精准扶贫的载体，为彻底解决当地的贫困问题，从教育入手，利用募集的计算机，成立一所公益性的计算机培训学校，由驻村工作队员担任培训教师，为本村及周边的学生进行零基础计算机应用及操作培训，得到全乡及中小学生的热烈欢迎。2016年7—12月，计算机培训学校已完成了6期、每期30人的培训，作为叶城县第一所村办计算机培训学校，打破了村长年封闭局面，让全村及周边的孩子第一次接触计算机，也为孩子们掌握信息技术，学习现代科学知识，去除宗教极端化等，了解外面的世界提供了平台。

2. 推进并普及学前幼儿双语教育

为推进双语教育，2016年新疆发布了《南疆双语教育质量提升行动计划（2016—2020）》《关于积极推进双语教育工作的意见》《关于大力推进南疆地区双语教育的实施方案》《新疆双语现代远程教育建设计划（2016—2020）》等，为促进南疆边远地区开展双语教育提供政策支持。到2016年底，新疆新建双语幼儿园637所，其中35个贫困县新建幼儿园364所，投入经费约6.4亿元；落实农村学前双语教育保障经费9.94亿元，其中35个贫困县4.96亿元；完成南疆四地州乡村教师教学信息化和应用能力培训工作，培训教师12万人，启动"一师一优课、一课一名师"活动。对30所中小学双语教育信息化建设工作正在进行中，完成新疆基础教育信息化监管运维平台二期项目技术论证。启动南疆学前双语教育支教计划，11月10日有首批3000名支教教师赴南疆四地州农村幼儿园开展支教工作。2016年萨依巴格乡21所幼儿园全部实现双语教育，为实现永久脱贫夯实坚实的根基。

3. 剩余劳动力转移与就业培训扶贫

脱贫攻坚，关键要让农民转变思想观念。叶城县农民纯朴善良，但大都安于现状，尤其是部分贫困户有"等、靠、要"的思想，非常懒惰，为完成脱贫任务，叶城县为每个贫困户提出"十个一"的奋斗目标，即有一套安居富民房、一座庭院、一个牲畜棚圈、一片果园、一架葡萄、有一个人就业、培养一个大学生等。为了实现这一目标，萨衣巴格乡利用自治区的扶贫资金，为农民开展多种职业技能培训，举办农业科技知识培训，使农民掌握获得职业技能，提高就业能力。仅2016年6月到9月，全乡就先后开办了6期培训班，包括卡车小汽车的驾驶培训、大型挖掘机的使用；美容美发、地毯编织加工、核桃木艺雕刻、核桃树剪枝、科学种植葡萄等培训，使200多名农民实现就近就地就业，实现"培训一人，就业一人，带动全家脱贫"的目标。

经培训，巴什托格拉勒乡（15）村组织了100多名村民外出打工，一个多月的时间每人挣得8000多元，突破了人均3050元的贫困线，有效解决了贫困问题。

（三）叶城县"教育扶贫"模式的启示

2016年是新疆教育厅牵头组织实施自治区教育扶贫专项行动的第一年，全疆紧紧围绕专项行动实施方案确定的贫困地区学生资助惠民计划、学生就业帮扶计划、学校思想政治教育支持计划、双语教育支持计划、学前教育支持计划、基础教育提升计划、职业教育富民计划、高等教育支持计划、各级各类学校结对帮扶计划、教师队伍建设计划、教育信息化发展计划11项分年度教育扶贫支持计划，针对35个贫困县和建档立卡的60.8万名家庭经济困难学生的实际，按照"统筹推进、促进均衡、精准资助、提高质量、保障队伍"的工作要求，确保精准扶贫取得效果。据此总结出成功的经验：

1. 强化组织领导，注重顶层设计

新疆教育厅坚持把教育扶贫工作作为全年重点工作统筹规划，专门成立扶贫工作领导小组，明确任务职责，强化责任落实，建立了领导牵头、部门协作、系统联动的教育扶贫工作机制，集中各方面力量做好教育扶贫工作。为有效实施教育扶贫工作，新疆教育工委、教育厅经过实地调研，制定《自治区脱贫攻坚教育扶贫专项行动实施方案》，并对实施方案中11项分年度教育扶贫支持计划、29项精准扶贫措施逐项进行分解，将教育扶贫工作分解落实到自治区21个有关责任部门和各地州市。同时，教育厅党组研究制定下发一系列关于扶贫工作的通知、文件和规定，明确各处室和直属单位的帮扶职责，推动扶贫工作科学化、制度化、规范化。

2. 推动高效协同，坚持靶向施策

教育扶贫专项行动实施方案启动以来，新疆各责任部门开展精准资助、精准帮扶、精准施策，各项计划如期推进。

（1）实现精准资助和经济困难学生资助全覆盖

针对35个贫困县和建档立卡60.8万名家庭经济困难学生，实现家庭经济困难学生资助全覆盖。同时，在制定资助资金分配方案时，对贫困学生比例高、基数大的地区和学校，在资助比例上进行适当倾斜，2016年南疆四地州高校国家助学金比例由2015年的28%提高到30%；自治区人民政府助学金的比例也适当向南疆四地州高校倾斜。

2016年国家和自治区各项资助资金11.75亿元，惠及学生65.11万人次。其中，中等职业学校国家助学金资金18801.8万元，惠及学生9.4万人；中等职业学校免学费补助资金31903.39万元，惠及学生16.16万人；中等职业学校免住宿费和教材费补助资金8647.22万元，惠及学生12.27万人；普通高中国家助学金资金50909.2万元，惠及学生25.45万人；高校少数民族学生学费和住宿费补助资金7303.2万元，惠及学生1.83万人。

2016年下拨保障机制资金324274万元，其中城乡义务教育经费保障机制公用经费226709万元（35个贫困县下达资金97976万元，占全区资金总额的43.22%）；城乡义务教育经费保障机制家庭经济困难寄宿生生活费55042万元（35个贫困县下达资金27773万元，占全区资金总额的50.46%）；城乡义务教育经费保障机制免费教科书42523万元。2016年国家和自治区投入营养改善计划补助资金95429.48万元，惠及学生131万人。同时，积极配合有关部门在高校毕业生离校前做好家庭困难毕业生的求职补贴发放工作，为3580人发放家庭困难毕业生的求职补贴286余万元。

（2）积极推进贫困地区学校建设均衡发展

2016年自治区义务教育学校建设项目投入资金24000万元，其中对35个贫困县投入资金13570万元，占全区投入资金的56.54%。自治区农村义务教育薄弱学校改造计划项目资金，共下达资金167890万元，其中对35个贫困县投入资金75324万元，占全区投入资金的44.87%。投入资金1.5亿元用于自治区普通高中17所项目学校改善办学条件。自治区中等职业学校基础能力标准化建设项目已立项20所学校，其中2015年8所、2016年12所学校，第一期资金下达11200万元，全部用于实训基地建设，20所学校已编制完成建设方案，正在实施建设。南疆四地州9所中等职业学校获自治区基础能力建设资金支持2.78亿元，占该项目资金总额的69.85%，4所学校已完工。2016年启动实施自治区职业教育产教融合工程中等职业教育项目，已下达8所学校计20711万元，资金已支出98.02万元。

（3）实施特殊政策培养贫困地区本土人才

2016年区内外院校面向全区各类面向贫困地区学生安排专项计划共6860名，较上年增加1826名，其中投放国家专项计划1487名、高校专项计划39名、地方专项计划200名、南疆单列计划5134名。自治区"定向培养免费师范生计划"招生疆外院校培养计划从425人增加到525人（定向南疆四地州），核拨32所院校11251名在校生培养经费5386.81万元，免除定向生学费、教材费等相关费用。实施自治区"定向中职免费师范生计划"，为南疆四地州培养444名学生。实施第七轮高校协作计划，不断增大内地高校新疆招生规模，在第六轮协作计划投放6800名计划的基础上，到2020年协作计划规模将增加到10000名。

（4）推进结对帮扶共享优质教育资源

推动东疆、北疆优质教育资源与南疆200所中小学校结对帮扶签约工作，东疆、北疆对口帮扶南疆13个县市青少年校外活动中心工作也在有序进行。新疆将南疆所有中等职业学校全部纳入对口帮扶范围，选择乌昌地区、克拉玛依市和石河子市等25所国家或自治区中、高职示范（骨干）院校和优质院校（含技工院校），分别具体实施对口帮扶南疆四地州中等职业学校和8所重点建设的中等职业学校，教育部协调部属高校和援疆省市高校178所对口支援新疆24所高等职业院校纳入各自教育援疆总体规划之中，建立对口支援关系。推动新疆医科大学、新疆师范大学等高校分别对口支援新疆维吾尔医学专科学校、和田师范专科学校工作。

（5）提升"造血"功能强化师资建设

制订2016年中小学（含特殊教育学校）和幼儿园教师公开招聘计划，实际招聘9341人，其中35个贫困县实际招聘4176人。继续实施自治区大学生实习支教计划，优先满足贫困地区学校需求，全年选派11779名大学生赴基层学校实习支教。继续实施"自治区边远贫困地区农村学校人才支持计划教师专项计划"，选派1285名支教教师到35个贫困县支教。评选2016年度自治区边远贫困地区农村学校人才支持计划教师专项计划优秀支教教师155名。为1794名自治区定向培养免费师范生做好就业安置工作。利用"国培计划"培训35个贫困县教师5.5万人次，"区培计划"培训35个贫困县教师近1.5万人次。落实南疆四地州集中连片特困县乡村教师生活补助政策，按照人月均200元标准，为南疆四地州33个县市101587名乡村教师发放补助24380.88万元，其中南疆三地州24县市及乌什、柯坪县81736名乡村教师19616.64万元。

（四）教育扶贫的发展方向及建议

中央高度重视扶贫开发工作，要求到2020年贫困人口必须全部实现脱贫，并将"发展教育脱贫一批"作为五大精准扶贫、精准脱贫的重要途径之一。《国家教育事业发展"十三五"规划》提出：完成教育脱贫攻坚任务，精准扶贫、精准脱贫的效果充分显现，实现家庭经济困难学生资助全覆盖，困难群体、妇女儿童平等受教育权利得到更好保障，义务教育实现基本均衡的县（市、区）比例达到95%，城乡、区域、学校之间差距进一步缩小，建成覆盖城乡、更加均衡的基本公共教育服务体系。推进区域教育协调发展，新增教育资源重点向革命老区、民族地区、边疆地区、集中连片特困地区倾斜。

1. 准确定位

就教育本身而言，主要功能是确保建档立卡贫困家庭学生有学上、上得起学，确保贫困地区学校有良好的基础设施条件、较强的师资队伍，不断提升贫困地区教育教学质量，让家庭经济困难学生都能接受公平有质量的教育，阻断贫困代际传递。

2. 加强制度建设，落实实施方案。

认真贯彻落实自治区党委、人民政府脱贫攻坚的新部署、新要求，将教育扶贫工作纳入教育厅工作的重要日程。严格按照自治区教育扶贫专项行动实施方案的任务分解和工作进度，推进教育扶贫工作，落实教育扶贫责任，确保教育扶贫与日常业务有效衔接。

3. 加强工作协调，创新工作思路

教育扶贫专项行动11项计划、29项措施应逐一分解落实到教育厅相关部门负责人，及时与其他厅局（部门）业务处室协作配合，明确实施时限和具体责任人，做到分工明确、责任到人。适时开展调查研究工作，实地指导工作，帮助解决实际问题。建立和完善牵头制度，建立牵头协调工作机制、联络员制度，每半年召开一次协调会议，及时对教育扶贫工作进行总结和部署。

4. 落实精准扶贫要求

针对35个贫困县和建档立卡的60.8万名家庭经济困难学生的实际，坚持扶持对象精准、项目安排精准、资金使用精准。

（1）在资助上，确保建档立卡的60.8万名家庭经济困难学生资助"全覆盖"，做到应助尽助、应贷尽贷。及时梳理、筛选、调整建档立卡家庭经济困难学生信息，落实每一名建档立卡家庭经济困难学生享受奖助贷勤减免补情况，确保不出现因贫辍学、因学致贫。

（2）在就业上，为经济困难学生持续提供岗位信息、求职指导、技能培训、重点推荐等就业服务，确保符合条件的农村低保贫困家庭毕业生及时足额享受求职创业补贴。

（3）在学校建设、人才培养、师资建设、学前教育、双语教育上，加大向35个贫困县特别是南疆三地州县市的倾斜支持力度（南疆三地州24个县市占全区扶贫开发重点县的68.6%）。

5. 加强双语教育的宣传和人才培养工作

语言不仅是南疆地区农民走出家门、与外界交流、开阔眼界的工具，也是国家认同和中华民族认同的媒介，只有语言上的相通，才能实现各民族间的交往、交流和交融。只有扫除语言上的障碍，南疆贫困地区的村民才能走出家门，接受现代思想观念，改变陈旧落后的价值观，摆脱贫困的循环累积。首先，必须加强双语教育，从小抓起，要在村民中大力进行这方面的宣传教育；其次，要在新疆尤其是基层培养一批懂维语的汉族干部和懂汉语的维吾尔族干部，加强与村民的沟通协调；最后，继续实施南疆地区幼儿园支教计划、大学生支教计划和教师支教计划，加大贫困地区教师培养培训力度，提升贫困地区教师双语教学和专业教学能力。

6. 实施贫困地区学生招生优惠政策

继续实施面向贫困地区学生的专项招生计划、定向中职免费师范生计划和定向培养免费师范生计划，加强贫困地区教育"造血"功能。在实施专项招生计划方面，要严格选择高校，单独制订招生计划；进行资格审查工作，确保考生信息真实准确；规范招生录取的操作流程，加大信息公开的力度，确保专项招生工作的公平公正。在免费师范生培养方面，要妥善落实国家、自治区以及高校对入选学生的优惠政策。为提升地区教育水平，增强贫困地区教育扶贫力度提供政策支持，从而进一步推动自治区职业教育工作的持续健康发展。

7. 做好贫困地区学校结对帮扶

加大贫困地区学校结对帮扶力度，加强实训基地建设和贫困地区教师招聘工作，推进贫困地区学校均衡化和标准化建设。要认真遴选学前教育、义务教育、高中教育阶段的优质学校作为支援单位，与贫困地区相应教育阶段的学校开展校际结对帮扶。充分发挥优质学校在教学管理方面的模范作用，引导受援学校提升教育教学水平。同时，应当加强对贫困地区教师招聘工作的支持力度，缓解贫困地区一定教育阶段的教师紧缺问题，并加快建设实训基地，提升职业学校学生的技能水平和实践能力，促进贫困地区教育事业的均衡发展。

8. 通过支教计划提升新疆教育水平

继续实施南疆地区幼儿园支教计划、大学生支教计划和教师支教计划，加大贫困地区教师培养培训力度，提升贫困地区教师双语教学和专业教学能力。为补齐南疆地区师资力量的短板，尽快提升南疆地区的教育教学水平，应当加强对该地区支教计划的支持力度，引导和鼓励更多符合要求的大学生和教师参与支教计划。尤其值得重视的是，教师的教育教学能力将会对学生的人格品质和知识素养产生极大影响，因此要进一步加强对贫困地区教师的培养，提高教师的双语教学和专业教学能力，确保南疆等贫困地区教育水平的稳步提升。

第九章 直过民族脱贫：云南"怒江模式"

自党的十八大以来，我国把贫困人口脱贫作为全面建成小康社会的底线任务和标志性指标，在全国范围全面打响脱贫攻坚战。2017年6月23日，习近平总书记在山西太原市主持召开深度贫困地区脱贫攻坚座谈会并发表重要讲话，其中对云南省人口较少民族、直过民族采取的特殊扶持政策，取得的明显效果予以肯定。除云南怒江外，我国还有西藏和四省藏区、南疆四地州、四川凉山、甘肃临夏等集中连片贫困地区，及其他集革命老区、民族地区、边疆地区于一体的深度贫困地区，这是我国脱贫攻坚的"坚中之坚、难中之难"。本章选取云南省怒江州直过民族扶贫作为案例分析，重新审视整乡推进、整族帮扶的"独龙江经验"，总结归纳怒江州深度贫困地区解决区域性整体贫困的生态产业扶贫、"一个民族一个集团帮扶"的社会扶贫、文化扶贫的"怒江经验"，以及生态扶贫的"兰坪经验"，以期借鉴和推广。

一、背景与现实

自党的十八大以来，特别是习近平总书记先后考察云南时，对云南省脱贫攻坚做出重要指示，要求把"直过区"和直过民族脱贫攻坚放在更加突出的位置，坚持精准扶贫、精准脱贫基本方略，采取超常规举措，坚决打赢民族地区扶贫攻坚战，在全面建成小康路上坚决兑现"绝不让一个兄弟民族掉队"的庄严承诺。少数民族边疆地区受自然、历史、社会等因素的制约，经济发展缓慢、社会发展相对滞后。云南省要打赢脱贫攻坚战，2020年实现全面小康，最大的困难，就是如何让从原始社会末期直接过渡到社会主义社会的直过民族脱贫。

在云南，居住着独龙、德昂、基诺、怒、布朗、景颇、傈僳、拉祜、佤9个直过民族，由于特殊历史、地理、社会发展程度等原因，直过民族聚居区成为脱贫攻坚最难啃的"硬骨头"、攻坚拔寨的"拦路虎"。云南省直过民族分布于13个州

(市)58个县(市、区),主要聚居在271个乡(镇)的1179个行政村(称为直过民族聚居区),总人口232.7万人。其中,建档立卡贫困乡(镇)107个,贫困村601个、贫困户18.73万户、贫困人口66.75万人①。

多年来,国家高度重视直过民族发展,采取特殊政策措施,加大对人口较少民族和直过民族的帮扶力度。云南省采取"一山一策、一族一策、一族多策"和整乡整村推进等扶持措施,先后开展独龙族、德昂族整族帮扶,基诺山乡、布朗山乡扶贫攻坚和苦聪人、莽人、克木人、梗人、勒墨人、山瑶6个民族支系重点帮扶工作。自2010年以来,通过实施兴边富民工程,扶持人口较少民族发展,开展民族团结进步示范乡村建设,直过民族贫困群众的生产生活条件有明显改善。2016年2月,针对省内9个直过民族,云南实行"一个民族一个行动计划、一个民族一个集团帮扶",出台《云南省全面打赢直过民族脱贫攻坚战行动计划(2016—2020)》(以下简称《行动计划》)。《行动计划》提出,将围绕独龙、德昂、基诺、怒、布朗、景颇、傈僳、拉祜、佤9个直过民族,用5年攻坚行动计划,打赢直过民族脱贫攻坚战,确保到2019年实现直过民族聚居区66.75万建档立卡贫困人口脱贫。

怒江傈僳族自治州是云南省乃至全国最贫困、最困难的民族自治州,怒江州集边疆、直过民族、深度贫困于一体,是我国民族族别最多和人口较少民族最多的自治州,全州52万余人,少数民族人口比例占总人口的92.2%,有傈僳族、独龙族、怒族、普米族等5个直过民族。2016年,全州所辖贡山、泸水、福贡、兰坪均为国家扶贫开发工作重点县和滇西边境片区县,29个乡镇中有21个贫困乡镇,255个行政村中有181个是贫困村,贫困人口12.85万人,贫困发生率为27.7%,贫困发生率居云南省之首。②

我国高度重视和关心怒江州经济社会发展,2013年以来,习近平总书记先后六次对怒江扶贫工作做出重要批示和要求。2015年,习总书记对怒江的发展给予了极大的关心,在昆明接见怒江州各族干部群众代表时指出"全面实现小康,一个民族都不能少"。国家出台了《关于支持四川省凉山彝族自治州云南怒江傈僳族自治州甘肃省临夏回族自治州加快建设小康社会进程的若干意见》,云南省下发《怒江州扶贫攻坚总体方案(2013—2017)》,怒江州编制《怒江州脱贫攻坚行动全面小康行动计划(2016—2020)》(以下简称《计划》)。《计划》提出,到2019年,怒江州4个县21个贫困乡镇181个贫困村14.93万建档立卡贫困人口分期实现摘帽、出列、

---

① 云南省全面打赢直过民族脱贫攻坚战行动计划(2016—2020)。
② 脱贫攻坚战"怒江之战"[EB/OL].怒江大峡谷网,[2017-08-08]http://www.nujiang.cn.

脱贫。到2020年,稳定实现农村贫困人口不愁吃、不愁穿,义务教育、基本医疗、住房安全有保障,与云南省同步建成小康社会。

表9–1 怒江州贫困县、乡、村脱贫摘帽出列计划

县别	贫困县	贫困乡	贫困村	摘帽出列计划	退出时间			
					2016年	2017年	2018年	2019年
合计	4			贫困县			1	3
		21		贫困乡	4	6	7	4
			181	贫困村	41	46	60	34
贡山县	2018年脱贫摘帽	4个乡(镇)	26个	贫困乡	捧当乡	丙中洛镇	茨开镇、普拉底乡	-
		脱贫出列	行政村脱贫出列	贫困村	10个(永拉嘎村、闪当村、马西当村、迪麻洛村、马库村、巴坡村、孔当村、献九当村、龙元村、迪政当村)	4个(双拉村、丙中洛村、甲生村、秋那桶村)	12个(腊早村、禾波村、咪谷村、嘎拉博村、丹珠村、其达村、力透底村、补久娃村、茨开村、吉束底村、双拉娃村、满孜村)	-
泸水县	2019年脱贫摘帽	古登乡	5个乡(镇)	44个	贫困乡	鲁掌镇	上江镇、老窝镇	称杆乡
		脱贫出列	行政村脱贫出列	贫困村	8个(鲁掌村、鲁祖村、登埂村、洛玛村、排路坝、瓦姑村、六库村、新寨村)	12个(蛮英村、丙贡村、大练地村、老窝村、银坡村、中元村、片马村、古浪村、新田村、大密扣村、白水河村、自扁王基村)	13个(排把村、自把村、前进村、玛普拉地村、赤乃耐村、堵堵咯村、王玛基村、木楠村、四排拉多村、鲁奎地村、卯照村、俄嘎村、保登村)	11个(当基村、佑雅村、亚碧罗村、尼普罗村、俄夺罗村、念坪村、干本村、腊斯底村、色德村、格甲村、金满村)

续表

县别	贫困县	贫困乡	贫困村	摘帽出列计划	退出时间 2016年	2017年	2018年	2019年
福贡县	2019年脱贫摘帽	5个乡（镇）	47个	贫困乡	鹿马登乡	上帕镇	匹河乡、石月亮乡	架科底乡
		脱贫出列	行政村脱贫出列	贫困村	11个（赤恒底村、赤洒底村、亚坪村、娃吐娃村、麻甲底村、巴甲朵村、米俄洛村、利沙底村、达友村、上帕村、腊竹底村）	14个（腊乌村、达普洛村、施底村、珠明林村、腊吐底村、木古甲村、里吾底村、老姆登村、子里甲村、亚谷村、腊母甲村、马吉村、亚朵村、咱利村）	14个（旺基独村、托坪村、沙瓦村、瓦娃村、棉谷村、普洛村、知子罗村、知洛村、左洛底村、金秀谷村、俄科罗村、阿打村、腊马洛村、双米底村）	8个（马吉米村、木甲加村、布腊村、古当村、架究村、架科村、维独村、资古朵村）
兰坪县	2019年脱贫摘帽	7个乡（镇）脱贫出列	64个行政村脱贫出列	贫困乡	金顶镇	中排乡、兔峨乡	营盘镇、石登乡	河西乡、通甸镇
				贫困村	12个（箐门村、官坪村、七联村、大龙村、来龙村、干竹河村、桃树村、长涧村、布场村、九龙村、富和村、期井村）	16个（大土基村、小龙村、克卓村、北甸村、德庆村、怒夺村、大宗村、烟川村、丰甸村、啊塔登村、花坪村、大麦地村、大华村、扎局村、吾马普村、迤场村）	21个（啦古村、凤塔村、恩棋村、岩头村、黄柏村、和平村、黄梅村、白羊村、沧东村、连城村、松柏村、鸿尤村、车邑坪村、仁甸河村、庄河村、回龙村、大竹箐村、来登村、水银厂村、三角河村、谷川村）	15个（仁兴村、永兴村、新发村、白龙村、箐花村、三界村、胜兴村、德胜村、河边村、箐头村、东明村、弩弓村、丰华村、黄松村、通甸村）

资料来源：怒江州人民政府关于印发怒江州脱贫攻坚全面小康2016年度建设项目实施方案的通知（怒政发〔2016〕57号）[EB/OL]．怒江州人民政府网，[2017-02-27] http：//www.nj.yn.gov.cn.

二、扶贫机制与做法

（一）扶贫机制①

1. 创新规划引领机制

怒江州积极探索改变规划思路和模式，进村入户实地调研，因地因户因人做细做实做准规划。针对脱贫攻坚工作面临的形势和任务，怒江州按照中央和省对脱贫攻坚工作的一系列重要部署要求，根据《怒江州脱贫攻坚全面小康行动计划（2016—2020）》，编制完善了特困连片开发扶贫规划、直过民族和人口较少民族脱贫攻坚方案、集团帮扶少数民族精准脱贫攻坚方案、易地扶贫搬迁方案、"十三五"脱贫攻坚等总体规划，同时出台一系列专项规划，如《怒江州脱贫攻坚旅游建设发展规划（2016—2025）》《深入推进义务教育均衡发展的实施意见》《怒江州儿童发展规划（2016—2020）实施方案》《加快推进残疾人小康进程的实施意见》《怒江州乡村教师支持计划（2015—2020）实施办法》《怒江州困难残疾人生活补贴和重度残疾人护理补贴制度实施细则》《进一步健全完善特困人员救助供养制度的实施意见》《怒江州推进财政支农资金形成资产股权量化改革实施方案》《在易地扶贫搬迁项目建设中开展现代文明生活方式试点工作的指导意见》《怒江州农村最低生活保障制度与扶贫开发政策有效衔接工作实施方案》等。通过各类规划的编制完善，进一步厘清了脱贫攻坚的工作思路和任务，为做好脱贫攻坚工作提供重要遵循。

2. 创新资源整合机制

怒江州大力整合各部门、社会各界的帮扶力量支持贫困地区加快脱贫，积极构建专项扶贫、行业扶贫、社会扶贫"三位一体"的扶贫工作格局。制定《怒江州统筹整合使用财政涉农资金试点实施方案》，各县制定县级统筹整合使用财政涉农资金方案，明确资金整合范围、投向和措施，形成"多个渠道引水、一个龙头放水"的扶贫投入新格局。其中，兰坪县强化乡镇自主权，推行乡镇级报账制；福贡县采用由乡镇对县级部门涉农资金进行整合。

3. 创新驻村帮扶机制

怒江州配齐配强驻村扶贫工作队和"村第一书记"，怒江州选派196名第一书记，1363名扶贫工作队员驻乡、驻村开展工作，做到每个贫困村有帮扶单位、村两委班子、驻村工作队三支力量。制定《怒江州驻村扶贫工作队管理办法》《怒江州

---

① 怒江州扶贫办. 怒江州探索创新脱贫攻坚新机制[EB/OL].[2017-01-20] http://xxgk.yn.gov.cn.

"挂包帮"工作职责》，按季度开展扶贫工作队员综合测评，召回和诫勉谈话42名工作队员，免职撤换1名在岗时间不足的队员，及时刹住驻村干部"挂空名"行为，保障驻村帮扶工作的顺利开展。

4. 创新社会参与机制

怒江州建立健全社会帮扶机制，加强与三峡集团、大唐集团、中交集团及中央、省级定点帮扶单位、珠海市的对接联系，不断拓宽帮扶领域、畅通帮扶渠道，汇聚社会力量参与扶贫事业。与珠海市签订友好州市协议，建立多层次、宽领域、全方位的友好合作关系，构建区县结对帮扶机制。

5. 创新退出约束机制

怒江州制定出台《怒江州贫困退出机制实施方案》《怒江州贫困退出考核实施细则》，就贫困退出的原则、任务、标准、程序和考核等内容进行细化和规范。针对2016年怒江州贫困人口脱贫的任务，围绕6项主要考核指标，着力开展贫困退出自查评估、预评估等工作，对查找发现的问题逐项整改，实行销号管理，确保精准脱贫。

6. 创新处罚激励机制

怒江州制定怒江州县（市）、乡（镇）党政领导班子和领导干部扶贫实绩考核评价办法，全面考核县（市）、贫困乡（镇）党政领导班子和领导干部扶贫实绩。把扶贫攻坚责任落实、监督检查、责任追究、驻村帮扶等工作列入各县、各部门年度综合考核和领导干部年度考评的内容，作为干部选拔任用、评先评优的重要依据。

（二）具体做法①

围绕"两不愁、三保障"目标，按照"六个一批"的脱贫途径：即通过生产扶持发展一批，培训就业输出一批，移民搬迁安置一批，低保政策兜底一批，医疗救助扶持一批，教育培养脱贫一批，从"增收、安居、教育、修路"四个重点入手，采取超常规举措，精准施策，探索出具有云南特色的脱贫攻坚之路。

1. 发展现代特色农业

怒江州实施一批核桃、漆树、草果、中药材等种植项目和猪、牛、羊、鸡等养殖项目，大力发展现代特色农业，通过科技引领、示范带动、点面结合，做大做强主导产业，确保村村有增收产业、户户有增收项目。自2016年以来，怒江州核桃、

---

① 怒江州2016年脱贫攻坚综述：摘贫穷之帽 奔小康之道［EB/OL］.［2017-02-27］http：//www.yn.xinhuanet.com.

漆树、油茶等为主的木本油料种植面积达 250 万亩；草果、云黄连、重楼等为主的中药材种植面积达 100 万亩；庭院经济林种植达 200 万株；独龙牛、高黎贡山猪、乌骨绵羊等为主的大小牲畜存栏达 128 万头（只）。以林业、畜牧业、生态食品、天然药材为特色的产业在帮助贫困群众增收方面作用明显。同时，怒江州还积极探索企业、合作社与贫困户建立利益联结机制，通过企业、金融机构、合作社、贫困户"四位一体"的合作模式，辐射带动贫困户增收。

2. 易地搬迁扶贫工作

2016 年，怒江州共建设易地扶贫搬迁安置点 175 个，投入资金 18.06 亿元，实施了 9120 户、31330 人的易地扶贫搬迁。在安置点的民居建设中，融入傈僳族、怒族、普米族的民族文化元素，保留怒江少数民族的特色民居，以此发展乡村旅游业，拓宽贫困群众的增收渠道。

3. 劳动力就业培训与转移就业扶贫工作

2016 年，怒江州共完成农村劳动力就业培训 45188 人次，转移就业 3.7 万人次，其中：州内 17671 人次，省内 8795 人次，国内 11330 人次，境外 48 人；建档立卡贫困劳动力为 10122 人，完成目标任务的 202.44%[①]，有效促进了群众的增收。

4. 交通基础设施"大会战"

交通基础设施落后是怒江州扶贫开发、加快经济社会发展最大的制约因素。"十三五"期间，云南省开展"五网"基础设施大会战，将怒江作为重要主战场，逐步解决怒江交通瓶颈制约。期间，怒江州计划投资 753.9 亿元，实施 90 个"五网"项目，到 2020 年，基本形成互联互通、功能完备、高效安全、保障有力的路、水、互联、能源、航空五大基础设施网络。同时，怒江州在交通基础设施大会战期间，注重环境保护和群众需求，积极稳妥提升乡村公路通达能力，实施县乡道路改造 144 公里，自然村通达工程 4000 公里，建制村通畅工程 363.4 公里。实施完成农村公路通畅工程 15 个 107 公里，全州 270 个行政村（居委会），目前已通畅 255 个，通畅率 94%，在云南省率先完成怒江州第二批 18 座"溜索改桥"项目交工验收工作，并启动易地扶贫搬迁点通畅工程 85 个 489 公里。

5. "挂包帮"、"转走访"、"回头看"扶贫工作

自 2016 年以来，怒江州扶贫工作队员驻扎在脱贫攻坚第一线主动担当作为，"挂包帮"、"转走访"工作取得明显实效。怒江州有各级挂联单位 512 个，挂联干

---

① 去年怒江农村劳动力转移就业 3 万余人[EB/OL]. 怒江大峡谷网,[2017-02-13] http://www.nujiang.cn.

部14169人，负责挂钩联系4个县（市）29个乡（镇）255个行政村4个社区，帮扶贫困户44699户、14.84万人，下派驻村工作队259支，队员1363名，实现三个"全覆盖"，即"挂包帮"全覆盖、贫困村工作队全覆盖、贫困村第一书记全覆盖。驻村扶贫工作队员充分发挥自身知识、信息、资源优势，走村入户，广泛收集社情民意，撰写调研报告300多篇、民情日记30000多篇，帮助挂包村制订脱贫规划和方案259个，积极协调争取项目221个，落实到位帮扶资金（物资）2.39亿元，实施了一批农村基础设施建设项目；举办农村实用技术和技能培训427期46703人次，组织劳务输出2140人次，有效促进了贫困群众增收致富。积极开展教育帮扶，累计资助贫困学生7184名。①

6. 社会帮扶脱贫

一是企业帮扶。2016年，三峡集团帮扶怒江州怒族、普米族精准脱贫，分别接收了普米族、怒族农村劳动力各100名到集团就业，为普米族、怒族分别建设1所标准化学校。大唐集团帮扶怒江傈僳族精准脱贫，在兰坪县通甸镇丰华村，通过探索"公司+村委会+专业合作社+贫困农户"的产业化运作模式，首批投入扶贫专项资金100万元，重点扶持丰华村的特色产业发展。

二是东西协作与对口帮扶。怒江州与珠海市按照"中央要求、怒江所需、珠海所能"和"优势互补、互惠互利、共赢发展"的原则，珠海与怒江签订友好州市协议，协商制定《珠海市对口帮扶怒江州东西部扶贫协作工作实施意见》《珠海市怒江州对口扶贫协作工作总体计划》等7个专项领域对口协作方案，在城乡建设、旅游文化、教育培训、特色农业、医疗卫生、人才培养、劳动力转移等方面建立了多层次、宽领域、全方位的友好合作关系。珠海市将根据广东省委、省政府要求，2016年至2020年，每年对怒江州四个县（市）各安排1000万元，五年共2亿元的扶贫协作资金，珠海市将按照怒江所需，做好资金划拨与使用工作。扶贫协作资金主要集中用于易地扶贫搬迁点建设。

三、扶贫效果②

"十三五"以来，各级政府累计投入建设资金13.04亿元，通过实施安居温饱、

---

① 2016年全州"挂包帮""转走访"工作取得明显实效[EB/OL]. 怒江州人民政府网，[2017-02-16] http://www.nj.yn.gov.cn.
② 怒江州扶贫办. 2015年度怒江州扶贫开发工作总结和2016年工作计划[EB/OL]. [2016-11-15] http://xxgk.yn.gov.cn.

基础设施、产业发展、社会事业、素质提高、生态环境保护与建设6大工程,脱贫攻坚工作有序推进,怒江州脱贫攻坚效益明显。

一是经济发展明显加快。2016年怒江州实现生产总值(GDP)126.46亿元,按可比价格计算(下同),比上年增长10.5%,比全国(6.7%)高3.8个百分点,比云南省(8.7%)高1.8个百分点。城乡居民生活水平继续提高。2016年末,全州城镇常住居民人均可支配收入20721元,比上年同期增长9%。农村常住居民人均可支配收入5299元,比上年同期增长10.6%。①

二是贫困人口明显减少。怒江州农村贫困人口由2011年末的31.29万人,下降到2015年末的14.84万人,实际减少16.45万人;贫困发生率由2011年的71.1%下降到2015年的33.1%。其中,贡山县扶贫攻坚成效明显,贡山县贫困人口从2011年的2.71万人下降到2015年的1.1万人,脱贫15978人;贫困发生率由74%下降到39.8%。全县农村常住居民人均可支配收入由2011年的2013元增加到2015年的4519元。② 2016年,怒江州实际减贫6006户、21719人。③

三是民生得到明显改善。自"十三五"规划以来,怒江州共启动和实施整乡推进16个、整村推进544个(含行政村76个、自然村468个),建设安居房6166户,易地搬迁7780人,实施了18座"溜索改桥"项目,劳动力转移培训32000余人。贫困地区水、电、路等基础设施逐步完善,教育、医疗、文化等社会事业加快发展,基本公共服务水平不断提高,贫困群众生产生活条件得到有效改善。

四是增收渠道明显拓宽。以林业、畜牧业、生态食品、天然药材为特色的现代农业产业在贫困群众增收方面,发挥着越来越大的作用。

五是生态环境明显好转。以怒江、澜沧江河谷为重点,加强水土流失治理,恢复和改善生态环境,切实保护生物多样性,生态保护、环境治理和农村能源建设力度进一步加大。

四、扶贫可能存在的问题、风险及对策④

结合怒江州深度贫困地区历史发展、地理区域、自然资源、社会基础、民族宗

---

① 2016年怒江州国民经济和社会发展统计公报[EB/OL].怒江州政府信息公开网,[2017-07-26]http://xxgk.yn.gov.cn.
② 三江明珠决战脱贫攻坚[EB/OL].怒江大峡谷网,[2016-09-28]http://www.nujiang.cn.
③ 继续破解金融支持脱贫攻坚难题[EB/OL].怒江大峡谷网,[2017-09-05]http://www.nujiang.cn.
④ 主要根据怒江傈僳族自治州国民经济和社会发展第十三个五年规划纲要、2015年度怒江州扶贫开发工作总结和2016年工作计划等资料整理。

教等交织的发展实际困难，怒江州脱贫攻坚任务仍十分艰巨。

（一）整体贫困问题没有根本解决

"十二五"以来，怒江州经济社会保持较好的发展势头，但是与云南省和其他州市相比还有较大的差距，各项主要经济指标在云南省的比重没有一项超过1%，绝对量处于云南省的末位。人均生产总值为云南省的68%，人均地方公共财政一般预算收入为云南省的48%，人均固定资产投资为云南省的79%，人均社会品零售总额为云南省的50%，城镇常住居民人均可支配收入为云南省的71%，农村常住居民人均可支配收入为云南省的58%。怒江州29个乡镇中有21个列入贫困乡（镇），占乡镇总数的93%；255个行政村中有181个被列为贫困村，占行政村总数的70%。怒江州农村常住居民人均可支配收入仅为云南省的1/2，全国的1/3，贫困人口14.93万人，贫困发生率为33.1%，居云南省之首。

（二）深度贫困问题依然严重

怒江州还有524个深度贫困自然村，5.89万深度贫困人口，4万农户、18万人需要实施易地搬迁，扶贫成本高、脱贫难度大。怒江州主体民族傈僳族是云南省4个特困民族之一，90%以上的怒族、89%以上的普米族群众处于贫困状态。怒江州5个直过民族贫困状况为：傈僳族建档立卡贫困人口为78860人，贫困发生率为61.64%；独龙族建档立卡贫困人口为711人，贫困发生率为0.56%；怒族建档立卡贫困人口为10715人，贫困发生率为8.38%；普米族建档立卡贫困人口为3932人，贫困发生率为3.07%；白族建档立卡贫困人口为24734人，贫困发生率为19.33%[①]。其中，白族支系"拉玛人"、"勒墨人"和景颇族支系"茶山人"整体处于深度贫困状态。怒江州大多为悬崖峭壁，可开发利用空间有限，基础设施极其滞后，加之贫困人口大多居住在条件恶劣、生态脆弱、灾害频发、交通不便的偏远高寒山区，扶贫攻坚成本高、难度大。深度贫困人口住房差、饮水难、就学难、就医难的情况普遍存在，因灾、因病、因学返贫现象突出。

（三）基础设施滞后问题没有根本突破

怒江仍是云南省唯一无高速公路、无机场、无铁路、无航运、无管道运输的"五无"地州，对内对外互联互通的道路等级低，80%为四级和等外路，270个建制村通畅率为88%，2236个自然村公路通达率仅为35%、通畅率仅为8%，农村交通建设任务依然非常重。商贸物流基础设施不配套，物流成本居高不下。水利基础设

---

① 脱贫攻坚战"怒江之战"[EB/OL].怒江大峡谷网,[2017-08-08] http://www.nujiang.cn,2017-08-08.

施建设滞后，怒江州没有一项重大水利设施，水利化程度低于云南省20个百分点。能源网络不畅，输送能力有限且效益较低。市政基础设施建设滞后，城镇发展水平低，城镇化率低于云南省10个百分点。园区、口岸等基础设施建设投入明显不足，不能适应经济社会跨越发展的要求。交通、水利、能源、城镇、通信等基础设施依然是制约怒江州经济社会发展的主要瓶颈。

（四）优势资源产业发展与贫困人口持续增收问题没有解决

因地理环境影响和多种因素制约，怒江州现有的核桃、中草药、草果等特色农业市场化程度低、交易流通不畅，农产品加工能力极低，企业参与度不高，应有效益没有充分发挥。工业以资源为依托的传统行业比重较大，兰坪金鼎锌业、泸水硅工业等主要行业产业链短，附加值低，企业市场竞争能力弱，没有形成产业集群，除产品较为低端的矿产业和小水电外，缺乏工业支柱产业。旅游等服务业起步晚、层次低，离做大做强还有一定差距。优势资源开发受政策和环境制约长期得不到有效开发利用，特别是最具优势的怒江中下游水资源综合开发利用推进迟缓。创新驱动发展能力低，科技创新投入不足、人才总量不足，科技成果转化率低。融资难、融资贵，企业发展资金匮乏，招商引资项目落地难度大。产业发展的瓶颈使产业扶贫及脱贫退出农村人口的可持续生计受到影响。

（五）公共服务能力和社会文明程度依然较低

怒江州社会事业发展和相应的基本公共服务面临总量供给不足、资源不优、配置不均，整体服务水平不高等突出问题。教育基础薄弱，教育结构不合理，优质教育资源不足，教育信息化水平、学校标准化程度、义务教育均衡发展的水平不高，尤其是职业教育和学前教育发展滞后，普通高中教育质量总体水平偏低，服务人人成才、促进广泛就业和人的全面发展的能力弱，教育基本公共服务水平离全国平均水平还有较大差距，九年义务教育巩固率、高中阶段教育毛入学率分别低于云南省平均水平27个百分点和32个百分点。农村卫生室标准化程度低，乡镇卫生院基础设施差，医技人员匮乏，农村缺医少药现象突出。农村食品安全隐患依然较大，食品药品安全监管体系建设滞后。文化馆、博物馆、体育馆、电影院、老龄活动场所等公共服务设施不完善。

此外，怒江州金融扶贫工作中仍存在一系列困难和制约。怒江州地方财政自给率仅为12%，无力搭建金融担保平台；信贷政策门槛不断调高，很难达到金融机构现有信贷准入门槛；交通、教育、卫生等基础设施发展条件非常滞后，难以引入融资贷款能力强的实体企业；融资担保体系建设非常薄弱，无法为实体经济增信搭台；

贫困群众贷款需求大，无有效的资产和权证作抵押担保，无法实现融资贷款。

五、案例启示与推广价值

（一）整乡推进、整族帮扶的"独龙江经验"

独龙族是从原始社会末期直接过渡到社会主义社会的一个少数民族。由于历史、地理原因，怒江州贡山独龙族怒族自治县独龙江乡长期是一个集边境、民族、山区、贫穷、落后于一体的封闭、半封闭小区域。自2010年以来，云南省启动实施独龙江整乡推进独龙族整族帮扶三年行动计划和两年巩固提升计划，在全国，云南省率先创建整族帮扶的模式。根据云南省脱贫退出计划，到2018年底，独龙江乡整乡脱贫摘帽；到2020年，实现独龙江乡从"温饱型扶贫"向"发展型扶贫"转变，独龙族群众从解决温饱向加快发展转变，率先小康，整族致富。

贡山县开展独龙江乡整乡推进、独龙族整族帮扶，取得明显成效，据统计，独龙江整乡推进，独龙族整族帮扶行动实施以来，各级政府累计投入建设资金13.04亿元，通过实施安居温饱、基础设施、产业发展、社会事业、素质提高、生态环境保护与建设6大工程，实现了独龙族跨越发展。

贡山县贫困人口从2011年的2.71万人下降到2015年的1.1022万人，脱贫15978人；贫困发生率由74%下降到39.8%。全县农村常住居民人均可支配收入由2011年的2013元增加到2015年的4519元。[①] 2016年底，独龙江乡农村经济总收入2028.5万元，是2009年的21.8倍。

（二）生态扶贫的"兰坪经验"

怒江州属我国重要生态功能区，生态环境脆弱，自然灾害频发，为进一步处理好生态保护同经济发展的矛盾，建设生态文明示范区，怒江州在大力推进"怒江花谷"建设同时，各县也积极探索生态建设与脱贫退出的结合。其中，兰坪白族普米族自治县在生态扶贫和移民搬迁安置脱贫退出实践中摸索出相关经验。

兰坪县主要有普米族、怒族两个人口较少民族，主要聚居在5个乡21个行政村，共有贫困人口17178人。为加快推进兰坪县怒族、普米族两个人口较少民族整族精准脱贫攻坚步伐，实现到2019年贫困人口如期脱贫，到2020年与全国同步建成小康的目标，兰坪县坚持绿色发展理念，围绕生态建设助推脱贫攻坚这条主线，积极探索生态脱贫新路子，以绿化环境、林业增效、产业富民为目标，努力推动山

---

① 三江明珠决战脱贫攻坚[EB/OL]. 怒江大峡谷网，[2016-09-28] http://www.nujiang.cn.

头绿和群众富的双赢局面。2016年，全县有8148人越过贫困线，甩掉"穷帽子"，贫困发生率下降到30.01%。

巡山护林就地就业脱贫。自2016年以来，根据国家林业局《关于开展建档立卡贫困人口生态护林员选聘工作的通知》和云南省、怒江州有关要求，兰坪县结合实际，详细制定建档立卡贫困人口生态护林员扶贫方案，以集中连片困难地区为重点，以具有劳动能力，但又无业可扶、无力脱贫的贫困人口为对象，所选聘的护林员大多是地处贫困地区深山远山的天然林、国家重点公益林、城镇面山、重点景区和生态环境较为脆弱的地区建档立卡贫困人口，实现"护林一人，脱贫一户"的就地就业脱贫模式。截至2017年6月，全县共选聘建档立卡生态护林员2291人，其中，中央财政建档立卡生态护林员929人，省级财政建档立卡生态护林员1075人，县级常规护林员287人，每年投入管护经费1924万元，实现了"山有人管，林有人护"，贫困群众经济收入增加的目标。

生态补偿绿色脱贫。在脱贫攻坚中，兰坪县实施生态补偿精准，努力让建档立卡贫困户获得生态补偿金，增加收入，最终实现生态建设和脱贫攻坚两双赢。2016年，兰坪县在生态补偿中，实施退耕还林4400亩，发放公益林生态效益补偿资金1099.5万元。完成中低产林改造8089亩，治理水土流失面积8.47平方公里。扶持太阳能路灯1000盏，投入资金680万元；建设太阳能热水器1990台，投入资金557.2万元；推广节柴炉2300眼，投入资金184万元；沼气池200口，投入资金80万元。

水库移民搬迁安置。自"十三五"以来，兰坪县积极探索易地扶贫搬迁建设模式，结合县情，搬迁安置方式的选择坚持因地制宜。对居住分散、20户以下较小的村庄，居住在坡度为45°以上、在地质灾害或自然保护核心区，居住在海拔2500米以上高寒山区或石山区、在人畜尚未分离的老旧土房的农户，采取鼓励在城镇购房或建立移民新镇、小村并大村、坡地搬平地、整村搬迁、就近就地插花安置"五种方式"进行搬迁。2016年，兰坪县已完成年度县级易地扶贫搬迁方案、乡镇总体实施方案和项目点实施方案的编制工作；完成45个安置点村庄布局规划设计方案。年度计划实施的45个安置点已全面开工，开工率100%。

怒江州兰坪县黄登、大华桥、苗尾水电站是典型的峡谷型水库，受地理条件等客观因素影响，库区自然环境恶劣、安置资源缺乏、经济发展水平低等特点，移民搬迁安置最大的困难是没有较大的集中安置点。

怒江州按照"水电开发，移民先行"总体思想，"搬得出、稳得住、能致富"的目标，根据国务院471号令提出的"编制移民安置规划应当以资源环境承载能力为基础,遵循本地安置与异地安置、集中安置与分散安置、政府安置与移民自找门路安置相结合的原则"和云南省相关文件中提出的"库区移民安置工作坚持以人为本,充分尊重移民意愿,多渠道、多形式安置移民",兰坪县积极引导移民群众采取"大分散小集中"的方式自行安置,组团建房,移民根据生产生活习惯、邻里关系、血缘关系,组成 20~30 户为一个小组自行组团建房。

兰坪县采取移民自行安置和货币安置的补偿资金兑付的方式,主要有"442 模式"和"73 模式"两种。"442 模式"即自行安置方式,先划拨给移民户 40% 赔偿款作为建房启动资金,再视工程进展情况拨付 40% 进度资金,待移民户将新房建成并拆除旧房后拨付最后 20% 资金;"73 模式"为货币安置方式,即由国家先向移民户拨付 70% 赔偿款作为进城购房首付资金,待移民户提供其购房协议、居住证明和新房照片并拆除旧房后,再拨付剩余的 30%。

对于"自行安置,组团建房"的"兰坪经验",主要特点有:一是有利于解决库区安置容量不足的问题;二是有利于移民尽快适应社会。自行安置最大的特点是移民可以充分调动自有资源,发挥自身主观能动性,选择适合自己的安置方式,且原有的生产生活方式、种植结构、风俗习惯得到最大限度延续,有利于移民尽快适应搬迁后的新生活,尽快恢复原有的生产生活水平;三是有利于实施后期产业扶持,达到"搬得出、稳得住、能致富"目标,自行安置、组团建房后,移民群众得到连片集中安置,人员集中、土地集中,便于连片开发。

(三)生态产业扶贫的"怒江经验"

自"十三五"以来,怒江州积极探索生态建设与产业扶贫的有机结合,进一步发挥产业支撑、产业扶贫、产业脱贫、产业富民的生态产业扶贫路径。

产业梯次发展扶贫。福贡县根据"6+3"脱贫攻坚行动计划①,把核桃、漆树作为长期培育产业,草果作为中期发展产业,劳务输出作为短期主抓产业,同步推进。形成短、中、长三个阶段产业梯次发展链条,以短养长,以中养长,最后达到促进生态恢复,发展生态产业,实现生态、经济双赢,促脱贫摘帽的目的。

"4+2+2"产业扶贫。贡山县始终把培育致富产业、增加群众收入作为扶贫开发工作的出发点和落脚点,紧盯"一草"、"一药"、"一蜂"、"一禽"、"两树"、"二畜"等优势产业,累计种植草果 17.45 万亩、核桃 9544 亩、漆树 5000 亩,种植

---

① "6+3"脱贫攻坚行动,是指通过对建档立卡贫困户实施产业扶持、安居工程、生态建设、劳动力转移、社会保障、帮扶人员的"六个全覆盖",不断改善贫困户吃、穿、住等生活条件。同时,通过对贫困乡(镇)和贫困村实施加强基础设施建设、加强资源整合、加强组织保障"三个加强",逐步改善贫困村通路、通水、通电、通宽带网络、公共活动场所等条件。

重楼、石斛等中药材6875亩；牦（犏）牛、独龙牛、独龙鸡、高黎贡山猪养殖规模不断壮大。

"生态产业"扶贫。兰坪县坚持"生态建设产业化，产业发展生态化"的发展思路，大力开展林果、林木等经济林木种植，协力构建林业"生态、产业"两大体系，推动森林覆盖率大幅度提高，森林植被快速增长，林农增收致富。全县已种植核桃68万亩、漆树3万亩、花椒2万亩、青刺果3万亩，经济植物种植成效显著，走出了一条生态受保护、林农得实惠的发展之路。

"八林经济"扶贫。泸水县作为云南省19个限制开发区和生态脆弱贫困县之一，是云南省73个国家级扶贫开发工作重点县和滇西56个边境山区县之一。脱贫攻坚战中，泸水县把打造绿色富民产业作为核心目标，立足林地、山地优势，扎实推进"八林经济"建设，把林木、林果、林药、林苗、林畜、林菌、林菜、林游作为贫困群众脱贫致富的途径，重点发展核桃、漆树等特色经济林果，草果、重楼、云黄连、云木香等中药材，高黎贡山猪、肉牛、黑山羊、生态土鸡等高原特色畜牧养殖产业，以此盘活泸水万重山，夯实农业发展基础，持续增加农民收入，实现"输血式"扶贫向"造血式"扶贫的转变。全县泡核桃种植面积已达68.1万亩，挂果的有21.9万亩，种植面积达1000亩以上的核桃种植户有7户，50亩以上的有380余户；种植草果19.8万亩，挂果5.6万亩；种植漆树12.36万亩、云木香4万亩、刺龙苞1.2万亩。涌现出老窝镇荣华村、鲁掌镇三河村、六库镇白水河村、上江镇付坝村等一批核桃村、草果寨。

(四)"一个民族一个集团帮扶"的社会扶贫经验

三峡集团自2016年3月与云南省人民政府签订《支持云南省人口较少民族精准脱贫攻坚合作协议》以来，积极投入人口较少民族精准脱贫攻坚战，根据协议，2016—2019年三峡集团将捐资20亿元，向云南省捐赠20亿元精准扶贫资金，对口帮扶4州市11个县市的怒族、普米族、景颇族聚居区脱贫攻坚工作，精准帮扶建档立卡贫困人口10余万人，为央企助推云南脱贫攻坚起到较好的带头示范作用。

2016年，三峡集团帮扶资金5亿元已全部拨付到11个县市，累计完成帮扶整合项目资金投入11.52亿元。其中，三峡集团帮扶资金2.77亿元，支持实施农村学校建设6所，农村劳动力技能培训和转移培训5530人次，建设安居房5800户，民族特色旅游乡村11个，培育种植业1.07万亩、养殖牲畜5760头（只），农村道路建设213公里，资助民族学生254人。

三峡集团充分发挥企业资源优势，加强企地协作扶贫，深入实施就业、教育、党建等帮扶工作。在就业帮扶上，2017年，三峡集团帮助怒族普米族景颇族聚居区转移贫困劳动力 100 人,安排在三峡基地公司所属实业公司、水电公司乌东德、白鹤滩分公司,从事道路保洁保通、厂房绿化保洁、场地保洁等工作,并为就业贫困群众购买"五险一金",人均年收入可达 3 万元。在教育帮扶上,三峡公益基金会出资 300 万元,支持丽江宁蒗普米族、怒江福贡怒族、德宏盈江景颇族各建 1 所学校。此外,三峡集团还计划组织实施怒族普米族景颇族聚居区少年儿童"三峡行"活动,资助怒族普米族景颇族贫困学生圆"大学梦"。在党建帮扶上,三峡集团开展少数民族聚居区基层党建扶贫帮扶活动,提高基层干部带领群众脱贫致富的能力,分期帮扶培训基层党员干部。

(五)文化扶贫的"怒江经验"

1. 社会文明程度提升的"12345"工程

为加快怒江州基础设施和社会事业发展,提高贫困地区社会文明程度,怒江州采取"12345"工作法全力实施村民小组活动场所全覆盖工程,可以概括为"一个领导小组、二个覆盖目标、三种规模分类、四个建设要求、五个必建思路"。

其中,"二个覆盖目标"指实施村民小组活动场所全覆盖、推进党群活动同步覆盖。"三种规模分类"指坚持规模适当、功能优先、经济适用、节能环保原则,每个活动场所建设一间不低于 70 平方米的党员活动室,配套活动场地,一般应达到"十二有"标准①,且分 ABC 三类②实施。"四个建设要求"指抗震要求、建筑外观要求、建筑材料要求、选址要求。"五个必建思路",指按照党支部所在村民小组必建、党员 10 人以上的村民小组必建、群众 200 人以上的村民小组必建、易地搬迁安置点必建、口岸通道附近的村民小组必建的"五必建"思路。

截至 2016 年底,怒江州 271 个行政村(社区)活动阵地已经全覆盖;891 个村民小组建有活动场所,村民小组活动阵地覆盖率达 31%。其中,怒江州共建设 345 个边境县贫困地区村民小组活动场所,占云南省 1200 个项目的 28.75%,覆盖两县一市 19 个乡镇 108 个村 409 个村民小组,惠及 30 万群众,其中泸水市 282 个、福贡县 47 个、贡山县 16 个。2017 年,怒江州将全力实施"怒江州党的基层党组织建

---

① "十二有"标准,即有党员活动室、群众活动广场、牌匾标识、旗杆国旗、党旗党徽、电教设备、桌椅板凳、培训资料、大喇叭、管理制度、公厕和厨房。
② ABC 三类实施,即 A 类,严格落实"十二有"标准,活动室面积不少于 120 平方米,有标准化篮球场,以六丙二级公路、六兰公路为主轴,打造富有怒江特色的党建阵地示范点。B 类,地处半山腰的村民小组,突出实用标准,人口 100 人以上的,活动室面积不少于 70 平方米,配套建设"三人制"篮球场、厨房、厕所及其他设施,尽量落实"十二有"标准。C 类,高山地区,不通公路的村民小组,结合地形,依山就势,选好地址,确保有活动室和活动场地。

设全覆盖工程"，通过落实党员活动日制度、推进互联网进村民小组活动场所、开展"感党恩、听党话、跟党走"主题活动，开展政策宣传、技能培训、歌舞传唱、文体活动等，增强村民小组活动场所吸引力。

2. "14年免费教育"工程

怒江州九年义务教育巩固率只有65.82%，高中阶段毛入学率只有46.2%，从小学一年级到初中三年级的九年义务教育阶段，全州有近35%的孩子辍学，只有不到50%的孩子能接受高中阶段（含中职）教育。2015年12月6日，云南省召开的怒江州脱贫攻坚工作汇报会上决定：在怒江州全面推行12年义务免费教育和2年学前免费教育，支持怒江州建设一所示范高中和一所中等职业学校。怒江州各县积极推动"14年免费教育"工程，探索经验。

义务教育均衡发展。福贡县把义务教育均衡发展纳入脱贫摘帽考核的重要指标，做到与脱贫摘帽同步规划、同步实施、同步考核，确保不让任何一名学生因家庭经济困难而失学。

"控辍保学"。泸水县建立控辍保学"双线四级"工作机制，县乡（镇）、社区（村）层层签订责任书，实行县级领导包干到乡镇，乡镇领导包干到村，村"两委"班子包干到村民小组，村民小组包干到户的方法，把控辍保学工作完成情况作为各级党委、政府和领导干部年度考核的重要内容，确保流失适龄儿童返校读书，在校儿童不再流失。

"3个重点、1个结合"。贡山县以贫困、边远村组和出外打工家庭为重点，结合"挂包帮"再回头等工作，整合乡镇干部、指导员、帮扶干部、村干部，建立科学规范详细的学生学籍、学生名册档案资料，建立贫困学生资助长效机制，保证建档立卡贫困家庭学生不因贫辍学。

全方位宣传教育。兰坪县充分运用广播、电视、报纸、网站、标语、专栏等媒介进行全方位宣传14年免费教育政策，提高家长送子女入学接受教育的自觉性和主动性。对不按时送子女入学的家长或其他监护人，加强教育说服，对经过督促教育仍不送子女入学的家长或其他监护人，要依法强制其履行义务。县、乡（镇）村联动，对中途辍学的适龄儿童、少年，做好家长、学生的思想工作，千方百计将辍学学生劝回学校接受教育。

3. 教育文化服务提升工程

2015年，怒江州共有全日制学校359所，在校学生86344人（其中少数民族学生79711人，占学生总数的92.32%），其中小学校（点）250所，在校生45994人

(其中少数民族学生 42885 人),小学入学率 99.49%;初中 19 所、九年一贯制学校 2 所,在校生 19836 人(其中少数民族学生 18342 人),初中毛入学率 98.17%;普通高中 8 所,在校生 7582 人(其中少数民族学生 6940 人);中等专业学校 1 所、职业高中 2 所,在校生 2137 人(其中少数民族学生 1900 人);高中阶段毛入学率 46.2%;幼儿园 76 所,在园儿童 10678 人(其中少数民族幼儿 9533 人),学前一年毛入园率 77.62%,学前三年毛入园率 36.28%;特殊学校 1 所,在校学生 117 人(其中少数民族学生 111 人),全州残疾儿童少年义务教育入学率 72.7%。各级各类全日制学校教职工 6887 人(其中少数民族教师 5776 人),其中专任教师 6294 人。① 民族教育为怒江发展奠定坚实的教育基础。

新时期,针对怒江山高坡陡,群众居住分散,学校布局点多面广的实际,怒江州合理调整学校布局结构,有序推进集中办学,重点对农村中小学校实施集中寄宿,开展勤工俭学,全面推广营养餐,将学前教育纳入基本公共教育服务体系,以基本普及学前三年教育为目标,全面提升学前教育整体水平。一是建立政府主导、社会参与、公办民办并举的办园体制。二是大力发展公办幼儿园,鼓励社会力量以多种形式举办幼儿园。三是加大政府投入,完善成本合理分担机制,对家庭经济困难幼儿入园给予补助,实施学前二年免费教育。四是落实公办幼儿园教师编制,加强幼儿教师培养培训,提高幼儿教师队伍整体素质。到 2020 年,怒江将新建扩建幼儿园 82 所,实现 29 个乡镇有一所中心幼儿园,充分利用中小学区域布局调整富余的校舍和教师资源,3~5 岁幼儿 75 人以上的村寨建设一所农村幼儿园,其余的在农村小学增设附设幼儿园。开展汉语、傈僳语双语教学,提高山区小孩的学习积极性,促进山区幼儿快乐健康成长。

---

① 十四年免费教育一个都不能少[EB/OL]. 怒江大峡谷网,[2016-08-25] http://www.nujiang.cn.

第十章　边贸扶贫：广西"东兴模式"

一、背景与现实问题：边境贸易扶贫

（一）边境贸易概览

1. 边境贸易的定义

边境贸易包括边民互市贸易、边境小额贸易和边境地区对外经济技术合作。

边民互市贸易，是指边境地区边民在边境线 20 公里以内、经政府批准的开放点或指定的集市上，在不超过规定的金额或者数量范围内进行的商品交换活动。它是基于边民个人之间买卖行为的一种贸易方式，两国双方边境居民在规定的开放点或指定的集市上，以不超过规定的金额，买卖准许交换的商品。边民互市贸易由商务部、海关总署统一制定管理办法，由各边境省、自治区人民政府具体组织实施。

边境小额贸易，是指沿陆地边境线、经国家批准对外开放的边境县（旗）、边境城市辖区内、经批准有边境小额贸易经营权的企业，通过国家指定的陆地边境口岸，与毗邻国家边境地区的企业或其他贸易机构之间的贸易活动。边境地区已开展的除边民互市贸易以外的其他各类边境贸易形式，今后均统一纳入边境小额贸易管理，执行边境小额贸易的有关政策。边境小额贸易的管理办法由国务院有关部门制定[①]。

边境地区对外经济技术合作主要指我国边境地区经批准有对外经济技术合作经营权的企业，与我国毗邻国家边境地区开展的承包工程和劳务合作项目。

2. 边境贸易的特点

我国边境贸易的特点是边贸企业规模小，容量小，合同数量小，市场窄；地域

[①] 途汇国际. 边境贸易[EB/OL]. [2012－06－17] http://www.tuhui.cc/study/bianjingmaoyi.html.

分散、国别分散。我国开展边境贸易的省、自治区有广西、云南、西藏、新疆、内蒙古、黑龙江、吉林,分别与越南、老挝、缅甸、印度、尼泊尔、巴基斯坦、哈萨克斯坦、吉尔吉斯斯坦、塔吉克斯坦、俄罗斯、朝鲜、蒙古等国边境地区开展贸易活动;从个体户到国有贸易公司都参与做边贸,贸易方式从最原始的易货贸易到最现代化的无纸贸易都存在。

从1992年初,国务院陆续批准13个边境开放城市:黑龙江的黑河、绥芬河,吉林的珲春,内蒙古的满洲里、二连浩特,新疆的伊宁、博乐、塔城,云南的畹町、瑞丽、河口,广西的东兴、凭祥。

目前,我国共开放一类口岸241个,边贸企业达3000多家。随着我国对外开放的进一步深入,边贸政策更加完善成熟,边贸管理体制更加顺畅,边境贸易必将稳步发展。

(二)边贸扶贫思路创新

近年来,随着国民经济实力的不断提高和政府扶贫力度的进一步加大,我国贫困状况得到极大的改善,人民的物质生活水平有了很大的提升。根据最新统计,目前我国已有7亿人脱贫,但受自然资源、社会经济、历史条件等诸多因素的影响,仍然有一些地区发展相对滞后,人们的生产生活存在困难。2017年2月28日,国家统计局发布的《2016年国民经济和社会发展统计公报》称:"按照每人每年2300元(2010年不变价)的农村贫困标准计算,2016年我国农村贫困人口为4335万人,比上年减少1240万人。"如何按照中央关于扶贫开发工作的新思维、新思路,扎实推进精准扶贫,提高扶贫成效,是当前各地政府需要思考的一个问题,尤其是贫困问题突出的地区政府需要认真思考的一个问题。

边贸扶贫的核心,是充分利用国家、自治区边境优惠政策,通过"合作社+边民+公司+金融"的模式发展边贸扶贫,引导边境地区失地群众、贫困群众积极参与边境贸易。具体来说,边贸扶贫是指为了改善边民生产生活条件,加快边境地区经济发展和脱贫致富步伐,以边民互市贸易(区)点为平台,以边民互助组为边民参与互市贸易形式,以政府贴息边民小额边贸来解决边民参与互市贸易资金缺乏难题,通过发展边境互市贸易来实现边民脱贫致富的一种扶贫创新模式。边贸扶贫把发展边境互市贸易与扶贫相结合,推进边境地区经济发展,促进边民增收,实现共同富裕。

边贸扶贫的对象是针对常住在毗邻边界线两侧的贫困边民;边民可以通过互市贸易的形式出售本地产品,购进生活生产用品。因为互市贸易的主体只能是边民,企业不能介入,这给边民带来优势,人本身就是一种资源,收购商必须要通过这个主体才能完成收购。边贸扶贫主要包括以下两个部分：一是边贸小额信贷，即通过争取农村信用社资金贷款、政府贴息创新实施边贸小额贷款，以解决边民参与互市贸易资金不足的难题。二是边民互助组，指的是由县政府引导，镇政府牵头，村委组织，边民参股，企业收购的集体性互市贸易经营方式，成立边民互助组，实行"互市+加工"的运营模式，然后由边民互助组与加工企业签订供货协议，边民互助组组织边民进口加工企业所需的生产原料，销售给协议企业。实现互市贸易"真边民、真交易、真实惠"，给边民创收增收。

（三）精准扶贫与边贸扶贫的有机融合

精准扶贫是边贸扶贫的基本前提。在边境民族地区，受环境历史等因素的影响，贫困人口分散、贫困程度较深、贫困面较大、扶贫攻坚任务艰巨，以往大水漫灌的扶贫方式无法解决这种特殊因素下形成的贫困现象。主要是因为传统的扶贫方式侧重于整体推进，注重总体改变的效果，这种方式忽略甚至无法兼顾个别贫困户的特殊困难，因此常常出现，扶贫工作虽然结束，但贫困的依然贫困，不是贫困户的却因为扶贫政策的效用而更富裕的怪现象。因此，只有实施精准扶贫，通过对扶贫对象进行精准识别、精准扶贫、精准管理，从而最终实现边民的自我脱贫、长期脱贫。因此，边贸扶贫必须建立在精准的基础上。

边贸扶贫是精准扶贫的有效手段。精准扶贫是针对贫困村、贫困户和贫困对象提出的差异化扶贫方式，采用"一户一策"的模式，以扶贫对象的具体情况决定，也就是说，扶贫对象适合通过种植脱贫就种植，适合经商则采取经商的手段，应当搬迁的则易地搬迁。可以说，在边境这一地区，除了生存环境恶劣不宜生存居住必须搬迁，及没有生活能力必须靠低保供养外，最主要的途径还是边贸扶贫，通过引导边民参与互市贸易、发放小额贷款、鼓励边民与企业签订供货协议等手段，使贫困边民自我脱贫致富。

边贸扶贫的重点在于项目精准选择和精准布局。而选择和布局都需要根据扶贫对象具体情况进行，因此扶贫对象的精准度显得十分重要，因为不同的扶贫对象适合发展的项目不同，而不同的扶贫对象综合条件也不同，只有具备发展某一项目的所有前提条件，才能采取相应的扶贫项目。而要想摸清边贸扶贫唯一的途径就是精于前期调研，准于扶贫对象，因此实施精准扶贫是必然选择。如果没有边贸扶贫，精准扶贫就是做无用功，无法发挥精准扶贫的效果，背离精准扶贫理论的初衷。总之，只有在精准扶贫理论指导下实施边贸扶贫，在边贸扶贫支撑推进精准扶贫，实现精准扶贫与边贸扶贫的有机融合，才是民族边境地区新形势下破解扶贫难题的根本途径。

（四）精准+边贸+金融扶贫的调研地点选择

广西东兴通过探索边贸扶贫和金融支持相结合，创新出一套切实有效的新型扶贫模式，因此以东兴作为调研的目的地。广西东兴市通过创新"合作社（互助组）+边民+企业+金融"的模式，帮助边民脱贫增收。2016年，东兴市农民人均可支配收入14960元，同比增长37.3%，4个贫困村全部脱贫摘帽。广西自治区结合区位优势和资源禀赋，在广西全区推广"东兴模式"，广西防城港市、百色市、崇左市等几个边境市在东兴的成功带动下，边贸扶贫进一步发展。

根据国家政策规定，中国边民享有"每人每天交易8000元货物全免关税和环节税"的优惠政策①，东兴市充分利用政策便利，创建边境贸易"1+n20+1"的边民脱贫新模式。为将政策"红利"留在当地，东兴创新"边境贸易+落地加工"的模式，推动互市商品落地加工。从越南进口的海鲜、坚果、水果、红木等经过落地东兴的企业进行初次加工或深加工再流向其他地区市场，提高产品的附加值。

为了扩大东兴互市贸易和落地加工产品的销量，提高边境贸易额，东兴利用好"两个市场，两种资源"，充分发挥区位优势，大力推进农副产品、红木、海产品、跨境电商等专业市场的建设。

另外，大力推动电子商务的发展，建成电子商务孵化基地、成立东兴市电子商务协会，鼓励返乡青年投入电子商务创业。2016年，东兴市电商企业多达2173家，实现销售额22.3亿元，增长33.5%，连续三年进入全国县域30强。东兴开创的边贸扶贫新模式取得明显的成效，有效拓宽东兴贫困户的就业渠道，增加收入。其中，"边境贸易+互助组"模式解决贫困人口就业111人，参与"边境贸易+专业市场"模式的贫困户月收入从原来的不足1000元/月增至3000元以上/月。

以"东兴模式"为典型进行大力扶植推广的防城港市各边民互市区中，边民互助组和边境贸易都得到长足发展，脱贫攻坚成绩凸显。集港口城市、边关城市、海湾城市等多重优势于一体的防城港市更是积极融入国家"一带一路"建设，社会经济更是实现新的突破，多项工作创广西全区或全国第一②。

二、东兴"边贸+"扶贫模式的机制和做法

（一）东兴市基本情况

边海之城，国门东兴，地处我国大陆海岸线最西南端，区域总面积590平方公

---

① 海关总署政法司．《中华人民共和国进出口关税条例》释义[M]．北京：中国民主法制出版社，2004．
② 黄春斯．广西走出扶贫攻坚新路子[N]．国际商报，2017-06-06（C02）．

里,陆地边境线长39公里,海岸线长50公里。全市辖3镇31个行政村10个社区,常住人口30万人,其中京族人口1.87万人,是我国唯一海洋少数民族京族的聚集地。先后荣获"广西首批特色旅游名县"、"中国长寿之乡"、"中国最佳生态旅游城市"、"中国十大养老胜地"、"中国电子商务百强县"、"中国最具竞争力百强县"、"中国最具海外影响力城市"、"全国双拥模范城"等荣誉称号。

东兴市原有贫困村4个,贫困人口730户、2780人,辖区贫困发生率为1.9%。2016年,东兴市4个贫困村全部脱贫摘帽。据国家统计局广西调查总队农村贫困监测调查数据显示,2016年,东兴市农民人均可支配收入14960元。

(二)精准扶贫新模式"边贸+":打造具有东兴特色的可持续发展的扶贫新路径

东兴市为了精准帮扶贫困边民,探索出一条具有东兴特色的可持续发展的扶贫新路径,成为别具特色的"东兴模式"。这种"边贸+"的扶贫模式涵盖多个方面,从互助组、金融结算、落地加工到专业市场、电子商务,打通东兴边贸模式的各个通道,实现精准扶贫。

(三)创新"边境贸易+互助组"扶贫模式

东兴市充分利用国家给予边民"每人每天交易8000元货物全免关税和环节税"的优惠政策,创建了边境贸易"1+n20+1"的边民脱贫新模式。即组建以1个党支部领航,n个边民互助组、每组成员20人以上,每组吸纳1名以上贫困户人员的边民互助组,从指定互市区(点)进口商品销售给边境地区加工企业,帮助边民特别是贫困户增加经营性收益,推动边境贸易,实现兴边富民。

目前,东兴市边民互助组已由2015年的19个、1416人,增加到了57个、1931人,其中贫困户人员111人。

北仑河畔,东兴边民互市贸易区人来车往。东兴镇河洲村贫困户张锡辉一家靠着互市贸易做生意、跑运输,日子过得越来越红火。在互助组组长谭祥武的带领下,张锡辉一家2017年前4个月做互市贸易收入19386元,家庭月平均收入4800多元。

"目前河洲村共组建了20个边民互助组,420人,占全村人数15.6%,其中贫困人员67人,占全村贫困人数的66%。"东兴镇河洲村党支部书记项建程介绍说,自组建边民互助组经营以来,每年每组平均参与边境贸易成交额达3800多万元,实现利润72万元,直接参与每天经营的贫困户获得分红3.6万元,委托经营的贫困户获得分红7600元,全村基本实现了脱贫。

据相关工作人员说,刚推行"1+n20+1"扶贫模式时,有些贫困户顾虑重重,脱贫信心不足，对加入边民互助组的积极性不高，"1+n20+1"扶贫模式运转一段时间后，敢于尝试的贫困户尝到了甜头，辐射带动了观望的贫困户积极申请加入边民互助组。

"边贸+"扶贫模式，有效拓宽贫困户就业创业渠道，增加家庭收入。据统计，东兴市"边境贸易+互助组"扶贫模式解决贫困人口就业111人。2016年，"边境贸易+互助组"扶贫模式带动参与货物运输、货物搬运等工作的贫困户月均收入3000元左右。

（四）创新"边境贸易+金融服务"扶贫模式

为了促进边贸结算效率的提高，鼓励边境地区互设账户进行资金结算和清算无疑具有多方面的积极意义。从总体上来说，相较于那些与我国边贸比较活跃的国家和地区，我国金融机构目前具有相对较高的经营管理水平，市场化程度不断提高，加之人民币汇价稳定并呈现升值趋势，因此我国金融企业开展双边结算有利于拓展中国金融机构的盈利空间。同时，在一定程度上也能够将人民币在周边国家和地区的流通状况纳入我国监测体系。近年来，在边境经贸往来中，人民币作为支付货币的规模在不断上升。但是由于法规上的空白和认识上的差异，人民币在周边地区和国家的真实流通规模难以掌握。如果支持和鼓励双边互设账户，有利于将人民币境外流通纳入监测体系。通过在周边国家和地区推进人民币结算业务，显然有利于人民币的区域化发展进程。

随着边境贸易的不断发展和人民币在周边地区流通范围的扩大，从推进人民币区域化和国际化进程的角度，应支持边境贸易中采用人民币结算，鼓励我国商业银行参与边贸的人民币结算业务。鉴于边贸结算中人民币现钞转运问题具有较大的成本，应支持商业银行在周边地区发行包括人民币借记卡在内的其他支付工具。在此基础上，应进一步将跨境人民币资金纳入我国国际收支和外汇市场信息监测的范围之内。因此，在边贸结算的有力推动下，人民币的区域化不仅是人民币国际化的起步，同时也为中国边贸和国际贸易的发展提供更大的便利，在此基础上，金融监管部门应当相应的为人民币结算范围的扩大和规模的增长做好准备。

东兴市以建设沿边金融综合改革试验区为契机，积极引导金融机构创新对边贸扶贫的信贷产品和服务方式。一方面，创新互市贸易结算方式，实现两国边民互市商品的现场交易和交易结算规范管理，并得到国务院办公厅通报表扬。另一方面，制定针对性扶持政策，由财政部门按基准利率贴息给指定金融机构，中国建设银行、中国银行、桂林银行等多家金融机构，则为互助合作组参与互市贸易制定针对性扶持政策，包括推出具有授信功能的互市贸易联名卡，确定每个互助组可申请100万元贷款，给予每个边民互助组成员 2 万元授信资金；对有能力的贫困户，再由指定银行提供 5 万元以下、3 年内免抵押、免担保的小额信用贷款。同时，大力推动银企合作。由东兴当地的京华公司每月贴息 20 万元，在桂林银行贷款 3600 万元资助边民互助组开展互市贸易。互助组的贷款资金既可直接参与边贸获得收入，也可以免税额入股，并根据所占股份分红，实现"边境贸易＋金融服务"扶贫模式的良性循环。

1. 创新互市贸易结算方式

目前，边民们彼此间的货物贸易多采用人民币结算，边境贸易的人民币结算比例高达 98％，是全国平均水平的 6 倍多。

东兴的跨境人民币结算业务试点是从 2010 年 6 月开始的，东兴边民互市贸易结算中心于 2012 年 5 月建成。突出两大功能：现场交易和交易结算。提供贸易结算和结算款汇兑两项服务。目前，在东兴试验区内依法从事货物贸易、服务贸易及其他经常项目等业务的境内外自然人都可以按照《广西边境个人跨境贸易人民币结算业务管理办法》规定开立人民币银行结算账户、办理跨境人民币结算业务。在互市贸易交易结算大厅的墙上，醒目地标示有农业银行制作的跨境贸易人民币结算业务流程。单笔跨境结算金额在 80 万元人民币以上的边境贸易，仅要求个人提供边贸的承诺书、身份证明材料。而单笔金额在 80 万元（含）以下的跨境人民币结算业务则简化手续，仅需要身份证明材料。

由于相关业务极大地简化结算手续，降低结算成本，受到中越边民的普遍欢迎。在东兴互市贸易区的边民结算中心，每天都有大量的边民在排队办理贸易货款交割手续。

过去中越边民做互市交易像逛菜市场，钱货面交，人多嘈杂，不仅费时费力，且易忙中出错，边民多次经历过对方收了钱却不认账的情况。如今通过结算中心交易，有专业的服务人员，钱不过交易方的手，单据明晰，谁也抵赖不了。在结算中心负责人项建程看来，成立结算中心的初衷是方便交易，如今却收到了意外的效果。经过 4 年发展，结算中心使用的订单系统已升级到第六版，与海关边贸申报系统、外汇管理局的兑换系统实现了信息对接，只要边民之间发生交易，海关和外汇管理部门都能监控到，"有效防止了利用贸易进行洗钱、走私等违法行为。"

如今，在互市贸易区做生意，已见不到手持大把钞票的边民，取而代之的是手持单据东奔西跑的身影。目前结算中心正在优化移动支付平台，今后边民只需用手机和指纹便能实现交易，边民互市贸易更为便利。

据统计，自 2012 年 5 月以来，东兴市边民互市贸易交易结算中心进行边贸互市结算交易笔数达 200 多万笔，总结算金额逾 200 亿元，越南籍商户申请跨境结算笔数超过 2 万笔，跨境结算总金额逾百亿元。

2. 创新信贷方式

东兴口岸的"金融活水浇开了扶贫之花"。通过发挥金融扶贫作用，加大小额信贷支持力度，解决边民互助组发展资金短缺难题，边民互市贸易合作组织不断壮大，业务量不断增多，直接促进互市贸易的进出口增量和增值。在东兴，"边境贸易+金融服务"扶贫模式已惠及贫困人口 442 人，每年可为贫困户增加收入 7000 多元。

课题组调研中访问东兴镇江那村贫困户何益源：参加村里经济能人张春玲领导的东兴市花溪春玲边民互助组，互市贸易每月有 4400 多元收入；利用政府贴息融资资金收益分红，买了车辆在码头跑运输，生活脱贫了，日子一天比一天好。

由财政按基准利率贴息在指定金融机构，中国建设银行、中国银行、桂林银行等多家金融机构，根据自治区开展脱贫攻坚"边贸政策扶助一批"相关规定，对参与边贸的贫困边民提供 10 万元以内、3 年以下、免抵押、免担保的小额信贷支持。目前每户贫困户由地方财政贴息向银行融资 5 万元，有经营能力的贫困户，利用融资资金直接参与互助组的经营，每年收益达 3 万~4 万元；没有经营能力的贫困户，可委托互助组代经营，每年按 8% 的收益分红，收入 4000 元，互助组每月再分红收益 300 元，每年可分得 7600 元的收益。互助组还可利用融资分红金购买车辆，分配给贫困户人员运输经营或委托经营，贫困人员驾驶技能由政府出资培训。

3. 大力推动银企合作

为了培育落地加工企业，壮大本市经济，东兴市大力推动银企合作，为企业和边民解决筹资困难的问题。由东兴当地的京华公司每月贴息 20 万元，在桂林银行贷款 3600 万元资助边民互助组开展互市贸易。互助组的贷款资金既可直接参与边贸获得收入，也可以免税额入股，并根据所占股份分红，实现"边境贸易+金融服务"扶贫模式的良性循环。

（五）创新"边境贸易+落地加工"扶贫模式

东兴市依托完整的口岸边贸体系，通过实施互市商品落地加工的"落地加工合法化、通关便利化、成本最低化、落地加工企业优先化、贸工互动效益最大化"等五化措施，理顺互助组和加工试点企业的"两个合法化关系"，既降低贸易风险，解决工业加工原材料进口问题，也增加边民收入和就业岗位，促进"边境贸易+跨境加工制造业+扶贫工作"互动发展。

1. 政策扶持

为吸引边贸加工企业落地加工，以贸易带动加工产业，将互市政策"红利"留在边境助农增收脱贫，东兴市依托完整的口岸边贸体系，实施互市商品"落地加工合法化、通关便利化、成本最低化、落地加工企业优先化、贸工互动效益最大化"五化措施，组建57个互助组与10家试点落地加工企业建立合法互市商品购销协议，收购加工海产品、坚果、农副产品等商品，既解决工业加工原材料进口问题，又增加边民收入和就业岗位，促进"边境贸易+跨境加工制造业+扶贫"互动发展。

自2015年以来，东兴市落地加工企业由6家发展到19家，10大类年产值10亿元以上的"双十"产业由48家发展到84家，签订购销协议互助组57个，收购加工海产品、坚果、农副产品等各类互市商品10万吨，产值25亿元，提供就业岗位3600个。

东兴市相关单位表示，边贸扶贫工作重心在于稳定的边民互市政策，下一步要加快推进边民互市贸易改革，形成互市产品落地加工的完善政策体系。抓好边贸扶贫产业园区建设，吸引浙江、福建等农产品加工企业到边境一线投资。积极争取联检、金融部门协同推进，解决口岸拥堵、通关效率低等问题，加大对有订单、有效益的互助组及相关进口项目的融资支持等。

2. 案例分析——落地企业

在东兴市长瀛食品有限责任公司车间，繁忙的流水线上，工人们正在娴熟地进行海鲜分拣、清洗等工作。该公司副总经理单永海表示，公司与当地10多个边民互助组合作，利用从边民互助组收购的原材料享受13%增值税抵扣，以及边民互市贸易8000元免税额的优惠政策，使公司加工的海鲜拥有低成本、运输距离短、就地加工新鲜度高等比较优势，目前，加工的海鲜已销往国内和日本、韩国及中东、非洲等国家和地区。

东兴市保通冷冻食品有限公司2015年被评为防城港市及自治区级农业产业化重点龙头企业，2017年5月被评为广西互市商品示范企业。主要从事鱼虾类水产品的收购、加工、仓储、销售，人造冰生产与销售、冷链物流配送、一般贸易进出口业务及相关的咨询服务等业务。公司作为园区内配套中越水产品互市交易，并服务830间专业从事水产品互市贸易的公司及门店，唯一规划设立的水产加工企业，地缘优势得天独厚。公司是集水产品、干果收购、加工、速冻、冷藏、冷链物流和贸易一体化于一体的综合性冷冻食品及干果加工企业。

访谈期间，公司负责人向我们介绍：根据政府的优惠政策，企业从互助组批量拿货，既降低了企业的生产成本，边民互助组成员又获得了收入。目前保通公司与楠木山村互助组定点合作，当地村民从这一政策中实现了创收，并脱离了贫困。

引入这些落地企业，不仅促进当地经济发展，提升贸易规模，而且为东兴提供了大量的工作岗位，为当地的贫困人群带来引领他们脱贫致富的工作机会。

（六）创新"边境贸易+专业市场"扶贫模式

东兴市充分发挥区位优势，借助国内国外"两个市场、两种资源"，大力推进"农副产品、建材、海产品、机电、红木、轻纺服装、跨境电商、旅游和美食文化、互市区一级市场和大型综合零售市场"十大类专业市场项目建设，仅2016年就建成华美达广场等专业市场20多万平方米。这不仅促进了边境贸易的发展，也能增加就业岗位，实现产业融合发展，助推精准扶贫。

1. 创新"边境旅游+"扶贫模式，实现旅游产业带动脱贫

边境旅游+农业发展，紧紧依托区位优势和资源优势，打造百果香等农家乐和一批精品乡村旅游线路，引导农村贫困户110户、450多人与15家酒店、景区等企业合作。实现边境旅游和农民就业相结合。引导、鼓励和支持农民通过土地流转向现代特色（核心）示范区、合作社等集中，确定东兴市东缙荷塘农业等14家合作社与企业合作，吸纳贫困户157户。

壮大村级集体经济助力扶贫。东兴镇结合自身实际，因地制宜，发挥各村的优势，选准壮大村集体经济发展路子助力扶贫。竹山村依托边海特色、边关文化、跨境旅游资源优势，发展滨海旅游、农家乐休闲旅游业和生态观光农业，实现旅游业与农业、文化有效对接，推动集体经济发展；楠木山村依托物流、落地加工产业助推集体经济发展，建设集旅游产品、东盟特色产品、特色农产品销售于一体的综合性农贸市场，通过经营收益、入股分红等途径增加集体收入；松柏村、长湖村、牛轭岭村依托特色农业产业助推集体经济发展，鼓励村集体依托特色种养殖、特色农业等资源优势，采取入股、租赁等形式，带动农户或联动企业建设特色产业基地，发展现代农业，增加村集体经济收入。

2. 打造"边贸+红木市场"，实现红木产业带动扶贫

东兴红木文化城由东兴市红木文化中心和百业东兴·红木文化街组成，占地200多亩，经营面积达15万平方米，年销售额达20多亿元。目前，东兴市内经营红木家具、工艺品企业322家（规模以上加工企业7家），经营面积达30万平方米，从业人员1.3万人，年销售额高达30多亿元，主要产品有黄花梨、酸枝、黑檀、草花梨、鸡翅、红檀、乌木、沉香等，拥有"佳煊"、"腾跃"、"陈园"、"南森"、

"家家鸿"、"彤利泰"、"好家思"等10个知名品牌,年产家具8万多件。

东兴是我国重要的红木进口通道。20世纪90年代以来,东兴红木产业伴随着中越边境贸易和边境旅游的繁荣而发展。东兴古典红木家具、红木工艺品、木雕、漆器、收藏品等精品红木雕刻全面融入京族民族风格和东盟国家特点,形成具有地方民族特色的"东兴红木民族文化",树立"东兴红木"形象,成为我国大西南地区红木家具龙头市场,直销经营越南等东盟国家的红木产品,因品种丰富、款式新颖、质优价廉,深受全国各地客户的喜爱。

为进一步做大做强东兴红木产业,东兴市将建设东兴市红木文化产业园,占地面积1300亩,总投资30亿元,形成红木及配套产业生产加工、展示交易、仓储物流、商务办公、文化旅游、配套休闲生活社区服务以及现代化管理服务等功能为一体的综合文化产业园区。项目建成后,预计年产值超100亿元。与此同时,将带来更多的工作岗位,帮助贫困人员实现脱贫。

据统计,东兴的"边境贸易+专业市场"扶贫模式鼓励贫困户人员通过参与互市贸易工作,每人月收入由原来的不足1000元增至3000元以上。

(七)创新"边境贸易+电子商务"扶贫模式

东兴市充分利用全国电子商务进农村综合示范县的契机,按照"党政推动、市场运作、基础配套、协会(企业)引导、试点示范带动"的总体思路,采取有力措施,推动电子商务取得显著成效。

2016年,东兴市新增电子商务经营户268家,电商企业2173家,实现销售额22.3亿元,增长33.5%。据阿里研究院发布的2013年度、2014年度、2015年度中国县域电子商务发展指数报告中,东兴市连续三年进入全国县域30强,2015—2016年中西部返乡电商创业最活跃县域第3名,各项电商发展指标均位于广西县域首位。电子商务的迅猛发展,有效解决贫困人口的就业和收入,开启了"边境贸易+电子商务"扶贫新模式。

1. 电子商务+品牌创建

通过党员带头创立电商孵化中心,为需要创业开网店的贫困户、创业者提供线上线下一条龙服务。目前,已有哈哥哈妹等27家企业、20个品牌190余种产品入驻O2O展示区。建立"电商商务+特色农业"模式,依托百岸网、八找网等一批本土电商综合交易平台,发展O2O双线(线上线下)扶贫模式,打造"电商+特色农业"品牌。推动"电商商务+党组织结对帮扶",东兴万诚农业通过支部组织,安排竹山村贫困户发展养殖海鸭蛋,通过电商企业将特色海鸭蛋在线上销售,实现人均收入 2.4 万元/年。

东兴"红姑娘"红薯是中国地理标志产品，但由于缺乏良好销售体系和科学管理等原因，"红姑娘"一直未能形成品牌推向全国市场。东兴边检站、广西北投、东兴市边贸局、东兴万丰等 15 个党支部借助红姑娘电子商务发展有限公司的网络平台优势，共同创建"红姑娘"众筹电商扶贫项目，通过党组织的引领，全面整合贫困户土地资源，为贫困户增加收入。该项目将建立生态化基地，实现种植规模化、专业化，统一收购，统一品牌包装，统一电商推广销售。项目认筹单价 175 元/份，每份认筹可让贫困户创收 95 元，两期种植计划完成后，可完成 712 名贫困者的脱贫指标。项目开展后，各支部采取协助宣传推广、鼓励党员自愿认购、到项目基地义务劳动等形式共同落实这个众筹电商扶贫计划。

2. 跨境电商

东兴市积极推进跨境电商示范（孵化）基地建设，已经建设东兴北投电商创业（孵化）基地，入孵电商企业 39 家；广西创才海电商示范（孵化）基地、创才海电商创业基地，面积 3500 平方米，入孵电商企业 18 家；防城港 IT 小镇（门户）电商示范（孵化）基地，电商孵化场地面积 4200 平方米，入孵电商企业 20 家；正在引资选址规划中的防城港跨境电商产业园，现已完成防城港市跨境电商产业园建设的项目建议书、项目可研、地质勘查报告、初步设计等。

推进跨境全网销售电商平台建设，组织引导电商企业培育创建跨境电商平台，本土跨境电商第三方全网销售平台八找网、百岸网、纯正网等 B2C、O2O 平台上线运营，港云网 B2B 平台上线，引进浙江聚贸电子商务有限公司落户防城港，投资建设跨境电商物流通关"聚运通"B2B 平台。

大力实施"互联网+"行动计划，创建了东起沉香、万诚农业、中一商行等一批电商品牌，促进跨境电商与跨境贸易共赢发展；试验区还大力发展多式联运，打造外接东盟、内联我国西南、中南的出海出边国际物流大通道，推动百岸电子等跨境物流电子商务平台和一批物流企业发展，实现跨境电商线下实物无缝交付。

加强跨境电商从业人员培训，制订培训规划，整合现有培训资源，构建由政府相关部门、社会团体、职业教育及跨境电商示范（孵化）基地、跨境电商龙头企业为主体的电商扶贫人才、从业人员培训体系，与市人才办、团市委、高新区管委会等部门邀请电商专家共同举办电商实训营、指导组织港口、防城、东兴等县（市区）开展有针对性的跨境电商技能培训，共培训人员 900 人次。

三、东兴市边贸扶贫的效果

东兴市贫困村原有 4 个，贫困人口 730 户、2780 人，全市贫困发生率为 1.92%。自全区脱贫攻坚战打响以来，东兴市按照自治区、防城港市的决策部署，将精准扶贫当作重大民生工程来抓，围绕目标、多措并举、扎实推进脱贫攻坚工作，取得显著成效。截至目前，东兴市 4 个贫困村脱贫出列，128 户、493 人实现脱贫。

（一）精准帮扶贫困户参与边贸获得收入

"边贸+"扶贫模式，有效地拓宽贫困户就业创业渠道，增加家庭收入。据统计，东兴市"边境贸易+互助组"扶贫模式解决贫困人口就业 111 人。2016 年，"边境贸易+互助组"扶贫模式带动参与货物运输、货物搬运等工作的贫困户月均收入 3000 元左右，"边境贸易+专业市场"扶贫模式鼓励贫困户人员通过参与互市贸易工作，每人月收入由原来的不足 1000 元增至 3000 元以上。

对于贫困户参与边贸的资金难以获取问题，通过发挥金融扶贫作用，加大小额信贷支持力度，解决边民互助组发展资金短缺难题，边民互市贸易合作组织不断壮大，业务量不断增多，直接促进互市贸易的进出口货量和货值增长。在东兴，"边境贸易+金融服务"扶贫模式已惠及贫困人口 442 人，每年可为贫困户增加收入 7000 多元。

（二）贫困人口积极利用边贸+电商自主创业

2016 年，东兴市新增电子商务经营户 268 家，电商企业 2173 家，实现销售额 22.3 亿元，增长 33.5%。据阿里研究院发布的 2013 年度、2014 年度、2015 年度中国县域电子商务发展指数报告中，东兴市连续三年进入全国县域 30 强，2015—2016 年中西部返乡电商创业最活跃县域第 3 名，各项电商发展指标均位于广西县域首位。电子商务的迅猛发展，有效解决贫困人口的就业和收入。

通过电子商务这种模式，贫困户经过相关培训后，利用非常低的成本就可以售卖自家的特色产品，获取收益。不仅如此，经过培训的贫困户自己购买所需用品时也可以通过网络实现，降低交通成本。对于无法自己经营电商的贫困户，可以请互助组成员或者培训人员帮忙进行线上销售。如此一来，贫困户的产品销路大大拓宽，自家的土鸡蛋、山里的蘑菇、野果、水果都成为创收的来源。

（三）边境特色旅游助力贫困户脱贫致富

东兴市辖区各村结合自身实际，因地制宜，发挥各村的优势，选准壮大村集体经济发展路子助力扶贫。竹山村依托边海特色、边关文化、跨境旅游资源优势，发展滨海旅游、农家乐休闲旅游业和生态观光农业,实现旅游业与农业、文化有效对接,推动集体经济发展;楠木山村依托物流、落地加工产业助推集体经济发展,建设集旅游产品、东盟特色产品、特色农产品销售于一体的综合性农贸市场,通过经营收益、入股分红等途径增加集体收入;松柏村、长湖村、牛轭岭村依托特色农业产业助推集体经济发展,鼓励村集体依托特色种养殖、特色农业等资源优势,采取入股、租赁等形式,带动农户或联动企业建设特色产业基地,发展现代农业,增加村集体经济收入。

(四)加工企业落地生花,惠及贫困边民

自 2015 年以来,东兴市落地加工企业由 6 家发展到 19 家,10 大类年产值 10 亿元以上的"双十"产业由 48 家发展到 84 家,签订购销协议互助组 57 个,收购加工海产品、坚果、农副产品等各类互市商品 10 万吨,产值 25 亿元,提供就业岗位 3600 个。这些就业岗位的出现,使贫困边民有了更多的选择,收入也比以前更多了。

四、东兴市边贸扶贫可能存在的问题、风险及对策

(一)贫困边民可能过度依赖互助小组,缺乏长远计划

"边境贸易+互助组"扶贫模式的核心是充分利用国家给予的边民每人每天交易 8000 元货物全免关税和环节税的优惠政策,组建以 1 个党支部领航,n 个边民互助组、每组成员 20 人以上,每组吸纳 1 名以上贫困户人员的边民互助组,从指定互市区(点)进口的商品销售给边境地区加工企业,帮助边民特别是贫困户增加经营性收益,推动边境贸易兴边富民。也就是说,互助小组的出现使原本没有经营能力的贫困边民利用其边民的身份,更好地利用国家的政策。但是互助小组的帮助也许会使贫困边民产生消极的想法,利用贫困边民身份就有人帮助自己去挣钱,那自己为什么还要想尽办法脱贫致富。从长远来看,一旦产生这样的依赖心理,对于贫困户的生存和发展是不利的。毕竟政策和互助组的帮助都是外在原因,只有让贫困边民拥有脱贫的能力才是长久之计。

(二)金融信贷风险

根据东兴市的金融创新举措,存在两个风险,一是贫困户不愿意贷款;二是贫困户贷了款,是否会如期还。

有些贫困户存在一种不愿借贷的心理,背负上万元的贷款会给他们带来心理压力。因此要让贫困户尝到甜头,了解政策的好处,他们才会放心地去贷款参与边贸。

根据自治区开展脱贫攻坚"边贸政策扶助一批"相关规定,对参与边贸的贫困边民提供10万元以内、3年以下、免抵押、免担保的小额信贷支持,贫困户在政策优惠的情况下很可能会延期还款,甚至出现不还的局面,由于是政府授信,而政府又没有一个应对此类风险的机制,很可能会出现信贷风险,使贷款机构积极性下降。

(三)电商扶贫根基薄弱,困难重重

东兴市电商经营主体小。虽然网络销售已有一定规模,但电子商务经营主体小;多以小微网店为主;主要依托"淘宝网、拍拍网、美团"等平台和"微商";缺乏较成熟的本土第三方电子商务专业销售平台。东兴市中小企业基本无成熟自主电子商务销售网站、平台。无成熟的本土全网销售第三方电子商务专业销售平台,电商整体处于"小而散"的格局当中,缺少电子商务龙头企业的引领。

而且东兴市缺乏跨境贸易电子商务公共服务平台。无跨境贸易电子商务公共服务平台就无法向中小微电子商务经营主体、供应链、仓储等企业提供开展跨境电子商务经营基础环境。无法实现海关、检验检疫、外管、国税等授权范围内的部门信息共享;并且缺乏电子商务(孵化)聚集产业园区(基地)、电子商务集聚示范区。

除了平台问题,自身发展人才问题也需高度重视。东兴市电商人才、从业人员匮乏。电子商务发展需要一大批既精通电子网络技术又具有商务营销、企业管理等理论实践的高素质人才,而东兴市几乎没有电商高级经理人,缺乏策划、运营、品牌经营、行业分析师、网站工程师等运营类技术人才,甚至是美工、客服、运营推广类基础从业人员也都存在大量需求缺口。

(四)边境旅游宣传力度不够,配套设施落后

东兴市提出:充分发挥区位优势,借助国内国外"两个市场、两种资源",大力推进"农副产品、建材、海产品、机电、红木、轻纺服装、跨境电商、旅游和美食文化、互市区一级市场和大型综合零售市场"十大类专业市场项目建设,仅上年就建成华美达广场等专业市场20多万平方米。这不仅促进了边境贸易的发展,也能增加就业岗位,实现产业融合发展,助推精准扶贫。

目前来看,边贸+专业市场这种扶贫模式更多地是利用区位优势,发展特色旅游帮助贫困边民脱贫。但针对边境特色旅游的宣传力度不够,配套设施也无法达到预期。因此,在发展过程中,很容易遇到瓶颈。

(五)简要对策与建议

东兴市的"边贸+"扶贫模式可谓成效显著,但是依然存在一定的风险和问题,现针对上述提及的可能出现的问题与风险提出简要意见:

1. 边贸互助小组应妥善帮助贫困户

边贸互助小组在帮助贫困户的同时，不要大包大揽，让贫困户坐等分成。贫困户须和其他成员一样，参与采购、装卸、运输等环节，用劳动换取收入，并且帮助贫困户在此过程中习得一定的技能。

2. 建立健全风险防范机制

政府、商业银行、企业在进行合作时要制定明确的风险防范机制，对贫困户进行精准信誉分类，不同的信誉等级对应不同的贷款额和优惠政策，这样才能让贫困边民意识到信誉的重要性，形成良性循环。

3. 加大吸引人才的政策力度

要加大吸引人才的政策力度，尤其是电子商务相关人才，助力东兴电子商务的发展。电子商务的发展离不开人才，只有通过人才来以点带面，才能实现电子商务的大发展，才能在电子商务的发展过程中惠及贫困户，达到更好的扶贫效果。

与此同时，要加大对贫困边民的培训，通过培训教学让更多贫困边民有能力自主经营，实现持续经营，真正实现脱贫致富。

4. 加大边境特色旅游的宣传力度

应加大边境特色旅游的宣传力度，吸引更多游客深入贫困乡村体验特色旅游。目前，东兴边境旅游的游客多集中在周边省市，而周边省市自然风光、生活习俗与这里相差并没有北方那么大，因此，如果能加大宣传力度，吸引来自内陆、北方的游客来此旅游，必将会带来更大规模的客流量，旅游扶贫的效果也将呈现更好的效果。

与此同时，客流量的增多需要更多、更完善的配套基础设施，因此，从长远角度考虑，应加强配套设施的建设。

五、案例启示与推广价值

(一) 完善边贸扶贫识别机制从而提高扶贫精准度

首先，要精准识别，摸清家底，构建精准扶贫基础平台。识别贫困对象、开展建档立卡，是实施精准扶贫的重要基础和前提。通过扎实开展建档立卡，对扶贫对象实行精细化管理，对扶贫资源实行精确化配置，对贫困农户实行精准化扶持，实现扶贫开发方式由单一向多元转变、扶贫资金使用由"大水漫灌"向"精准滴灌"转变，确保扶贫资源真正用在扶贫对象身上、真正用在贫困地区，做到扶真贫、真扶贫。其次,由东兴组织机关单位、乡镇、村和驻村工作队对所有的建档立卡贫困户、贫困村进行走访复核,弄清家底,分类指导的工作,为下一步精准施策打下基础。最后,梳理归纳致贫原因,实行分类扶持、精准扶贫。建立"带动全局、重点突破"的精准扶持工作新机制,调整好工作重点,抓好协调落实。同时,制定贫困人口动态管理办法,每年对贫困村、贫困户的帮扶情况等信息进行更新,对新出现的贫困人口及时纳入扶贫对象给予帮扶,对已脱贫的对象及时退出。加强对干部驻村帮扶工作考核,实行领导班子问责制。

另外,近年来,虽然东兴政府已经在边境贫困地区开展大量的扶贫活动,但因疾病或者上学等问题,边民往往刚摆脱贫困的状态却又再度返贫,主要是因为社会保障机制没有及时跟进,因此,有必要建立边贸扶贫长效机制,它是保证扶贫工作成效的重要因素。因此,应该搞好扶贫开发和农村最低生活保障制度有效衔接。以县为单位,按照规模控制、分级负责、精准识别、动态管理原则,对贫困村、贫困户逐一建档立卡,摸清贫困底数。对符合低保条件的贫困人口,实行"阳光低保",并做到全覆盖,减少因病、因学等问题返贫的发生。

(二)优化本地人力资源与积极引进外来人才相结合

人才资源是第一资源,在边贸扶贫过程中起至关重要的作用,是缩小收入差距,解决贫困问题的关键。调研中发现,现阶段,东兴从事边境贸易的专业人才较少,从事边贸扶贫相关工作的人员年龄偏大,尤其是在乡镇地区村委成员呈现老龄化现象,他们的思想相对保守,文化水平较低且知识结构薄弱,对边贸扶贫有关理论知识掌握不够、政策层面认识不足,对推进边境贸易发展,边贸扶贫工作起不到应有的积极作用。此外,边境乡镇出现"空巢"的情况,青壮年作为主要劳动力,通常不愿意待在贫困的农村,大部分选择外出务工获取更高的收入,还有一部分青年在接受高等教育之后不再回农村,只有老弱妇孺留守在家。为进行贫困户精准识别工作,调研组通过入户识别,发现绝大部分农民的年龄越大,学历可能偏低,通常可能只有小学学历,而60岁以上的农民,出现文盲的情况不在少数,这些人无论是在体力方面还是知识方面,都很难对边贸扶贫工作起到太大的促进作用,农村劳动力匮乏。

人力资源是经济社会发展的重要资源,也是解决贫困的关键因素。当前,东兴在人才资源方面主要呈现两种问题:一是从事边贸扶贫的专业人才短缺;二是人员素质普遍偏低。为此,一是要提高从事互市贸易工作人员福利待遇,吸引区内外那些擅长经济、管理、金融以及能熟悉应用越语的专业人才到口岸工作。二是建立健全内部人才选拔与任用机制,做到人尽其职。三是建立科学合理的人才结构队伍,确保互市贸易能够持续稳定发展。此外，鉴于村委成员的老龄化现象，有选择性地培养一批有思想、有干劲的有志青年充实到村委，为村委注入新鲜血液，增添活力，成为村屯脱贫致富的带头人。四是加大对边贸扶贫工作相关人员的培训力度，提升他们的专业技能。最后完善人才管理制度，制定科学有效的人才考核评价体系。

（三）提升边贸扶贫主体的参与能力

开展边贸扶贫离不开边民和边贸企业的参与。作为互市贸易参与主体，因资金缺乏及文化水平低等因素影响，边民参与互市贸易的能力较弱。因此，应从这两个方面加大对边民的扶持力度。首先，对于资金缺乏的问题，建议与金融机构进行协调，给予边民更加宽松的贷款政策。建议市层面向自治区层面农村信用合作联社协商，授权东兴当地农村信用合作联社适当放宽边民小额贷款评定条件，适当扩大边民小额贷款额度，让家庭经济条件一般的边民能够获得5万元以内的贷款资格，让家庭经济条件较好的边民能够获得20万~50万元的贷款。另外，应加大资金扶持力度。建议市层面能够下拨边民小额贷款专项贴息资金，将边民小额贷款50%的贴息政策提升为全额贴息或将贴息时间延长到3~5年，提高边民申请小额贷款的积极性。其次，对于科学文化素质偏低的问题，主要从以下两个方面进行改进。一是加强基础教育。正所谓治贫先治愚，扶贫先扶智。具体来说，就是增加财政在教育方面的投入，科学合理调整校点布局，合理配置教师资源，加强教师队伍建设，提高办学水平。二是开办贫困边民技能培训班，提高贫困边民就业、创业技能。结合人力市场需求，抓好贫困农民劳动技能培训，促进其就业增收；抓好农村实用技术培训工作，提高农户的实用技能水平，激发农户创业热情；加大对贫困家庭子女学历教育的扶持力度，实现"应补尽补"，确保每个贫困家庭子女不因困难问题而读不起书，重点引导和鼓励贫困户"两后生"接受职业教育。

边贸扶贫的另一个参与主体是企业，但是边贸企业容易受国内外政策的影响，抗风险能力较小，因而政府有必要在税收奖励、投资优惠、投产奖励等方面加大对外贸进出口企业和边境食品加工企业的扶持，提升其互市贸易的实力。例如，在扶持外贸业发展方面：积极贯彻落实国家、自治区促进外贸业可持续发展思路，制定东兴辖区内外贸企业奖励政策，筹措资金加大实施补贴力度，重点扶持外贸进出口额度达到规定限度的企业，按月及时兑现奖励资金。在扶持边境食品加工业发展方面：指导企业与边民互助组合作，解决原料供应不足问题；帮助企业向自治区申请技术改造项目扶持资金和增值税减免资格认定；制定企业投产奖励办法；积极落实项目建设用地。在扶持加工贸易业发展方面：通过厂房免租、外贸进出口奖励、投产补贴、企业所得税奖励等优惠政策扶持加工贸易。在扶持商贸物流业发展方面：

制定出台促进电子商务发展的扶持政策，举办电子商务专项培训会，鼓励企业通过电子商务平台进行推广与运营，实现线上线下协同发展；搭建融资平台，向银行推荐"守合同重信用"企业，促进银企合作，帮助企业融资。通过多措并举促进"通道经济"向"口岸经济"转型，形成外贸、加工、商贸、物流产业联动效建立政府部门协调机构，确保边贸扶贫工作顺利开展。

（四）优化边贸扶贫领导协同机制以及增强部门合作

边贸扶贫需要多部门共同参与，因此建立政府部门间的协调机构，对于提高扶贫工作效率有重要意义。在调研中发现，口岸办作为东兴口岸经贸工作的协调部门，权力小但业务量大，在落实各项工作中因权责划分不明确以及权力下放有限等问题，经常面临困难。因此，口岸办（商务局）、财政局、扶贫办、金融办、边境乡镇政府、农村信用合作联社等部门可以组成共同协作小组，明确小组职责分工，并由小组成员共同制定工作进度表，每周汇报工作进度，每月汇报工作总结，以此促进部门联动，确保边贸扶贫各项工作有序高效地推进。以边民小额信贷为例，信用社作为边民小额贴息贷款的办理机构，主要负责审核边民信用情况；口岸办则负责协助各边境乡镇政府和东兴信用社审核是否符合贴息条件。而凡符合贷款条件的边民，只要携带身份证及边民互市证到当地信用社，当天即可办理贷款授信；得到贷款授信后，边民在一定期限内可随借随贷。通过先授信后发放的办法，既简化了承办手续、提高了工作效率，又有效防范新增不良贷款情况的产生。

参考文献

[1] 阿里研究院. 农村电商普惠报告.

[2] 阿里研究院. 中国淘宝村研究报告(2016).

[3] 阿里研究院. 互联网+县域[M]. 北京:电子工业出版社,2016.

[4] 鲍青青. 喀斯特地区乡村旅游扶贫模式研究——以广西阳朔百里新村为例[J]. 南宁职业技术学院学报,2017(02).

[5] 董坤祥,侯文华,丁慧平,等. 创新导向的农村电商集群发展研究——基于遂昌模式和沙集模式的分析[J]. 农业经济问题,2016(10):60-69.

[6] 永宁县发展和改革局,永宁县扶贫办. 光伏精准扶贫前景与存在问题[EB/OL]. [2017-05-25]. http://www.china-nengyuan.com/news/102478.html.

[7] 国务院办公厅. 关于转发贫困地区经济开发领导小组第二次全体会议纪要的通知[J]. 中华人民共和国国务院公报,1986(23).

[8] 海关总署政法司. 《中华人民共和国进出口关税条例》释义[M]. 北京:中国民主法制出版社,2004.

[9] 洪勇. 我国农村电商发展的制约因素与促进政策[J]. 商业经济研究,2016(04):169-171.

[10] 胡晓清. 乡村旅游扶贫模式创新与策略深化[J]. 旅游纵览(下半月). 2017(07).

[11] 黄春斯. 广西走出扶贫攻坚新路子[N]. 国际商报,2017-06-06(C02).

[12] 黄海洲. 电商扶贫——创新与突破[M]. 北京:中国科学技术大学出版社,2016.

[13] 李祥,曾瑜,宋璞. 民族地区教育精准扶贫内在机理与机制创新[M]. 广西社会科学,2017(2):201-207.

[14] 李兴旺,朱超. 教育扶贫理论研究综述[J]. 科教导刊2017(下):6-10.

[15]刘丹.基于"互联网+"的电商精准扶贫模式探索[J].企业改革与管理,2017(15).

[16]刘宗林,合作促脱贫——对十八洞村依托合作社精准扶贫的调查与思考[J].调查(Investigation),2016(17).

[17]马云馨.社会保障绿皮书:中国社会保障发展报告(2017)[M].北京:社会科学文献出版社,2017:240-243.

[18]闽宁对口扶贫协作第二十一次联席会议新闻通稿,宁夏回族自治区扶开发办公室(2017-04)

[19]莫问剑 金苗妙.县域电商就这么干[M].北京:电子工业出版社,2016.

[20]聂凤英,熊雪.新常态下的互联网扶贫[J].农业网络信息,2017(01):21-23.

[21]牛利华,教育贫困与反教育贫困[J].学术研究,2006(5):121-124.

[22]覃志敏,岑家峰.精准扶贫视域下干部驻村帮扶的减贫逻辑——以桂南S村的驻村帮扶实践为例[J].贵州社会科学,2017(1).

[23]汪向东,高红冰.电商消贫——贫困地区发展的中国新模式[M].北京:商务印书馆,2016.

[24]汪向东,王昕天.电子商务与信息扶贫:互联网时代扶贫工作的新特点[J].西北农林科技大学学报(社会科学版),2015,15(04):98-104.

[25]王新哲.中越边境民族地区扶贫模式的困境与创新[D].南宁:广西民族大学,2015.

[26]魏延安.农村电商:互联网+"三农"案例与模式[M].北京:电子工业出版社,2017.

[27]习近平.在深度贫困地区脱贫攻坚座谈会上的讲话.2017-06-23.

[28]习近平.摆脱贫困[M].福州:福建人民出版社,2014.

[29]夏军城.中国和越南两国边境地区的民族扶贫政策研究[D].南宁:广西民族大学,2009.

[30]辛红丽.基于强基惠民政策的西藏乡村治理研究[D].拉萨:西藏大学,2015.

[31]徐孝勇,赖景生,寸家菊.我国西部地区农村扶贫模式与扶贫绩效及政策建议[J].农业现代化研究,2010(02).

[32]徐肇俊,李正元,教育贫困概念辨析[J].辽宁教育研究,2006(6).

[33]许汉泽,李小云.精准扶贫背景下驻村机制的实践困境及其后果[J].江西财

经大学学报,2017(3).

[34]杨晓玲."互联网+"战略下我国农业电商发展对策[J].改革与战略,2017(06):113-115.

[35]杨永超.供给侧改革背景下我国农村电商发展动态及创新发展研究[J].商业经济研究,2017(05):58-60.

[36]叶慧.边境民族地区精准扶贫模式创新研究[N].当代农村财经,2016-05-18.

[37]永宁县2015年光伏扶贫试点工作进展情况报告(永发改发)[2017]163号.

[38]袁立超,王三秀.嵌入型乡村扶贫模式:形成、理解与反思——以闽东南C村"干部驻村"实践为例[J].求实,2017(6).

[39]张永亮.民族贫困地区驻村扶贫调查与思考[J].民族论坛,2015(9).

[40]郑流云,佘路.武陵山片区农村精准扶贫的问题与对策探析——以花垣县十八洞村为例[J].山西高等学校社会科学学报,2016(8).

[41]郑瑞强.电商扶贫的作用机理、关键问题与政策走向[J].理论导刊,2016.10.

[42]中共中央文献研究室.十四大以来重大文献选编(下)[M].北京:人民出版社,1999.

[43]中国人民银行河池市中心支行课题组.财政、金融和产业政策协同支持精准扶贫问题研究[J].南方金融,2017(7).

[44]周红梅.广西边贸扶贫,兴产业富边民[N].广西日报,2017-06-07(012).